हिन्दू सूत्र

उदय पांडल

अंतर्वस्तु

हिन्दू सूत्र

01 परिभाषा - सिंधु शब्द का अपभ्रंष शब्द ही हिंदू है, परंतू हिंदू शब्द के अनेक अर्थ होते है। सनातन व हिंदू शब्द मे कोई समानता नही है, दोनो का अर्थ भिन्न भिन्न है। विरासत, संस्कृति व समाज से किसी भी सभ्यता कि पहचान जुडी होती है। विरासत, संस्कृति व समाज मुख्य रूप से चार तत्वो पर निर्भर करते है जो कि क्षेत्र, नस्ल, विचार व भाषा है। सनातन शब्द धर्म को इंगित करता है व हिन्दु शब्द सभ्यता को इंगित करता है। सभ्यता एक पहचान होती है जो कि माया का ही एक रूप है। एक क्षेत्र मे अनेक सभ्यताओ का निवास होना उस क्षेत्र कि विविधता को दर्शाता है। उस क्षेत्र कि विविधता ही उस क्षेत्र के विकास का माप होती है। कुछ हिन्दु संघ इस विविधता का विनाश करना चाहते है जो कि भारत के विकास मे सबसे बडा अवरोध उत्पन्न कर रहे है इन संघो के नाश द्वारा ही भारत का विकास संभव है।

02 विरासत - विरासत पर क्षेत्र व नस्ल का प्रभाव अधिक होता है तथा भाषा व विचारधारा का प्रभाव अल्प होता है। भारत कि मुख्य नस्ले तीन है आर्य नस्ल, द्रविड नस्ल व बहम नस्ल। आर्य नस्ल व द्रविड नस्ल का प्रभाव भारत कि विरासत मे अधिक है। बहम नस्ल के प्रभाव को भारत कि विरासत मे बढाने का प्रयास करना हर भारतीय का धर्म होना चाहिए।

03 संस्कृति - संस्कृति पर भाषा व विचारधारा का प्रभाव अधिक व क्षेत्र तथा नस्ल का प्रभाव अल्प होता है। विचारधारा व भाषा का पलायन आसान होता है अतः संस्कृति का पलायन भी एक स्थान से दुसरे स्थान पर आसानी से होता है। संस्कृति नदी होती है ना कि सरोवर इसे सरोवर बनाने का प्रयास नही करना चाहिए।

04 समाज - समाज पर विचारधारा व क्षेत्र का प्रभाव अधिक होता है तथा भाषा व नस्ल का प्रभाव अल्प होता है। क्षेत्र व विचारधारा मे परिवर्तन धीरे होता है अतः समाज मे परिवर्तन भी धीरे धीरे होता है। बलपुर्वक समाज मे परिवर्तन करना विरोध व विभाजन का मुख्य कारण बनता है।

भाग - 1

धर्म सूत्र

01 परिभाषा - धर्म व पंथ मे अंतर होता है, धर्म सकारात्मक कर्म का रुप है तथा पंथ राष्ट्रवाद कि ही पुरानी परिभाषा है। जहां पंथ होता है वहां धर्म का कोई स्थान नही होता है। धर्म मानव चरित्र की पहचान है। धर्म से सकारात्मक ऊर्जा निकलती है जिससे माया का विनाश होता है। धर्म के पथ की पहचान करना ही मानव के आत्म ज्ञान का प्रमाण होता है, आपका दृष्टिकोण आपके आत्म ज्ञान का मापक है। धर्म पथ कि पहचान और धर्म पथ पर चलना दोनो अलग अलग है, कथनी और करनी का अंतर इसी को निरुपित करता है।

02 धर्म के प्रकार - मानवता, कर्म व पुरुषार्थ। धर्म गतिशील व परिवर्तनशील होता है, धर्म का ना तो नाम होता है ना ही धर्म की कोई पहचान होती है। संविधान व भगवान का धर्म से कोई संबंध नही होता है, कुरान, बाइबल व वेद धर्म के संविधान समझे जाते है, यह ऐसे संविधान है जिनमे बदलाव कि संभावना ना के बराबर होती है। धर्म का ना आरंभ है और ना ही धर्म का कोई अंत, समय बदलता है धर्म भी बदलता है इसी कारण धर्म को सनातन कहा गया है। धर्म का संस्कृति, विरास्त, नस्ल, जाति, लिंग तथा रंग - रुप, क्षेत्र आदि से कोई संबंध नही है। इन सभी शब्दो का संबंध पंथ से होता है। धर्म की उत्पत्ति भारत मे हुई है तथा पंथ कि उत्पत्ति पश्चिम एशिया मे हुई हैं। भारत कि विरासत धर्म है ना की पंथ, भारत की विरासत की रक्षा करके हम मानवता की रक्षा कर सकते है। धर्म पर अधर्म की विजय या पंथ की धर्म पर विजय दोनो का अर्थ एक ही है, एक पंथ की दूसरे पंथ पर विजय भी यही है।

महावीर धर्म; मानवता के धर्म को हम महावीर धर्म के रूप मे भी जानते है, महावीर का धर्म ही मानवता का धर्म भी है।

कृष्ण धर्म; कर्म के धर्म को हम कृष्ण के धर्म के रूप मे भी जानते है, कृष्ण का धर्म ही कर्म का धर्म भी होता है। कर्म के चार प्रकार होते है - क्रिया, कार्य, वचन व विचार। कर्म के चार रूप होते है - कठपुतली, पथ, नियंत्रण व आदत।

राम धर्म; पुरुषार्थ के धर्म को हम राम धर्म के रूप मे जानते है, राम का धर्म ही पुरुषार्थ धर्म होता है। राम नाम ही पुरुष का अर्थ होता है।

अध्याय 1

महावीर सूत्र

01 परिभाषा - वह क्रिया, कार्य, वचन, विचार जो मानव को जानवर से मानव बनाता है। मानवता मानव को अन्य जीव से भिन्न बनाती है, मानवता पहचान है कि हम मानव है। महावीर ने मानवता के सिद्धांत को प्रतिपादित किया था। जैन विचार मानवता के ही विचार समझे जाते है, जैन धर्म का पालन मानवता का पालन होता है।

02 मानवता के प्रकार - सत्य, अहिंसा, अपरिग्रह व अस्तेय। मानवता की रक्षा करना और मानवता को नष्ट करना सिर्फ मानव के हाथ मे है, धर्म से मानवता की रक्षा की जाती है व अधर्म से मानवता को नष्ट किया जाता है। मानव अधिकार व सामाजिक न्याय मानवता के ही अस्त्र व शस्त्र होते है। किसी समाज मे महिलाओं कि स्थती उस समाज मे मानवता का माप होती है। जिस नस्ल मे भावनाओ कि मात्रा ज्यादा होती है वहा मानवता ज्यादा होती है लेकिन उस नस्ल का माया के जाल मे फँसने कि संभावनाएं भी ज्यादा होती है। यदि वह नस्ल माया के जाल मे फंस जाती है तो उस समाज मे मानवता बहुत कम हो जाती है।

03 न्यायशास्त्र - न्याय मानवता को स्थापित कर सकता है यदि न्यायशास्त्र धर्म पर आधारित होतो। पुलिस व न्यायालय मानवता के रक्षक भी है और भक्षक भी, वर्तमान भारत का न्याय तंत्र मानवता का भक्षक है इसका मुख्य कारण भारत का संविधान है। न्यायशास्त्र व भारत का संविधान एक दूसरे के विपरित है। मानवता का अस्तित्व जब तक है तब तक धर्म इस धरती पर विद्यमान है, जिस प्रकार धर्म का अंत

नही किया जा सकता उसी प्रकार मानवता का भी अंत नही किया जा सकता है।

04 स्वार्थ - स्वार्थ मानवता के लिए सबसे घातक होता है, स्वार्थ मानवता का चर्म रोग कहलाता है। भारत कि वर्तमान राजनीति स्वार्थ व अहंकार पर आधारित है जो कि सनक को उत्पन्न करती है, सनक मानसिक विकार है जबकि पागलपन तंत्र का विकार होता है।

सत्य सूत्र

भेद सूत्र

01 परिभाषा - झुठ व डर दोनो का चोली दामन का साथ है, झुठ ही डर का मुख्य कारण होता है। सत्य निडरता की पहचान होती है। झुठ वायरस कि तरह रुप बदलता है ताकी सत्य की दवा से पकडा ना जा सके। सत्य की दवा कडवी होती है इसी कारण मानव सत्य से दुरी बना लेता है। आत्मज्ञान ही झुठ की पहचान का मुख्य साधन है, गुरुज्ञान व पुस्तक ज्ञान से झुठ की पहचान करना संभव नही है। अधर्म व झुठ का एक भेद होता है उस भेद का समाज के सामने आ जाने पर आपको उस अधर्म से उत्पन्न विष को ग्रहण करना पड सकता है जो कि आपमे भय उत्पन्न करता है। मानव दुसरो का अमृत ग्रहण कर स्वयं को महान समझता है परन्तु स्वयं का विष भी ग्रहण नही करना चाहता है।

02 स्वीकार करना - सत्य को स्वीकार करना या झुठ को झुठ मान लेना मानव को बहुत दर्द देता है। झुठ का लाभ मानव को झुठ स्वीकार करने से रोकता है। सत्य से हानी मानव को सत्य से दुर ले जाती है। विज्ञान व आस्था सत्य और झुठ के रुप है - विज्ञान सत्य की खोज का ज्ञान है व आस्था मन के विश्वास को दर्शाता है। मन माया के प्रभाव मे आकर झुठ को सत्य बना लेता है व यह झुठ का सत्य ही आस्था कहलाती है।

03 भय - मन के डर द्वारा भुत की उत्पत्ति होती है व मन के डर और ईच्छा द्वारा भगवान कि उत्पत्ति की है। ना तो संसार मे भुत है ना ही संसार मे भगवान है यह तो बस डर और ईच्छाओ का ही एक रुप है।

सत्य के रक्षक होते हुए, झुठ से डरना एक कायर मानव की पहचान होती है। एक झुठ से अनेक झुठ उत्पन्न होते है व एक सत्य की हार अनेक झुठ की जीत का कारण बनती है। सत्य की शक्ति मानव के मन को मजबूत बनाती है व झुठ का सामना करना मानव के तन और तंत्रिका को मजबूत बनाता है। सत्य का कोई नाम नही व झुठ की कोई पहचान नही होती है। शासक सदा दुसरो का भेद जानने का प्रयास करता है ताकि अपनी सता कि रक्षा कर सके। पेगासस तंत्र का प्रयोग कर भेद जानना इसका एक प्रमुख उदाहरण है।

दण्ड सूत्र

01 परिभाषा - झुठ बोलकर सत्य को छुपाना या समय पर सत्य का उजागर ना होना दण्ड का मुख्य कारण होता है। मानव को सत्य बोलकर सत्य के दण्ड को स्वीकार कर लेना चाहिए, सत्य का दण्ड झुठ के ईनाम से भी ज्यादा लाभदायक होता है। आपका दृष्टिकोण आपके राज को गुप्त रखने का कारण होता है, यदि हम अपना दृष्टिकोण बदल ले तो हमारा राज, सत्य की सुरुआत बन सकता है।

02 दण्ड के नियम - सत्य की खोज हमेशा अलग अलग तत्व खोज कर तथा उनका संग्रह करके कि जाती है। आपका दृष्टिकोण सत्य के अलग अलग तत्वो कि खोज मे आपकी मदद करता है तथा उनके संग्रहण मे भी आपकी सहायता करता है। सत्य की खोज के अनेक स्तर होते है, आरम्भ से अंत तक हर स्तर की खोज कर के हम पूर्ण सत्य की खोज कर सकते है। आपकी विचार धारा पर आपका नियंत्रण ना होना आपको सत्य से दुर ले जाता है।

03 भ्रष्टाचार - किसी भी शासक द्वारा जनता से सत्य छुपाने का प्रयास करना भ्रष्टाचार की श्रेणी मे समझा जाता है, सत्य छुपाकर या झुठ बोलकर कोई भी शासक देश का भला नही कर सकता है। झुठ से पर्दा उठाने का काम आसान नही होता है मानव अपने जीवन को भी संकट

मे डाल सकता है। अपने व परिवार को संकट मे देख कर लोग सत्य का रास्ता छोड देते है। पत्रकार सत्य का प्रतिक होता है तथा न्यायधीश धर्म का प्रतिक होता है। पत्रकार सत्य की खोज करता है लेकिन वर्तमान समय मे भारत के पत्रकार सत्य को छुपाने का प्रयास करते नजर आ रहे हैं। भारत के पत्रकार शासन की कठपुतली बन चुके है। भारत के पत्रकार पंथ व राष्ट्रवाद की तलवार से सत्य का गला काट चुके है, भारत के पत्रकारो की वास्विक पहचान एक जोकर की है जो रात दिन तमाशा दिखाकर दर्शको का मनोरंजन करते रहते है। भारत मे न्याय का मंदिर आज अन्याय का मंदिर बन चुका है। न्याय के रक्षक आज न्याय के भक्षस बन चुके है। धर्म को आज न्याय के मंदिर द्वारा दंड दिया जा रहा है व अधर्म को न्याय मंदिर द्वारा ईनाम दिया जा रहा है।

दाम सूत्र

01 परिभाषा - वह मान जो सत्य पर आधारित हो ईमान कहलाता है। सत्य बोलने वाला व सत्य का साथ देने वाला व्यक्ति ईमानदार होता है तथा झुठ बोलने वाला व झुठ का साथ देने वाला मानव बेईमान होता है। अपने हित की रक्षा के लिए दूसरो के हित की बलि चढा देना भ्रष्टाचार का ही एक रुप है। दाम आपके आचरण व व्यवहार को नकारात्मक रूप से प्रभावित करता है। दाम के प्रति मानव का आकर्षण व दाम कि मानव को आवश्यकता भ्रष्टाचार का कारण बनते है।

02 बेईमानी और भ्रष्टाचार मे अंतर - भ्रष्टाचार मे मानव का आचरण व व्यवहार गलत होता है व बेईमानी मे व्यक्ति का आचरण गलत होता है। प्रशासन का बेईमान होना, क्षय रोग की तरह शासन व प्रशासन को धीरे धीरे खत्म कर देता है, भारत का शासन ही प्रशासन के भ्रष्टाचार का कारण है। भारत का वर्तमान शासन तंत्र दुनिया का सबसे बडा भ्रष्टाचारी शासन तंत्र है जिसने अपने स्वार्थ के लिए भारतीय सेना को अमेरिकी सेना का दास बनाने का हर संभव प्रयास किया है व भारत कि

अर्थव्यवस्था को असुर व्यापारी वर्ग का दास बना चुका है। जोकि जनता के शोषण व असुरक्षा का मुख्य कारण बन चुका है।

03 भ्रष्टाचार चक्र - शासन - प्रशासन - जनता - शासन भ्रष्टाचार का चक्र होता है। जनता भ्रष्टाचार कि रक्षक होती है व जनता पर ही भ्रष्टाचार का सबसे अधिक प्रभाव पडता है। बेईमान व्यक्ति का स्वयं व परिवार की नजरो मे कोई मान नही होता है। ईमान का मुल्य, धन के मुल्य से कम होने के कारण ही आज के भारत मे भष्टाचार विद्यमान है, एक आर्देश समाज मे धन का मुल्य कभी भी ईमान के मुल्य से ज्यादा नही होता है। मान व ज्ञान के आधार पर समाज का विभाजन करना एक आर्देश समाज की नींव रख सकता है। धन के आधार पर समाज का विभाजन ही समाज मे भ्रष्टाचार का मुल कारण होता है। संसद व न्यायपालिका की कमजोरी भारत मे भ्रष्टाचार का प्रमुख कारण है, भारत मे स्वतंत्र संस्थाओ का अभाव अन्य कारण है। शासन का अप्रत्यक्ष रुप से चुना जाना भारत के भ्रष्टाचार की जड़ है।

साम सूत्र

01 परिभाषा - वह तत्व जिसे बदला ना जा सके या वह कर्म जिसे परिवर्तित ना किया जा सके उसे बलपुर्वक षडयंत्र द्वारा बदलने का प्रयास करना साम कहलाता है। बलपुर्वक इतिहास को बदलना हर सनकी शासक का मुख्य लक्ष्य होता है। जिस भी सभ्यता ने इतिहास को बलपुर्वक बदलने का प्रयास किया है उस सभ्यता का अन्त भी उसी कारण हुआ। आपका षडयंत्र आपको ही एक दिन नष्ट कर देता है यह बात पुर्ण रूप से सत्य है।

02 वास्तव व सत्य मे अंतर - वास्तव के सत्य व झुठ दोनो रूप होते है परन्तु सत्य का सिर्फ एक ही रूप होता है वो रूप सत्य ही है। वास्तिवकता से डरना मानव कि आदत है यह डर ही मानव के मन को अशांत कर देता है। झुठ के बादल असलियत को कुछ समय के लिए

ढक लेते है परन्तु सत्य का सुरज एक दिन अवश्य आता है मानव को इस सत्य को स्वीकार लेना चाहिए नही तो एक दिन ये झुठ के बादल बर्षा करने लग जाएगें। मृत्यु निश्चित है यह परम् सत्य है झुठ की माया इसे वास्तव मे बदल कर इसके प्रभाव को लगभग शुन्य मे बदल देती है। मानव का धमंड भी इसी असलियत का एक प्रमाण है।

03 वास्तविकता - अवस्था की असलियत को स्वीकार ना कर किसी अन्य अवस्था के अनुरुप जीने की ईच्छा रखना या जीने का प्रयास करना मानव को बडे संकट मे डाल सकता है। अवस्था के अनुरुप कर्म, आचरण व व्यवहार करना मानव के जीवन को संतुलन प्रदान कर सकता है। इतिहास की वास्तविकता को स्वीकार ना करना तथा उसे बदलने के सपने देखना या बदलने का प्रयास करना, मानव के वर्तमान व भविष्य को अंधकार के रास्ते पर ले जा सकता है। इतिहास शिक्षा का सागर है, इस सागर का जल हमे तृप्त व विचलित कर सकता है। इतिहास योग का साधन बनना चाहिए विभाजन का नही, इतिहास गर्व का साधन बनना चाहिए घमंड़ का नही, इतिहास प्रेम का साधन बनना चाहिए नफरत का नही। शासन का षडयंत्र पुर्वक सता प्राप्त करना व सता कि रक्षा के लिए षडयंत्र करना देश को विनाश कि तरफ ले जाता है।

अहिंसा सूत्र

प्रतिफल सूत्र

01 परिभाषा - जैसी करनी वैसी भरनी या जैसा कर्म वैसा फल। हिंसा का फल हिंसा तथा अहिंसा का फल अहिंसा होता है। असहमती से हिंसा का जन्म होता है, जब असहमती व नकारात्मक भावना का मिलाप होता है तो क्रोध का जन्म होता है। क्रोध का परिणाम ही हिंसा का रुप धारण कर लेता है। क्रांति या बदलाव की ईच्छा के दो पथ होते है एक पथ हिंसा का व दुसरा पथ अहिंसा का होता है। हिंसा के पथ से क्रांति का परिणाम हमेशा नए शासन को हिंसा के रास्ते पर स्वतः ही ले जाता है।

02 प्रभाव - दोनो ही हिंसा के रुप है, देश भक्ति के कारण उत्पन्न हिंसा को क्रांति कहते है तथा राष्ट्रवाद, पंथ, जाति, नस्ल आदि से उत्पन्न हिंसा को आंतकवाद माना जाता है। व्यक्ति द्वारा कि गई हिंसा का प्रभाव स्वयं के साथ साथ परिवार व समाज पर भी पडता है। हिंसा के कारण उस क्षेत्र मे हिंसा का आवरण बन जाता है जोकि लोगो मे नकारात्मक ऊर्जा का कारण बनता है।

03 शासन - शासन की प्राप्ति के लिए हिंसा की जाती है, राजनेता अपने स्वार्थ के लिए हिंसा का सहारा लेते है। हिंसा के कार्य का सम्पादन प्रशासन व अंध भक्तो की सेना के द्वारा सम्पादित किया जाता है। कुछ लोग धन व काम के लालच मे भी हिंसा के कार्य को करते है। राजनेता अपने स्वार्थ के पूर्ण हो जाने पर प्रशासन व अंधभक्तो की बलि चढा देते है। हिंसा के नकारात्मक प्रभाव कि चिंता हूमे हिंसा से दुर ले जाती है।

04 प्रकार - शारीरिक, मानसिक तथा भावनात्मक। सबसे घातक हिंसा भावनात्मक फिर मानसिक तथा अंत मे शारीरिक हिंसा होती है। भावनात्मक हिंसा का प्रभाव सबसे लम्बे समय तक रहता है। महिला वर्ग मानसिक हिंसा से पुरूष वर्ग कि तुलना मे अधिक प्रभावित होती है, महिला वर्ग कि मानसिक हिंसा का कारण उनका अर्थ तंत्र मे कम रूची व काम तंत्र मे अधिक रूची होता है। शारीरिक हिंसा से कोई संघ समाज मे डर का माहोल उत्पन्न कर उस डर के माहोल से उत्पन्न रस का भोग करना चाहता है। संघ परिवार व जमात परिवार ऐसे ही संघ समुह है।

बल सूत्र

01 परिभाषा - हिंसा का मार्ग व्यक्ति को कमजोर बना देता है या हिंसा के मार्ग का चयन कमजोर मानव ही करता है। अहिंसा का मार्ग आग के अंगारो के रास्ते के समान होता है जिसके ताप को सहन करना आसान नहीं होता है। हिंसा का मार्ग पत्थर का मार्ग होता है जोकि थोडा आसान मार्ग है। अपनी अहिंसा कि ताकत को ढाल बनाकर हिंसा कि तलवार से मुकाबला करना आपको मजबूत बना देता है, एक समय ऐसा आता है जब हिंसा कि तलवार अहिंसा कि ऊर्जा से पिघलने लग जाती है। अंत मे अहिंसा कि ही जीत होती है। अपनी शक्ति का अंहकार होना हिंसा का प्रमुख कारण होता है। हिंसा का रास्ता मानव की शक्ति व धन को धीरे धीरे क्षीण कर देता है, अहिंसा का रास्ता इसके विपरित कार्य करता है।

02 मानव - हिंसक मानव हिंसा का प्रयोग हमेशा अपने से कमजोर मानव पर करता है, तथा ताकतवर मानव के सामने अपना मस्तक झुका देता है। यह हिंसक मानव के दोहरे चरित्र को निरुपित करता है। आपके द्वारा किसी कि कमजोरी का फायदा उठा कर उस पर वार करना भी हिंसा का ही एक रुप है या किसी कि मजबूरी का फायदा अपने हित के लिए उठाना भी हिंसा का ही रुप है।

03 कारण - सामाजिक बंध समाज की ताकत होते है तथा समाज की एकता का सुचक होते है, हिंसा के द्वारा ये बंध कमजोर पडने लग

जाते है जिस कारण से समाज की एकता भी टूट जाती है। हिंसा का अन्य कारण स्वयं की मानसिक व भावनात्म कमजोरी भी होती है इनही कमजोरी के कारण मानव अन्य मानव का गुलाम बन जाता है तथा मानव कि शारीरिक व सामाजिक कमजोरी मानव को हिंसा का मुख्य शिकार बना देती है।

04 परिणाम - हिंसा का परिणाम असुरक्षा व विनाश होता है वह समाज जिसमे हिंसा विद्यमान होती है वह समाज असुरक्षा के प्रभाव से बच नही पाता है। हिंसा से कभी भी समाज का विकास नही होता है।

सत्याग्रह सूत्र

01 परिभाषा - अहिंसा व सत्य का संयुक्त रुप सत्याग्रह कहलाता है। सत्य व धर्म के लिए अपना विरोध असहमति के रुप मे अहिंसा के मार्ग पर चल कर करना ही धर्म है। मृत आत्माओ को जगाने का प्रयास करना व जीवित आत्माओ को मृत ना बनने देना यह कार्य सत्याग्रह के द्वारा किया जाता है। स्वतंत्रता व गुलामी भी सत्याग्रह पर निर्भर करती है, सत्याग्रह से स्वतंत्रता कि प्राप्ति की जा सकती है परन्तु यह स्वतंत्रता सत्याग्रह की क्षमता कम होते ही नई गुलामी का रुप धारण कर लेती है। सत्याग्रह मानव समाज कि स्वतंत्रता का प्रतिक होता है।

02 धर्म - धर्म के लिए आप हिंसा व सत्याग्रह मे किसका चुनाव करते हो भविष्य के समाज की तरफ इशारा करता है, सत्याग्रह द्वारा भविष्य का समाज अधिक सुरक्षित बनाया जा सकता है। हिंसा व नफरत का आकर्षण, सत्याग्रह व प्रेम के आकर्षण से कही गुणा ज्यादा प्रभाव शाली होता है, इसी कारण मानव हिंसा व नफरत का चुनाव ज्यादा करता है। अहिंसा व सत्य से ही एकता का निर्माण होता है, एकता ही सत्याग्रह का प्रमुख अस्त्र होता है।

03 अधिकार - किसी भी शासन का विरोध करना आपका अधिकार होता है, विरोध किस प्रकार का हो यह विरोध करने से पहले विचार कर लेना

चाहिए। हिंसात्मक विरोध का दमन आसानी से किया जा सकता है यह एक कटु सत्य है। अहिंसात्मक विरोध का प्रभाव समय के साथ साथ बढता चला जाता है, इसका दमन करना आसान नही होता है।

04 नफरत - भारत का स्वतंत्रता आंदोलन सत्याग्रह पर आधारित था इसी लिए अब हम ब्रिटेन के लोगो से नफरत नही करते है व चीन का स्वतंत्रता आंदोलन हिंसा पर आधारित था जो जापान से नफरत का कारण है। हिंसा से जलन, नफरत, प्रतिशोध उत्पन्न होता है जो आपकी किसी अन्य देश से मित्रता मे सबसे बडा बाधक बन सकता है। प्रेम, क्षमा व त्याग ही मानव या देश कि मित्रता का सुचक होता है। जहां सत्याग्रह होता है वही पर प्रेम भी होता है।

स्वतंत्रता सूत्र

01 परिभाषा - असभ्य तरीके से कि गई आलोचना या झुठ के प्रभाव मे आकर कि गई आलोचना मानव के मन को आघात पहुचाती है, यह भावनात्मक हिंसा कि श्रेणी मे आती है। यह हिंसा शारीरिक हिंसा से ज्यादा प्रभाव शाली होती है, जिसके घाव आसानी से नही भरते है तथा लम्बे समय तक या जीवन भर के लिए मन मे समा जाते है। अपमान वचन, विचार व कर्म पर आधारित है, आलोचना सिर्फ वचन पर आधारित है। मानव को अन्य मानव कि आलोचना का अधिकार है परन्तु मानव को अन्य मानव के अपमान का अधिकार नही है। मानहानी की कल्पना को सत्य का रूप दे देना अधर्म के संरक्षण का कार्य करता है।

02 प्रभाव - मानव को किसी कि आलोचना करने से पहले उस के दुष्प्रभाव के बारे मे जरुर विचार कर लेना चाहिए। यदि आप किसी कि आलोचना करते हो तो आपकी आलोचना होने की संभावना भी बढ जाती है। जलन व लालच के प्रभाव मे आकार कि गई आलोचना आपके स्वार्थी चरित्र को इंगित करती है। विचारधारा के प्रभाव मे आकर कि गई आलोचना आपके असहिष्णुता वाले चरित्र को इंगित करती है। गुणगान,

आलोचना का ही सकारात्मक रुप है, गुणगान आलोचना के विपरित होता है।

03 प्रकार - घृणा व नफरत के कारण कि गई आलोचना सदैव अपमान को जन्म देती है। तुच्छता व महानता कि माया के प्रभाव मे आकर की गई आलोचना सदा अपमान को जन्म देती है। अर्थ व काम का व्यक्तिगत व परिवारिक प्रभाव सकारात्मक है तो आप वर्तमान समय मे महान कहलाते है चाहे इस का समाज पर बुरा प्रभाव ही क्यु ना पडे।

04 विचलन - गुणगान व आलोचना हिंसा का प्रमुख कारण होते तब जब यह आपके मन की भावना मे विचलन उत्पन्न करे, विचलन की एक सीमा तक मानव सहिष्णुता के प्रभाव मे रहता हैं। सहनशीलता ही मानव के सदाचार, सहअस्तित्व, सकारात्मकता व विकास का सुचक होती है। मानव का विकास मानव जाति कि विविधता का सुचक होता है।

अपरिग्रह सूत्र

त्याग सूत्र

01 परिभाषा - स्वार्थ के बिना त्याग या निस्वार्थ भाव से किया गया काम त्याग कहलाता है। स्वार्थ वश किया गया कार्य सदा अहित ही करता है। स्वार्थ व्यक्ति के जीवन की सबसे बडी बाधा होती है। त्याग एक परीक्षा है, त्याग एक विश्वास है, त्याग प्रेम है, त्याग सम्मान है। त्याग व्यक्ति को आन्तरिक खुशी देता है। त्याग मन की शान्ति का सबसे महत्व पूर्ण मार्ग है। त्याग व्यक्ति के मानव होने का प्रमाण है। वास्विकता और त्याग एक दुसरे से बहुत गहरा संबंध रखते है, त्याग वास्विकता की पहचान का ही मार्ग होता है। स्वार्थ वयक्ति को माया के मार्ग पर ले जाता है, जो की काल्पनीकता को वास्विकता मे बदल देता है। माया वयक्ति को लालच के जाल में फंसा लेती है, जिससे व्यक्ति को ओर पाने की ईच्छा होती है, ईच्छा की पूर्ती न होने पर मानव का मन दुखी होने लग जाता है, मानव की सबसे बडी कमजोरी ईच्छा व त्याग के भेद को ना समझ सकना होती है।

02 सुन्दरता - दूनिया की सुन्दरता उसी व्यक्ति को नजर आती है जो व्यक्ति माया के बन्धन से मुक्त हो जाता है। अपना सब कुछ त्याग देना माया से मुक्ति का सबसे आसान साधन होता है। व्यक्ति दुसरो से नफरत भी माया के प्रभाव मे आकर ही करता है। नफरत और जलन व्यक्ति के मन को अंदर से जकड़ लेती है, मन की जकड़न मानव को असुर बना देती है। त्याग मानव को औरो के जीवन मे खुशी लाने

का अवसर देता है, त्याग समाज को समता के मार्ग पर ले जाता है, समता का मार्ग समानता के अवसर प्रदान करता है। समाज मे मानव कि आवश्यकताओं मे विभिन्नता समाज मे असमानता को दर्शाती है। समाज मे कुछ प्राणीयों कि आवश्यकताएं नगण्य होते हुए भी पुरी नही हो पाती है।

दान सूत्र

01 परिभाषा - जो आपके पास है उस मे से कुछ किसी ओर को देना दान कहलाता है। दान और त्याग मे बहुत बडा अंतर होता है, दान मानव की क्षमता पर निर्भर करता है, दान से मानव खुशी प्राप्त कर सकता है परन्तु अपने बंधनो से मुक्त नही हो सकता। दान का प्रतिफल हमेशा दो गुना होता है, दान आप किसे देते हो, दान से आपका क्या स्वार्थ है, क्या आपने दान का प्रचार - प्रसार किया है। यदि आप दान किसी गरीब को देते हो, निस्वार्थ भाव से दान करते हो, आप छुपकर दान करते हो तभी आपको दान का फल दुगना प्राप्त होता है।

02 प्रकार - क्षमा दान, धन दान, कर्म दान, भोज दान आदि दान के प्रकार होते है। क्षमा दान को महादान कहा जाता है, क्षमा दान को वीरो का आभूषण भी कहा जाता है, परन्तु आज के वर्तमान समाज मे क्षमा की परिभाषा को मुर्खता से जोड दिया गया है, मानव की इसी मुर्खता ने क्षमा दान के महत्व को लगभग समाप्त ही कर दिया है। कर्म दान वह होता जिसमे वयक्ति अपने कर्मो के सकारात्मक फल को किसी ओर को समर्पित कर देता है, यह दान सबसे कठिन दान है, इस दान को देने वाला मानव महापुरुष कहलाता है। दुसरो के कर्मो के विष को ग्रहण करना व अपने कर्मो का अमृत किसी अन्य मानव को देना कर्म दान कहलाता है। आज का मानव दुसरो के कर्मो का अमृत ग्रहण करना चाहता है व स्वयं के कर्मो के विष का त्याग करना चाहता है। मानव के कर्मकाण्ड करने का भी यही कारण होता है।

03 पाप व पुण्य - दान, पाप और पुण्य को परिभाषित करता है, दान का अर्थ होता है किसी को कुछ देना। यदि दान का परिणाम नकारात्मक आता है तो वह पाप कहलाता है, यदि दान का परिणाम सकारात्मक आता है तो यह पुण्य कहलाता है। पाप और पुण्य दान का ही सकारात्मक या नकारात्मक रुप होते है। दानशील समाज ओर दान रहित समाज मे अंतर लोगो की समाजिक व आर्थिक स्थती को इंगित करता है। यदि किसी समाज के लोगो मे राजनीतिक असंतोष है तो उस का एक कारण है, समाज का दान रहित होना भी है

दास सूत्र

01 परिभाषा - निर्भरता और गुलामी मे अंतर यह है कि गुलामी शोषण का एक रुप है तथा निर्भरता मजबूरी का ही अन्य रुप है। यदि आप किसी पर निर्भर हो तो आप कभी भी अपरिग्रह का मार्ग नही अपना सकते। बचपन और बुढापा दोनो ही निर्भता कि अवस्था है, यदि आप जवानी मे भी निर्भर रहते हो तो आपके जीवन की यह सबसे बडी असफलता है, संयास वही व्यक्ति ले सकता है जो आत्मनिर्भर हो, सन्यास और निर्भरता का कोई मेल नही है। स्वाभीमान और आत्मनिर्भता एक दूसरे की सुचक है, निर्भर मानव का कोई स्वाभीमान नही होता है, स्वाभीमान मानव के चरित्र का एक अहम गुण होता है, स्वाभीमान मानव के मान - सम्मान को निरुपित करता है। महिलाओ को विशेषकर अपने मान - सम्मान के लिए आत्मनिर्भर होने का प्रयास करना चाहिए।

02 प्रभाव - निर्भरता मानव के सही - गलत को धूमिल कर देता है, मानव आसानी से गलत बात को स्वीकार कर लेता है, सही बात पर अपनी राय नही प्रकट कर पाता है, मानव को निर्भर होने के कारण अलग प्रकार कि घुटन होने लग जाती है। निर्भर व्यक्ति स्वप्नहीन व लक्ष्यहीन मानव होता है, जिसे अपने रास्ते व मंजिल का पता नही होता है, वह एक भुल - भूलया मे फंसे मानव की तरह अपने जीवन भर भटकता रहता है।

03 अस्त्र - आत्मनिर्भता ऐसा अस्त्र है जो आपके जीवन की हर परिस्थिती मे आपके साथ रहता है, आपका त्याग नही करता है। आपके जीवन के हर संकट मे सदा यह अस्त्र काम आता है, आपका भविष्य आपके इसी अस्त्र पर निर्भर करता है। मन की निर्भता सबसे घातक होती है, पंथ व राष्ट्रवाद इसके उपयुक्त उदाहरण है। जो मानव पंथ व राष्ट्रवाद के जाल मे फंस जाता है वह मानव कभी भी अपरिग्रह का जीवन नही जी सकता है। रोजगार दो प्रकार का होता है एक स्वतंत्र व दुसरा दास। दास रोजगार मानव के स्वपन को नष्ट कर देता है परन्तु यह मानव के जीवन मे स्थिरता लाता है। स्वतंत्र रोजगार मानव के स्वपन पुरे कर सकता है परन्तु यह मानव के जीवन को संकट मे डाल सकता है। विवाह मानव को दास रोजगार की तरफ ले जाता है।

शांति सूत्र

01 परिभाषा - शांती व आंनद मे अंतर होता है, शांती मन कि स्थिती को दर्शाता है तथा आंनद तन व दिमाग की स्थिती को निरुपित करता है। आज के मानव को न शांती कि प्राप्ति होती है, न ही आंनद कि प्राप्ति होती है। मन की शांती के लिए अपनी ईच्छाओं पर संयम होना बहुत जरुरी है, तन का आनंद भी मन की शांती से जुड़ा हुआ होता है। तन व तंत्र का आनंद व मन की शांती मिलकर परम् शांती का निर्माण करते है। तन व तंत्र के आनंद को सुख कहते है और तन व तंत्र की पिड़ा को दुख कहते है। मन कि अशांति से चिंता कि उत्पत्ति होती है।

02 बंध - परम् शांति की प्राप्ति केवल सभी बंधनो से मुक्ति प्राप्त कर के ही कि जा सकती है, परन्तु बंधनो से मुक्ति का मार्ग इतना आसान नही होता है। बंधनो से मुक्ति का सबसे आसान मार्ग संयास का होता है। संयास को ग्रहण कर के बंधनो से मुक्ति प्राप्त कि जा सकती है। सांसारिक जीवन मे परम् शांति की प्राप्ति करना लगभग असंभव है।

03 आवश्यकता - लक्ष्य व आवश्यकता मे अंतर को समझना बहुत जरुरी है, आवश्यकता नशे की तरह होती है तथा लक्ष्य वास्विकता को निरुपित

करता है। नशे का परित्याग करना तथा वास्विकता को स्वीकार करना आसान नही होता है। कर्म और शांती आपस मे जुडे हुए है, जहां पर कर्म है वहां पर शांति व अशांति दोनो उपस्थित हो सकती है। संयास ग्रहण कर के भी आप पूर्ण शांति की प्राप्ति नही ग्रहण कर सकते हो क्योकि मानव कर्म से कभी भी मुक्ति प्राप्त नही कर सकता है। कर्म से मुक्ति आवश्यकता से मुक्ति कहलाती है।

04 ऊर्जा - आंत्मा की सकारात्मक ऊर्जा आपके मन को शांत कर देती है, आंत्मा की नकारात्मक ऊर्जा आपके मन को अशांत कर देती है। तन से दोनो प्रकार कि ऊर्जा को उत्पन होती है, कुछ ऊर्जा वातावरण मे चली जाती है व कुछ ऊर्जा आत्मा मे संग्रहित हो जाती है। नकारात्मक ऊर्जा के तंत्रिका मे प्रवाहित होने से मन अशांत हो जाता है। आपकी सकारात्मक आभा मन कि शांति का सुचक होती है।

अस्तेय सूत्र

अर्थ सूत्र

01 परिभाषा - किसी दुसरे के धन को अपना बनाने का प्रयास करना, किसी दुसरे के धन पर अपना अधिकार जमाना और अनैतिक तरीकों से दुसरे के धन को हड़प लेना चोरी कहलाता है। धन व बल कि चोरी मानव को अस्तेय के मार्ग से दुर ले जाती है। अपनी शक्ति का दूर् - उपयोग कर के धन का संग्रह करना भ्रष्ट्राचार कहलाता है। अपने कृत्वयों का पुरी ईमानदारी से निर्वहन नहीं करना भी भ्रष्ट्राचार की श्रेणी मे ही आता है। धन की ईच्छा ही धन की चोरी का कारण होती है, आपके पास जो धन है उस धन मे संतोष करना ही धन का अस्तेय होता है। आपके पास जो धन है वो धन आपका ही है यह पता लगाना लगभग असंभव हैं।

02 परिवर्तनशील - धन समय के साथ परिवर्तन शील होता है, कभी आपके पास है कभी किसी ओर के पास, ना धन आपका है ना धन मेरा, यह धन तो सब का है इस भाव को जो व्यक्ति अपने मन मे धारण कर लेता है वह मानव अस्तेय के मार्ग को प्राप्त कर सकता है।

03 नशा - धन एक प्रकार का नशा है जो इसे प्राप्त कर लेता है, वह इसके लालच के जाल मे फंस जाता है। वह सदा इसे प्राप्त करने का प्रयास करता रहता है और उसका जीवन इसकी माया के जाल मे फंस कर समाप्त हो जाता है वह कभी भी इस धन का आंनद नही ले पाता है।

04 चोर - यदि आपके पास आपकी क्षमता के अनुरुप धन नही है तो यह आपकी कमी का परिणाम नही है, किसी ओर के द्वारा आपका धन

चुराया गया है, उस चोर का पता लगाना आसान नही है। इस सत्य को जान कर आप सदा सकारात्मक सोच के साथ अपने जीवन को जीने का प्रयास करें। धन की सीमा का निर्धारण करना बहुत जरुरी होता है, यह सीमा हर मानव के लिए अलग - अलग हो सकती है। सीमा का निर्धारण करके आप धन के संयम को स्थापित कर सकते है। मानव का अपनी क्षमता से अधिक धन का संग्रह करना धन कि चोरी कहलाती है। अमीर मानव एक चोर होता है।

पहचान सूत्र

01 परिभाषा - किसी की पहचान को नष्ट करने का अर्थ होता है अपनी मर्यादा को नष्ट करना, आपकी पहचान ही आपका का धन व बल होता है जिसकी रक्षा के लिए आपको हर संभव प्रयास करना चाहिए क्योंकि पहचान के बिना जीवन मृत्यु के समान होता है। कुछ लोग अपने तन सुख के लिए दुसरे के तन को जबरन अपना बनाने का प्रयास करते है, मानव का तन सुख पर संयम ना होना मानव कि पहचान को नकारात्मक कर सकता है। मानव कि पहचान का उच्च ना होना, मानव कि पहचान का नकारात्मक होना मानव के आत्महत्या का मुख्य कारण होता है। मानव का आत्महत्या करना किसी के बलात्कार करने से भी बडा़ अपराध होता है। जिसको किसी प्रकार से क्षमा योग्य नही माना जा सकता है।

02 माया - पहचान की माया का बाण यदि किसी पर चल जाता है तो इस बाण से बच पाना लगभग ना मुमकिन होता है, पहचान की माया का जाल एक चक्रव्युह की तरह होता है जो इस चक्रव्युह मे एक बार फंस जाता है, वह अपने जीवन के अंत तक इस चक्रव्युह मे फंसा रहता है। जो पहचान का रसपान करता है वह तो कभी भी अस्तेय के मार्ग के बारे मे सोच भी नही सकता है, पहचान का रसपान अर्थ व काम के रसपान से ज्यादा प्रभाव शाली होता है। पहचान का नशा करने से अच्छा तो मदिरा का नशा होता है जो एक समय के बाद स्वतः ही नष्ट हो जाता है।

03 शक्ति - पहचान की शक्ति ही अर्थ व काम के नशे का मुख्य कारण होती है। पहचान की इसी शक्ति के द्वारा ही तो हजारो सालो से नारी जाती को अबला मान कर हर बार नारी जाति के अर्थ व काम का हरण किया जाता है, पुरुष को कभी भी अपनी इस शक्ति का दुर् उपयोग महिलाओं के शोषण के लिए नही करना चाहिए। बिना सहमति के किसी के तन का भोग करना पाप है, मानव किसी भी पुण्य द्वारा इस पाप को नही धो सकता है। पहचान कि शक्ति ही मानव मे नफरत का भाव उत्पन्न करती है जो कि हिंसा व विनाश का मुख्य कारण होती है। पहचान मानव को सांसारिक पीड़ा देती है।

मान सूत्र

01 परिभाषा - मान एक प्रकार का काल्पनिक शब्द है जिसको परिभाषित करना आसान नही है क्योकि मान कि परिभाषा हर मानव के लिए अलग अलग होती है, सामान्यतया मान को सम्मान व अपमान के रूप मे देखा जाता है, मान मानव के कर्म पर आधारित होता है ना कि गुणगान व आलोचना पर आधारित। स्वतंत्रता व धर्म मानव के मान को ऊंचा करते है और दासता व अधर्म मानव के मान को नीचा करते है। अभिमान मान का ही एक मायावी रूप है, अभिमान व सत्य का आपस मे कोई मेल नही होता है, जहाँ अभिमान होता है वहा सत्य नही होता है, झुठ अभिमान का मुख्य साथी होता है जहां अभिमान है वहां झुठ का माया रूपी जाल अवश्य होगा।

02 संसार - मान को चार प्रकार कि सांसारिक तत्वो से जोडा जाता है - धन से, बल से, वस्त्र से तथा भोजन से। धन व बल को मान से जोडना आधुनिक समाज की एक मुख्य विशेषता है। वस्त्र तथा खान - पान के कारण ही आदिवासी समाज को राक्षस समाज की संज्ञा आर्या के द्वारा दी गई। मानव लोगो के वस्त्र को देख कर उसका गुणगान या आलोचना करता है।

03 कर्म - वचन, विचार, क्रिया व कार्य मानव के मान के सुचक होते है। वचन का सभ्य रूप, विचारो का सकारात्मक रूप, क्रिया का सामाजिक रूप व कार्य का परिणाम रूप ही मान का पैमाना होता है। आप मान को वास्तविक रूप या सांसारिक रूप मे देखते हो यह आपके विवेक पर निर्भर करता है। मान को कभी भी चुराया नही जा सकता है, मान माया का ही एक रूप है, मानव अपमान व आलोचना से डरता है, यही डर मानव को सत्य का सामना करने से रोकता है। सम्मान व गुणगान का नशा मानव को अभिमान कि माया से जकड़ लेता है।

04 राजपुत - राजपुत समाज मे मान के नकारात्मक प्रभाव - स्त्री स्वदाह या जौहर, दहेज प्रथा, बहुत सारे युद्धो मे हार का कारण मान ही है। मानहानी का डर, मानव के विकास मे अवरोध उत्पन्न करता है।

शक्ति सूत्र

01 परिभाषा - पुरी दुनिया का निर्माण शक्ति से ही हुआ है, पुरुष से भी शक्ति का सृजन होता है ओर प्रकृति से भी शक्ति का सृजन होता है। पुरुष की शक्ति का नियंत्रण आत्मा द्वारा किया जाता है तथा प्रकृति की शक्ति का नियंत्रण पुरूष द्वारा किया जाता है। आत्मा शक्ति से अलग है जो कि शुन्य को निरुपित करती है तथा शक्ति अनन्त को निरुपित करती है। शक्ति का मान धनात्मक व ऋणात्मक होता है व शक्ति का प्रभाव सकारात्मक व नकारात्मक होता है। शक्ति दो प्रकार कि होती है अर्थ शक्ति व काम शक्ति। अर्थ शक्ति व काम शक्ति को अलग करना संभव नही है।

02 परिवर्तनशील - शक्ति बहती हुई गंगा होती है ना कि मानसरोवर झील होती है, उसी प्रकार काम भी बहते हुए जल को दर्शाता है। शक्ति परिवर्तनशील, विविध रूप वाली, अनियंत्रित, विकराल तथा अस्थिर होती है।

03 विनाश - जो शक्ति पर नियंत्रण करता है वह शक्ति के विनाश का शिकार हो जाता है। शक्ति की चोरी कर संग्रह करना विनाश की शुरुआत का संकेत होता है। बहुत सारी सभ्यताओं व साम्राज्यों के अंत का कारण शक्ति संग्रह ही था। शक्ति का वितरण करना चाहिए ताकि साम्य को स्थापित किया जा सके। सकारात्मक व नकारात्मक शक्ति एक दुसरे कि दुश्मन होती है जो एक दुसरे का अन्त करने के लिए सदा प्रयासरत रहती है। नकारात्मक शक्ति ज्यादा प्रभावशाली व अधिक संख्यात्मक होती है। सकारात्मक शक्ति हमेशा रक्षात्मक होती है।

04 पुरूष शक्ति - पुरूष शक्ति तीन प्रकार कि होती है - व्यक्तिगत, राजनीतिक व सामाजिक। सामाजिक शक्ति का केंद्रण विद्या मे, राजनीतिक शक्ति का केंद्रण राजा मे व व्यक्तिगत शक्ति का केंद्रण स्वयं मे होता है। नर व मादा मिलकर संतान कि उत्पत्ति करते है उसी प्रकार ऊर्जा भी मिलकर नई ऊर्जा का निर्माण करती है। ना तो पुरूष का अंत है ना ही शक्ति का, सिर्फ दोनो अपना रूप बदलते है।

अध्याय 2

कृष्ण सूत्र

01 परिभाषा - कर्म से कोई भी मानव मृत्यु तक मुक्ति नही पा सकता है, प्रकृति व पुरुष दोनो ही कर्म करते है, प्रकृति के कर्म का प्रभाव पुरुष पर पडता है व पुरुष के कर्म का प्रभाव प्रकृति पर पडता हैं। लेकिन आत्मा पर कर्म का कोई प्रभाव नही पड़ता है। कर्म से ही धर्म कि उत्पत्ति होती है बिना कर्म के धर्म का मान शुन्य होता है। जहां कर्म होता है वहां पर धर्म या अधर्म अवश्यक विद्यमान होता है। धर्म कर्म कि संतान होती है। पाप व पुण्य कर्म के परिणाम के ही दो रूप होते है। पाप व पुण्य ही धर्म व अधर्म के सुचक होते है। ऐसा कोई भी कर्म नही होता जिसका परिणाम पाप व पुण्य का रूप धारण ना करे। पुण्य का फल अमृत व उपहार कहलाता है तथा पाप का फल विष व सजा कहलाता है। आपके पाप का फल किसी ओर को या आपके पुण्य का फल किसी ओर को मिल सकता है। मानव कर्म जाल द्वारा समस्त संसार से जुड़ा रहता है। यह कर्म जाल ही ज्योतिष का मुल आधार होता है परन्तु इस कर्म जाल को समझना लगभग असंभव है, यह कर्म जाल ही भाग्य के सृजन का कारण भी बनता है। यह कर्म जाल ही भगवान व शैतान कि परिकल्पनाओं का सागर होता है।

02 नियंत्रण - परिवार व समाज पर अपना नियंत्रण स्थापित करना मानव कि ईच्छाओं का एक महत्वपुर्ण भाग होता है। साम, दाम, दण्ड, भेद ऐसे चार अस्त्र है जो परिवार व समाज पर नियंत्रण स्थापित करने मे आपकी मदद करते है। साम का अर्थ षड्‍यंत्र, दाम का अर्थ धन, दण्ड

का अर्थ सजा व भेद का अर्थ रहस्य होता है। अर्थ व काम कि माया के जाल मे फंसे प्राणी पर नियंत्रण करना आसान है।

03 अर्थ - मानव द्वारा कार्य करना ही मानव के जीवन का अर्थ है। आलस मानव जीवन को निरर्थक बना देता है। कार्य कि प्रकृति व उस कार्य से प्राप्त धन आलस कि उत्पत्ति का मुख्य कारण होता है। मानव का जीवन पथ ही मानव के जीवन के लक्ष्य को निर्धारित करता है ना कि लक्ष्य मानव के जीवन पथ को निर्धारित करता है। चिंता व आंनद मानव के पथ के स्वरूप को दर्शाते है।

नियंत्रण सूत्र

कठपुतली सूत्र

01 परिभाषा - मानव प्रकृति के हाथ कि कठपुतली है, मानव प्रकृति के धागो से बंधा हुआ है। यह धागे प्रकृति कि हवा पर निर्भर करते है इसी कारण मानव का जीवन भी प्रकृति कि हवा पर निर्भर करता है। मानव स्वयं प्रकृति के हाथ कि कठपुतली है परन्तु अन्य मानव को अपने हाथ कि कठपुतली बनाने कि ईच्छा रखता हैं। मानव के कठपुतली बनने का मुख्य कारण है मानव कि अज्ञानता है। मानव जीत व हार के माया जाल मे फंसा हुआ है, प्रकृति का खेल अनंत है जिसमे ना हार होती है ना ही जीत। मानव को प्रकृति के खेल को आंनद के साथ खेलना चाहिए, जीत - हार कि चिंता करना मुर्खता होती है।

02 रहस्य - प्रकृति का रहस्य प्रकृति कि अनुमति के बिना नही खोजा जा सकता है, मानव चाह कर भी अनंत का पता नही लगा सकता क्योंकि प्रकृति कभी भी इस रहस्य को उजागर नही करना चाहती है। मानव पुरुष - पुरुष के बंध को तोड सकता है परन्तु मानव प्रकृति व पुरुष के बंध को कभी नही तोड सकता हैं। मानव प्रकृति का गुलाम है, यह एक कटु सत्य है। अतः मोक्ष एक काल्पनिक विचार है।

03 तंत्र - मानव का मन किसी अन्य मानव का गुलाम बन सकता है परन्तु मानव का दिमाग कभी किसी का गुलाम नही बनता है अतः मानव को अपने दिमाग पर ज्यादा विश्वास करना चाहिए। एकतंत्र मे प्रजा राजा कि कठपुतली होती है लेकिन प्रजातंत्र मे राजा प्रजा कि

कठपुतली होता है तथा संघ तंत्र मे राजा संघ कि कठपुतली बन जाता है। भारत के आजादी के बाद शासक संघ कि कठपुतली था। फिर धीरे धीरे प्रजा शासक कि कठपुतली बन गई। वर्तमान समय मे सेना, संसद व न्याय तंत्र तीनो शासक कि कठपुतली बन चुके है। भारत को प्रजातंत्र कहना अनुचित है। वर्तमान भारत का राजतंत्र, ना प्रजातंत्र है ना एकतंत्र व ना ही संघतंत्र यह तो प्रजा शोषण, अत्याचार, अन्याय व विनाश तंत्र बन चुका है। मानव का कठपुतली बनने का मुख्य कारण आकर्षण होता है यह आकर्षण पंथ, जाति, राष्ट्रवाद व नस्ल से उत्पन्न होता है, मानव कि भावना इस आकर्षण को ऊर्जा प्रदान करती है।

छाया सूत्र

01 परिभाषा - मानव कि छाया मानव का साथ कभी नही छोडती है, किसी दूसरे मानव कि छाया बनना गलत व सही दोनो होता है। आप किसी कि छाया अंत तक नही बन सकते हो, माता - पिता भी एक समय तक ही संतान कि छाया बन सकते हैं। छाया भी नियंत्रण का ही एक रूप है, समय व सीमा से ज्यादा नियत्रण मानव को कमजोर ही करता हैं। गुरू ज्ञान व पुस्तक ज्ञान से आपको नियंत्रित किया जा सकता है, आत्म ज्ञान ही मानव को किसी अन्य कि छाया से मुक्त करा सकता है। अतः आत्म ज्ञान सबसे श्रेष्ठ ज्ञान होता है। मानव को किसी कि छाया बनने के बजाय किसी का सहारा बनना चाहिए क्योंकि सहारा जरूरत के समय कि छाया का ही रूप होता है।

02 जाँच - दोष सिद्धि मे छाया कि महत्वपुर्ण भूमिका होती है, दुसरे के अपराध को क्षमा कर दिया जाए या दुसरे के अपराध को सेवा मे बदल दिया जाए तो मानव मे क्रोध उत्पन्न होता है जिससे मानव ना चाहकर भी अपराध कर बेठता है। मानव का यह अपराध उसका अपराध नही समझा जाता किसी अन्य के अपराध कि छाया उसके अपराध का कारण बनती है। भारत का न्याय तंत्र अपराध करने वाले को सजा देता ना कि अपराध का मुल कारण जानकर अपराध के स्रोत को सजा देता

है। संघ परिवार व जमात परिवार भारत मे हो रही हिंसा या भारत के अब तक कि हिंसाओ के 70 प्रतिशत का योगदान रखते है। भारत का न्याय तंत्र हिंसा के मुल कारण को जानने का प्रयास करे तो इन दोनो विचारधाराओं से जुड़े संघटनो को आतंकवादी संघटन घोषित किया जा सकता है। दोनो विचारधाराओं से जुड़े संघटनो के राजनीतिक बल का कारण इन संघटनो का समाज मे आतंक ही है।

03 लक्षण - किसी मानव कि छाया का गुलाम बनना गलत है क्योकि अन्य मानव के दोष आप मे आसानी से समा सकते है। दोष गुण से अधिक प्रभावशाली होते है, इसी कारण दोष आसानी से आप मे समा जाते है, गुण के ग्रहण करने कि संभावना काफी कम होती है। अतः मानव को किसी कि भी छाया को ग्रहण नही करना चाहिए। मानव का स्वभाव त्याग का होना चाहिए ना कि ग्रहण का।

भ्रम सूत्र

01 परिभाषा - माया के प्रभाव के कारण मानव धर्म व अधर्म या सत्य व असत्य को पहचान नही पाता है, इस स्थिति को ही भ्रम कहते है। भ्रम का मुख्य कारण आपका दृष्टिकोण होता है क्योंकि माया सबसे पहले आपके दृष्टिकोण पर प्रहार करती है। माया आपके दृष्टिकोण को बदल देती है जिससे भ्रम कि स्थिती उत्पन्न होती है। मानव के पास गलत सुचनाओं का अम्बार भी मानव के भ्रम का कारण बनता है। वर्तमान समय मे सुचना तंत्र गलत सुचनाओं का समुंद्र बन चुका है। मानव का अनुभव मानव के ज्ञान का सुचक होता है, अलग अलग प्राणी का अनुभव अलग अलग होता है अतः अलग अलग प्राणी का ज्ञान अलग अलग होता है। मानव का ज्ञान ही मानव को इस भ्रम के समुंद्र से बाहर निकाल सकता है।

02 भगवान - भगवान का अस्तित्व भी भ्रम पर आधारित होता है। जब मानव के सारे भ्रम दुर हो जाते तो उस मानव के लिए भगवान

कि परिभाषा भी दुर हो जाती है। मानव पुजा से दुरी बना कर भक्ति से नाता जोड़ लेता है। डर व ईच्छा के प्रभाव मे आकर मानव भगवान कि पुजा करता है। धर्म व मोक्ष के प्रभाव मे आकर मानव भगवान कि भक्ति करता है।

03 आलोचना - खुद कि गलती को पहचान कर उसे स्वीकार करना, स्वयं कि आलोचना करना आप को भ्रम कि माया से बाहर निकाल सकता है। परन्तु मानव को कभी भी स्वयं कि गलती नजर नही आती है जिसका भ्रम मुख्य कारण होता है। अपने दुख के लिए समाज व परिवार को जिम्मेदार मानना गलत है। मानव धन व शक्ति कि माया के प्रभाव मे आकर स्वयं को महान मानने लग जाता है, लेकिन महानता एक काल्पनिक शब्द है, मानव कि समाज मे एक स्थिती होती है जो हर मानव कि अलग अलग है यह स्थिती मानव के कर्म पर आधारित होती है। मानव कि सामाजिक स्थिती अन्य मानव से ऊपर या नीचे हो सकती है परन्तु इस के कारण मानव महान व तुच्छ नही बनता है। महानता व तुच्छता मानव के अहंकार की संतान होती है।

नश्वर सूत्र

01 परिभाषा - जिस प्राणी ने जन्म लिया है उसका समय आने पर अंत अवश्य होगा, जिस वस्तु मे प्राण नही है उसका भी जन्म व मृत्यु दोनो होते है। मानव के अमर होने कि कल्पना करना ही मानव को सत्य से दुर ले जाती है। सजीव व निर्जीव को हम पुरूष व प्रकृति से निरुपित करते है। प्रकृति को हम शिव व पुरुष को हम विष्णु का नाम देकर हम पूजा व भक्ति करते है, यह पूजा व भक्ति ही मानव जीवन मे प्रकृति व पुरुष के महत्व को दर्शाती है। प्रकृति से आत्मा का निर्माण होता है व आत्मा से प्रकृति का निर्माण होता है। तथा आत्मा व प्रकृति मिलकर पुरुष का निर्माण करते है।

02 आत्मा - इस ब्रमांड़ मे आत्मा का स्वतंत्र अस्तित्व नही है, यह हमेशा प्रकृति के साथ विधमान रहती है। प्रकृति के नष्ट होने पर यह स्वतः ही नष्ट हो जाती है। आत्मा के भ्रमण करने का सिद्धान्त गलत है, इस सिद्धांत के कारण ही लोग भगवान व शैतान को वास्तविक मान लेते है। आत्मा मानव के साथ जन्म लेती है तथा मृत्यु होने पर स्वतः ही नष्ट हो जाती है। प्रकृति के कुछ तत्वो से ही आत्मा का निर्माण सम्भव है, यह तत्व आत्मिक तत्व कहलाते है। इन तत्वो के किसी स्थान पर उपस्थिती उस स्थान पर पुरुष कि उपस्थिती का प्रमाण होती है। आत्मा केवल ऊर्जा का एक स्त्रोत होती है, यह ऊर्जा को ग्रहण व त्याग सकती है। यह ऊर्जा मानव के अंत समय मे प्रकृति मे बदल जाती है। मानव कि आत्म ऊर्जा को शुन्य ऊर्जा के रूप मे परिभाषित करते है। मानव कि इन शुन्य ऊर्जा मे परिवर्तन केवल मृत्यु के बाद ही होता है। मानव कि यह शुन्य ऊर्जा मानव कि आभा का स्त्रोत होती है।

03 आत्मिक तत्व - आत्मिक तत्व प्रकृति के अन्य तत्वो से संबंध रखते है, आत्मिक तत्वो का सामान्य तत्वो मे परिवर्तन के लिए कुछ कारण होते है, वह कारण ही मानव के मृत्यु का कारण भी है। मानव का अंत निश्चित है यह बात परम् सत्य है। मानव के अन्त को कुछ समय के लिए टाला जा सकता है वह भी के आत्मिक तत्वो का रहस्य जान कर। मानव आत्मिक तत्वो के परिवर्तन को हमेशा के लिए नही रोक सकता है।

संगम सूत्र

आदत सूत्र

01 परिभाषा - कार्य का दोहराव समय के निश्चित अंतराल के बाद होता है तो उसे हम आदत के रूप मे परिभाषित करते हैं। यदि किसी कार्य मे बोझ लगता है तो वह कार्य कभी भी आदत नही बन सकता है। वह कार्य जिसका प्रभाव सकारात्मक होता होता है वह कार्य आदत कहलाता है। वह कार्य जिसका प्रभाव नकारात्मक होता है वह कार्य लत कहलाता है। योग व शिक्षा कि आदत व्यक्ति के जीवन के हर पडाव पर उसके लिए वज्र कि तरह कार्य करती हैं। नशा तथा स्वार्थ दोनो को मानव को त्याग देना चाहिए क्योकि यह दोनो लत जीवन के हर पडाव मे क्षय रोग का कार्य करती है।

02 आकर्षण - लत और आदत मे लत का आकर्षण ज्यादा होता है। लत का ग्रहण मानव आसानी से कर लेता है परन्तु आदत को ग्रहण करना आसान नही होता है। धर्म कि आदत तथा माया कि लत मानव के भगवान व शैतान बनने का कारण बनती है। झुठ कि लत का ग्रहण करना आज के समाज कि मुख्य विशेषता है, वह समाज जहां सत्य कि आदत होती है वह समाज स्वर्ग कहलाता है। सत्युग व कलियुग मे अंतर बस सत्य कि आदत व झुठ कि लत का ही है।

03 आवश्यकता - मानव कि आवश्यकता मानव कि आदत व मानव कि लत को जन्म देती है। मानव बुध पथ पर चल कर अपनी बुरी आदतो का त्याग कर सकता है व अच्छी आदतो को ग्रहण कर सकता है। मानव

माया पथ पर चल कर अच्छी आदतो का त्याग करता है व बुरी आदतो को ग्रहण कर लेता है। मानव कि आवश्यकता का नष्ट होना आदत के नष्ट होने का सुचक होता है।

04 प्रेम - किसी मानव व वस्तु से आपका प्रेम आदत व लत का कारण बनता है। मानव कि आदत तथा लत मोक्ष के पथ का बाधक होती है, मानव को मोक्ष के लिए आदत का त्याग करना पड़ता है। प्रेम से आपको कार्य करने कि प्रेरणा मिलती है, प्रेम मानव कि आशा का एक मुख्य कारण होता है। नफरत, निराशा व लत का स्रोत एक ही है।

कथन सूत्र

01 परिभाषा - वचन आप कि एक अनमोल धरोवर है, वचन आपके चरित्र का निर्माण करता है। वचन आपके मानव होने का प्रमाण है। वचन पर संयम रखना चाहिए ना कि नियंत्रण, वचन पर नियंत्रण से आप सत्य बोलने कि शक्ति भी खो सकते हो। संयम आपके सत्य बोलने कि शक्ति पर कोई नकारात्मक प्रभाव नही डालता है। प्राण व वचन मे कौन ज्यादा अनमोल होता है, प्राण नश्वर होते है परन्तु वचन का कभी भी अंत नही होता है। अतः वचन प्राणो कि तुलना मे ज्यादा अनमोल होते है। वचना ऊर्जा से युक्त होते है। यह ऊर्जा वातावरण मे फेल जाती है, यह ऊर्जा अन्य मानवो के द्वारा ग्रहण कर ली जाती है। जोकि अन्य मानव पर सकारात्मक व नकारात्मक प्रभाव डालती है। वचन एक यांत्रिक ऊर्जा होती है जो वचन को बहुआयामी बनाती है।

02 वचन - भाषा यांत्रिक ऊर्जा होती है व वचन तंत्रिका ऊर्जा होती है। तंत्रिका ऊर्जा का स्रोत मन होता है तथा यांत्रिक ऊर्जा का स्रोत तन व तंत्र होता है। वचन व भाषा के संगम से ही कथन का सृजन होता है। भाषा का भाव व रूप मे विभाजन किया जाता है तथा वचन का सत्य व असत्य मे विभाजन किया जाता है। यदि आपका वचन सत्य है चाहे आपकी भाषा का भाव व रूप किसी भी प्रकार का हो तो यह कथन समाज

का भला ही करता है। यदि आपका वचन असत्य है तथा आपकी भाषा का भाव पवित्र व आपकी भाषा का रूप शुद्ध होकर भी यह कथन समाज का अहित ही करता है। यदि आपका वचन सत्य, भाषा का भाव पवित्र व भाषा का रूप शुद्ध हो तो यह कथन धर्म का सुचक होता है।

03 भाषा - भाषा के स्वरूप को हम शिक्षा कहते है, भाषा के रूप को हम निरुक्त कहते है, भाषा कि सरलता को हम व्याकरण कहते, भाषा कि मधुरता को हम छंद कहते है, भाषा कि कल्पना को हम ज्योतिष कहते है व भाषा कि कला को हम कल्प कहते है। वचन से वेदो की रचना होती है व भाषा से वेदांगो की रचना होती है। वचन मंत्र के सुचक है व भाषा तंत्र की सुचक होती है, तंत्र मे भाषा का महत्व अधिक होता है। मंत्र मे वचन का महत्व अधिक होता है।

फल सूत्र

01 परिभाषा - जो मानव जैसा बीज बोता है वह मानव वैसा ही फल प्राप्त करता है। पाप का बीज पाप का फल व पुण्य का बीज पुण्य का फल देता है। जैसी करनी, वैसी ही भरनी होती है। जैसा आपका कर्म होता है वैसा ही आपको फल प्राप्त होता है। पुरी दूनिया एक दूसरे से कर्म के जाल के रूप से जुडी हुई है, संजीव व निर्जीव दोनो ही कर्म करते है। किसी ओर के पुण्य का फल आपको व आपके पाप का फल किसी ओर को मिल सकता है। आपका पाप, पुण्य मे कभी नही बदलता है तथा आपका पुण्य, पाप मे कभी नही बदलता है। मानव अपने पाप का फल समाज मे वितरण के लिए ही कर्मकाण्ड का सहारा लेता है। मानव अपने पाप का फल ग्रहण नही करना चाहता है। मानव दुसरो के पुण्य का फल ग्रहण करने के लिए अधर्म का सहारा लेता है। मानव के पाप व पुण्य के योग का परिमाण ही मानव कि आभा मे परिवर्तन करता है।

02 विषधारी - समाज मे सिर्फ कुछ लोगो के पुण्य करने से समाज मे पुण्य का राज स्थापित नही होगा। जब तक समाज मे पुण्य का परिमाण

पाप के परिमाण से ज्यादा नही हो जाता तब तक पुण्य का राज स्थापित नही हो सकता हैं। पाप करने वालो कि संख्या हमेशा पुण्य करने वालो से ज्यादा होती है। पुण्य करने वाले मानव को समाज के विष को ग्रहण करना होगा तभी समाज को पाप के प्रभाव से बचाया जा सकता है। समाज के विष को किसी को तो ग्रहण करना होगा नही तो यह विष समाज को नष्ट भी कर सकता है।

03 कामना - कर्म करने से पहले फल कि ईच्छा करना व बिना कर्म किए फल कि ईच्छा करना आपके आलसी होने का प्रमाण होता है यह आपके धैर्य मे कमी का भी सुचक होता है। मानव कि ईच्छाएं मानव कि असफलता का कारण बनती है। मानव अपनी ईच्छाओं पर संयम स्थापित कर के मनचाही सफलता कि प्राप्ति कर सकता है। फल का रूप किसी भी प्रकार का हो मानव को उस फल को स्वीकार कर लेना चाहिए। यदि आप उस फल को स्वीकार नही करते हो तो वह फल समाज मे वितरित हो जाता है।

कर्तव्य सूत्र

01 परिभाषा - मानव का अपने वचन, विचारधारा व कर्तव्य से पीछे हटना मानव के कायर होने का प्रमाण होता है। कायर मानव का आत्मविश्वास बहुत कमजोर होता है, वह संकट के समय मे हमेशा पीछे हट जाता है। वह मानव अपने कर्तव्य से पीछे हट जाता है वह मानव सदा के लिए समाज व परिवार का विश्वास खो देता है। मानव स्वयं से ही घृणा करने लग जाता है, ऐसे मानव के जीवन मे रस होते हुए भी उस मानव को निराशा का समुंद्र ही नजर आता है। कर्तव्य से विमुख होना आपके स्वार्थी होने का प्रमाण होता है। जोकि आपके चरित्र पर हमेशा के लिए दाग लगा देता है।

02 सफलता - कर्तव्य से विमुख होना आपकी सफलता को असफलता मे बदल देता है, कर्तव्य से विमुख होना आपकी विफलता का सबसे बडा

कारण बन सकता है। सत्य व धर्म के लिए लड़ाई का आगाज करके डर व स्वार्थ कि माया के प्रभाव मे आकर उस लड़ाई को बीच मे ही छोड़ देना पापी मानव कि पहचान होती है, ऐसे मानव को ही विश्वासघाती कि संज्ञा से नवाजा जाता है।

03 अवस्था - माता - पिता कि सेवा ना करना अपने कर्तव्य से विमुख होना सबसे आसान उदाहरण है। माता - पिता को अपने बच्चो के आनंद मे बाधा का कारण मान कर अपने माता - पिता का परित्याग करना एक अपराध होता है। माता पिता कि सेवा करना मानव का धर्म भी है व मानव का कर्तव्य भी। आपके जीवन का अस्तित्व व पहचान आपके माता पिता होते है जो मानव अपने माता पिता कि सेवा नही करता है वह मानव अपने जीवन का अस्तित्व व पहचान को खो देता है।

04 भेदभाव - नारी को पराया धन समझना माता - पिता के द्वारा किया गया सबसे बडा भेदभाव होता है। नारी के विकास मे बाधा का कारण स्वयं माता पिता ही बन जाते है। शासक का जाति, पंथ, नस्ल व संघ के आधार पर समाज को विभाजित कर अपनी सत्ता कि रक्षा करना, सत्ता कि स्थापना करना, सत्ता का विस्तार करना गलत है।

पथ सूत्र

बुद्ध सूत्र

01 परिभाषा - दुनिया मे चार तत्वो का महत्व सबसे अधिक होता है वह तत्व शुन्य, अनंत, धन व ऋण होते है। धन व ऋण के संगम से शुन्य कि प्राप्ति होती हैं। धन व ऋण का अन्त ना होना अनंत को दर्शाता है। धन व ऋण को भगवान शिव के रूप मे जानते है, शुन्य को भगवान ब्रह्म के रूप मे जानते है तथा शिव व ब्रह्म के बन्ध के रूप मे भगवान बुध को जानते है। शुन्य को प्रमाणीत नही किया जा सकता है सिर्फ परिभाषित किया जा सकता है। अनंत को ना प्रमाणीत किया जा सकता है और ना ही परिभाषित किया जा सकता है। धन व ऋण को परिभाषित व प्रमाणीत दोनो किया जा सकता है।

02 पथ - संयम, संतोष, सरलता, स्पष्टता, साम्य, मध्यभाग आदि का पथ बुध पथ को निरुपित करता है। वह मानव जिसने इन छः तत्वो पर अपना जीवन गुजारा है उस मानव को अपना अराध्य मानकर भक्ति करने से आप भी इस पथ कि पहचान कर सकते है। पथ कि पहचान करना व पथ पर चलना अलग अलग होता है। बिना पथ कि पहचान कर पथ पर चलना लगभग असंभव होता है।

03 स्वभाव - अपने स्वभाव मे बदलाव करना बुध पथ पर चलने का मुल आधार होता है। जो मानव अपने स्वभाव मे बदलाव नही कर सकता वह इस मार्ग पर नही चल सकता है। बुध पथ कि पहचान करने मे मानव का दृष्टिकोण सबसे अहम भूमिका निभाता है। जब तक मानव किसी

पथ को स्वीकार नही करता है तब तक वह उस पथ पर चलने का विचार भी नही कर सकता। बुध पथ पर चलने मे सबसे बडी बाधा मानव कि भावना होती है जो मानव अपनी भावना पर संयम स्थापित कर लेता है वह आसानी से इस मार्ग पर चल सकता है।

04 व्यवहार - मानव का व्यवहार सुचक होता है कि आप बुध पथ पर चल रहे हो या माया के पथ पर। आपका व्यवहार भय, क्रोध, प्रतिशोध, जलन व नफरत उत्पन्न करता है तथा आपका व्यवहार संग्रहण, हिंसा, झुठ, चोरी व भोग उत्पन्न करता है तो आप माया के पथ पर हो।

धर्म सूत्र

01 परिभाषा - धर्म पथ पर चलने से समाज व प्रकृति मे सकारात्मक ऊर्जा का संचार होता है। परन्तु धर्म के पथ कि पहचान करना आसान नही होता है व धर्म के पथ पर चलना लगभग ना मुमकिन होता है। धर्म के मार्ग मे सबसे बडी रूकावट का कारण माया का प्रभावशाली होना है। माया हर संभव प्रयास करती है कि धर्म के पथ से जुडा हुआ अधर्म का पथ मानव को धर्म का पथ लगने लगे ताकि मानव अधर्म के पथ पर स्वतः ही चल पडे। सत्य व असत्य मे अंतर करना आसान नही होता है, धर्म व अधर्म मे अंतर करना, सत्य व असत्य मे अंतर करने से आसान होता है। अतः सत्य पथ पर चलना धर्म पथ पर चलने से ज्यादा कठिन होता है।

02 जीवन - ग्रहस्थ जीवन मे धर्म पथ पर चलना, सन्यास जीवन मे धर्म पथ पर चलने से कठिन होता हैं। संयास जीवन मे माया का प्रभाव निम्न होता है व ग्रहस्थ जीवन मे माया का प्रभाव अपने उच्च स्तर पर होता है। अतः ग्रहस्थ जीवन मे भटकाव कि संभावना ज्यादा होती है। वह मानव जो ग्रहस्थ जीवन जीते हुए भी माया के प्रभाव मे नही आता है वह मानव ही वास्तव मे एक महात्मा होता हैं। धर्म के मार्ग पर चलना व अधर्म का विरोध करना मानव का वास्तविक लक्ष्य होना चाहिए है।

03 एकता - धर्म कि सबसे बडी ताकत एकता होती है। अधर्म कि सबसे बडी कमजोरी विभाजन होती है। अधर्म कि संख्या व प्रभाव ज्यादा होता है फिर भी अंततः धर्म कि ही विजय होती है। धर्म कि विजय का कारण धर्म कि एकता ही है। भारत कि आजादी का कारण भी धर्म कि एकता ही थी, गांधी का सत्याग्रह उस एकता का मुख्य अस्त्र था। धर्म का पालन करने वाले लोगो का डर धर्म कि हार का प्रमुख कारण बनता है। अधर्म का पालन करने वाले लोगो मे धर्म का भय होना जरूरी होता है नही तो अधर्म अनियंत्रित होकर प्रलय ही उत्पन्न करता है। अधर्म को उसका विरोध कर आसानी से डराया जा सकता है। अधर्म व धर्म का नाश करना असंभव होता है दोनो को बस क्षीण किया जा सकता है। कलियुग मे धर्म क्षीण हो जाता है।

भक्ति सूत्र

01 परिभाषा - भक्ति का पथ आनंद व शांती का पथ होता है। मन कि शांती तथा तंत्र व तन का आनंद ही भक्ति लक्ष्य होता है। भक्ति का प्रभाव तन कि तुलना मे तंत्र पर अधिक पड़ता है। भक्ति का पथ अर्थ व काम का पथ नही है, यह तो आस्था व विश्वास का अनंत समुद्र है। भक्ति के लिए भगवान कि आवश्यकता होती है, भगवान दो प्रकार के होते है साकार भगवान और निराकार भगवान। साकार रूप मे मुर्ति भक्ति, चित्र भक्ति, प्रतिक भक्ति कि जाती है। निराकार रूप मे ध्यान भक्ति, तप भक्ति व त्याग भक्ति कि जाती है। पुजा का उद्देश्य काम व अर्थ कि प्राप्ति करना होता है व भक्ति का उद्देश्य धर्म व मोक्ष कि प्राप्ति करना होता है।

02 रूप - कुछ लोग भगवान को साकार रूप मे एक मानते है जो कि एक झुठ होता है साकार रूप मे भगवान के अनेक रूप होते है। मानव का भगवान को साकार रूप मे एक मानने का कारण समाज मे बलपूर्वक एकता स्थापना करने के प्रयास का सुचक होती है। समाज मे बलपुर्वक एकता कि स्थपना करने के प्रयास से समाज कि स्वतंत्रता व विविधता

समय के साथ धीरे धीरे नष्ट हो जाती है। भगवान को निराकार रूप मे एक मानना समाज कि एकता व विविधता मे साम्य को दर्शाता है। समाज कि स्वतंत्रता का प्रतिक भी भगवान का निराकार रूप होता है।

03 जीवनपथ - आप जिस भगवान कि भक्ति करते हो वह भगवान है या भगवान के वस्त्र मे कोई शैतान इस का पता करना आवश्यक है। इसका पता सिर्फ जीवनपथ से लग सकता है, विचारधारा से किसी के भगवान व शैतान होने का पता नही लगता है। क्योकि विचारधारा का मुल स्त्रोत वह मानव कभी भी नही होता हैं। विचारधारा बहती हुई गंगा है जिसका जल हम सभी अपनी क्षमता के अनुसार ग्रहण करते है। समाज मे आतंक का राज होना शैतान कि पुजा व भक्ति को इंगित करता है। भय, नफरत, जलन, क्रोध व प्रतिशोध रहित समाज तथा अत्याचार, शोषण, अन्याय, भेदभाव, दासता व विनाश रहित समाज भगवान कि भक्ति व पुजा को निरुपित करता है।

अर्थ सूत्र

01 परिभाषा - हर मानव अर्थ कि प्राप्ति को ही वास्तविक सफलता मानता है, अर्थ पथ पर चलकर जो मानव सफलता को प्राप्त करता है वह मानव सफल मानव समझा जाता है। धर्म कि प्राप्ति को मानव सफलता नही मानता है। धर्म पथ पर चलने वाले मानव को कलियुग मे मुर्ख समझा जाता है, माता पिता अपनी संतान को सदा धर्म पथ से दुर करने का प्रयास करते है क्योकिं धर्म का पथ कष्टदायक होता है। धर्म का पथ वही विष है जो भगवान शंकर ने अपने गले मे धारण किया हुआ है। माता पिता द्वारा अपनी संतान को अर्थ पथ पर धकेलना आज के संसार का कटु सत्य बन चुका है। अर्थ व काम का पथ ही आपको अर्थ के पथ पर ले जाने का सबसे आसान मार्ग होता है।

02 रहस्य - धन व बल के संयुक्त रूप को ही अर्थ कि संज्ञा दि जाती है। जहां पर धन है वहां पर बल अवश्य होगा तथा जहां पर बल है वहां

पर धन अवश्य होगा। बल के नष्ट होने पर धन नष्ट हो जाता है व धन नष्ट होने पर बल कम हो जाता है। लोकतंत्र मे धन से बल को प्राप्त किया जाता है, इस का मुख्य स्त्रोत व्यापारी वर्ग द्वारा दिया जाने वाला चंदा होता है। शासक वर्ग का निवेश भी इस धन का एक स्त्रोत है। व्यापारी वर्ग का चंदा व शासक वर्ग का निवेश दोनो ही लोकतंत्र मे बल प्राप्ति का मुख्य अस्त्र हैं। बल प्राप्ति के प्रतिफल के रुप मे दोनो वर्गा पर अकूत धन कि वर्षा होती है। एकतंत्र व परिवार तंत्र मे बल व धन दोनो से बल कि प्राप्ति कि जाति है। परन्तु बल से बल कि प्राप्ति का प्रभाव धन से बल कि प्राप्ति से कई गुणा अधिक होता है।

03 सुरक्षा - महाजन वर्ग, किसान वर्ग, शिल्पकार वर्ग, यांत्रिक वर्ग, कलाकार वर्ग, दस्तकार वर्ग, मजदुर वर्ग, अधिकारी वर्ग, शासक वर्ग, गुरू वर्ग, पंडित वर्ग आदि के धन कि सुरक्षा व रक्षा करना शासक का धर्म होता है। महाजन वर्ग व शासक वर्ग मिलकर अन्य वर्गा के धन को सदा चुराने का प्रयास करते है, महाजन वर्ग व शासक वर्ग मिलकर अन्य महाजन वर्ग के धन को चोरी करने का प्रयास करते है। दुसरो के धन को साम दाम दण्ड भेद से अपना बनाने का प्रयास करना अधर्म होता है

बन्ध सूत्र

प्रेम सूत्र

01 परिभाषा - विश्वास, त्याग व मान कि धाराओं के संगम से प्रेम रूपी नई धारा का सृजन होता है। जहां पर विश्वास होता है वहां पर प्रेम का होना स्वभाविक है। जहां पर विश्वास नही होता है वहां पर नफरत कि उत्पत्ति अवश्य होती है। विश्वास कि कमी सामाजिक व पारिवारिक बंधो को कमजोर कर देती है। विश्वास घात के बारे मे सोच कर हम विश्वास कि बलि नही दे सकते है। विश्वास घात का होना आपके अनुभव कि कमी को दर्शाता है। त्याग माता पिता के प्रेम का मुख्य आधार होता है, स्त्री का त्याग पुरुष का स्त्री के प्रति प्रेम का मुख्य कारण होता है। स्त्री का त्याग माता के रूप मे, बहन के रूप मे, पत्नी के रूप मे देखने को मिलता है। स्त्री का त्याग दोस्त के रूप मे कम ही नजर आता है। पुरुष वर्ग कि दोस्ती का आधार त्याग ही होता है। मान समाज मे आपकी स्थिती का सुचक होता है। मान का मुल्य मानव के धर्म व स्वतंत्रता पर निर्भर करता है। किसी मानव के मान का मुल्य मानव के पारिवारिक व सामाजिक बंध पर निर्भर करता है। मानव का अपमान मानव मे नफरत कि उत्पत्ति का मुख्य कारक होता है।

02 आकर्षण - आकर्षण माया का ही एक रूप है तथा प्रेम धर्म का रूप होता है। मानव आकर्षण को प्रेम समझ लेता है यही मानव के बंधो के कमजोरी का कारण बनता है। आकर्षण मे आप किसी दुसरे से कुछ पाने कि आशा करते हो परन्तु प्रेम मे आप अन्य मानव से किसी प्रकार कि

आशा नही रखते हो। प्रेम आपके मन को शांती देता है, आकर्षण मन को ऊर्जा देता है।

03 आवश्यकता - मानव आवश्यकता को भी प्रेम समझ लेता है, यदि किसी मानव से मिलकर आपको अच्छा लगता है तो यह आपके तन व तंत्र कि आवश्यकता बन जाता है परन्तु प्रेम से मन को शांति कि प्राप्ति होती है। शांति के प्रभाव कि अवधि, आनंद के प्रभाव कि अवधि से शत् गुणा अधिक होती है। संभोग या स्वभोग तन व तंत्र कि आवश्यकता होती है ना कि प्रेम का कोई रूप होता है। प्रेम का संभोग व स्वभोग से कोई संबंध नही होता है। संभोग व स्वभोग से शांति नही मिलती है।

क्षमा सूत्र

01 परिभाषा - क्षमा वीरो का आभूषण होता है, क्षमा दान सबसे बडा दान होता है, क्षमा सामाजिक व पारिवारिक बंधो कि दवा का कार्य करता है। क्षमा आपके बहादुर चरित्र का प्रमाण होता है, कायर मानव कभी भी क्षमा दान नही करता है। कायर मानव भविष्य कि चिंता के कारण क्षमा दान नही करता है। हर मानव गलती करता है ऐसा कोई भी मानव नही है जो गलती ना करे। यदि आप गलती करते हो और आपको क्षमा मिल जाती है, वह क्षमा आपके जीवन बदलाव का सुचक बन सकती है। गलती को स्वीकार ना करना धमंड कि उत्पत्ति का कारण होता है, गलती पर पर्दा डालना कायरता होती है। किसी को क्षमा ना करना मानव के स्वार्थ को दर्शाता है।

02 परिणाम - परिवार या समाज मे किसी कि गलती को नजरअंदाज करना मुर्खता होती है, आपकी यह मुर्खता आपके बंधो को कमजोर कर सकती है। किसी के गलती करने पर उसे समझाना, गलती के परिणाम के बारे मे बताना तथा किसी को गलती करने से रोकना हर मानव का धर्म होना चाहिए। किसी को क्षमा करके आप अपने भविष्य को उज्जवल कर सकते हो, बदले कि भावना आपके वर्तमान व भविष्य को नष्ट कर

सकती है। क्षमा आपकी मोत या पतन का कारण बन सकती है फिर भी क्षमा मानव के चरित्र का अभिन्न अंग बने क्योकि क्षमा के अंदर धर्म का निवास होता है।

03 राजपुत - राजपुत वर्ग कि बहादुरी का कारण मुल कारण क्षमा ही था। बार बार गलती कर हर बार क्षमा प्राप्त करने के बारे मे सोचना गलती कि लत होती है। बार बार गलती करना व हर बार उसे अस्वीकार कर देना घमंड होता है। घमंड मानव की सनक का कारण बन जाता है। मानव कि सनक मानव समाज या देश को विनाश के रास्ते पर ले जाती है। देश या समाज के विनाश को भी विकास कि उपमा देना समाज व देश के ओर अधिक विनाश का सुचक होती है। ऐसे सनकी मानव को क्षमा करना मानव समाज कि सबसे बड़ी भुल हो सकती है। भारत का वर्तमान शासक वर्ग भी विनाश को विकास कि उपमा देता है।

साम्य सूत्र

01 परिभाषा - बंध का साम्य रूप बंध कि संजीवता को दर्शाता है। बंध परिवर्तनशील होता है। बंध का अवस्था व परिस्थिती के अनुरुप परिवर्तन होता है। अवस्था के अनुरुप परिवर्तन को शादी से मृत्यु के ग्राफ द्वारा जान सकते है। शादी के समय आकर्षण ज्यादा व प्रेम कम होता है फिर धीरे धीरे आकर्षण कम व प्रेम बढता जाता है। अंत मे आकर्षण बहुत कम व प्रेम चरम् सीमा पर पहुच जाता है। दुख व सुख मे मानव का साथ देने पर आपके प्रति उसका प्रेम कई गुणा बढ जाता है। आपात समय का साथी भगवान का रूप होता हैं।

02 परिस्थिती - बंध का कमजोर होना या मजबुत होना परिस्थिती पर निर्भर करता हैं। समय आपके संयम कि परीक्षा लेता हैं, जब तक फिर से साम्य स्थापित नही हो जाता मानव को संयम से काम लेना चाहिए। आपकी घबराहट आपकी इस समय गलती का मुख्य कारण बन सकती

है। इस नाजुक परिस्थिती मे एक भी गलती आपके बंध को तोड सकती है।

03 विचारधारा - आपकी विचारधारा साम्य के लिए घातक हो सकती है, यदि आप जबरन अपनी विचारधारा को किसी पर थोपने का कार्य करते हो तो यह आपके साम्य मे विचलन उत्पन्न कर सकता है। किसी अन्य कि विचारधारा को बिना तर्क के ग्रहण करना गलत होता है। साम्य के लिए विचारधारा का त्याग करना आपको गुलाम बना सकता है, आपकी शक्ति को समय के साथ क्षीण कर सकता है। आकर्षण व आवश्यकता कभी भी साम्य को स्थापित नही कर सकती है वह प्रेम ही है जो आपके जीवन मे साम्य को स्थापित कर सकता है।

04 लक्षण - साम्य का महत्वपूर्ण लक्षण यह है कि साम्य हमेशा दो से अधिक व्यक्तियो मे ही स्थापित होता है। यह अकेले आप पर निर्भर नही करता है यह आपके साथी पर भी उतना ही निर्भर करता है। मानव के कर्म व वचन बंध के साम्य को ज्यादा प्रभावित करते है। मानव के विचार का साम्य पर कम प्रभाव पडता है।

जल सूत्र

01 परिभाषा - गुलामी का बंध मजबूत होता है जिसे तोड पाना आसान नही होता है यह बंध सहसंयोजक बंध कहलाता है। स्वतंत्रता बंध रहित होती है। समाज मे अधर्म कि स्वतंत्रता घातक होती है व समाज मे धर्म कि स्वतंत्रता कि रक्षा करते हुए अधर्म कि स्वतंत्रता को नष्ट करने का प्रयास करना जल बंध कि उत्पत्ति का कारण बनता है। जल बंध स्वतंत्रता व दासता मे साम्य को निरुपित करता है। अपनी स्वतंत्रता के लिए किसी और कि स्वतंत्रता कि कुर्बानी नही दी जा सकती है। मानव कि स्वतंत्रता पर धर्म संगत प्रतिबंध लगाना जरुरी होता है।

02 सत्ता - अपनी सत्ता के लिए किसी ओर मानव को अपना गुलाम बनाने का प्रयास करना अधर्म कहलाता है। सत्ता कि भुख समाज कि

गुलामी का मुख्य कारण होती है। संस्था व संघटन का अन्य संस्था व संघटन से टकराव होना सत्ता के सत्य का सुचक होता है। यह लोगो कि स्वतंत्रता का सुचक होता है। जहां पर शक्ति का टकराव नही होता है वहा पर गुलामी कि छाया नजर आती है। भारत का राजतंत्र इसी गुलामी का शिकार है। शासक वर्ग ने संसद को गुलाम बनाया हुआ है व न्यायतंत्र शासक वर्ग से टकराव ना हो ऐसा प्रयास करता रहता है।

03 परिवार - संतान व माता - पिता का संबंध जल बंध कि तरह होना चाहिए। जल बंध पारिवारिक स्वतंत्रता का सुचक होता है, पारिवारिक स्वतंत्रता ही पारिवारिक बंध कि मजबुती का कारण होती है। आपके बंध कि मजबूती बंध कि स्वतंत्रता पर निर्भर करती है, क्योंकि स्वतंत्रता से बंध मे प्रेम उत्पन्न करता है। हठ व शक दो ऐसे अस्त्र है जो साथ मील जाए तो ये आसानी से बंध को तोड सकते है। हठ बंध को कमजोर बनाता है व शक बंध मे क्षय रोग उत्पन्न करता है। क्रोध व लोभ बंध को कमजोर करने के अन्य अस्त्र है जो पारिवारिक बंध कि हर मोड पर परीक्षा लेते है। जलन व स्वार्थ बंध के निर्माण मे बाधा उत्पन्न करते है। मानव मे जब तक जलन व स्वार्थ का भाव होता है तब तक मानव पारिवारिक सुख से वंचित रहता है। निस्वार्थ भाव पारिवारिक बंध कि पहचान होती है।

अध्याय 3

राम सूत्र

01 परिभाषा - पुरुष के जीवन का अर्थ ही पुरूषार्थ होता है, पुरुष के जीवन के रहस्यो का संग्रह ही पुरूषार्थ कहलाता है। पुरुष का अर्थ यहां आदमी से नही है यहां पर पुरूष शब्द सभी जीवो को निरुपित करता हैं। धर्म, अर्थ, काम, मोक्ष पुरुषार्थ के चार तत्व होते है। राम राज्य कि स्थापना के लिए मानव को इन चारो तत्वो कि स्थापना समाज मे करनी होगी। बिना धर्म का समाज राम राज्य कि स्थापना मे सबसे बड़ी बाधा होता है।

02 धर्म - धर्म का अर्थ पुण्य से होता है व पुण्य कर्म कि सकारात्मक ऊर्जा को दर्शाता है। सकारात्मक ऊर्जा वह होती है जो समाज व परिवार मे सकारात्मक ऊर्जा को उत्पन्न करे। अधर्म कर्म से उत्पन्न विष को दर्शाता है, अधर्म का विष समाज कि नकारात्मक ऊर्जा का सुचक भी होता है।

03 अर्थ - अर्थ को हम दो भागो मे बाट सकते है जो धन व बल होते है। अर्थ ही मानव के विकास का सुचक होता है। मानव का विकास अन्य मानव व प्रकृति पर निर्भर करता है। आपके के विकास कि बाधा अन्य मानव व प्रकृति दोनो हो सकते है। मानव के विचार, वचन व क्रिया व कार्य मानव के विकास का मुख्य आधार होते है।

04 काम - काम मानव कि भावनाओं का सुचक होता है, मानव कि भावना लहर कि तरह उतार व चढाव वाली होती है। उतार को ऋण व चढाव हो धन से निरुपित करते है। काम सिर्फ लेंगिक या शारीरिक संबंध

को ही नही कहते हैं। ऐसा कोई भी कर्म जिससे मानव कि भावनाओं मे उतार व चढाव होता है वह काम कहलाता है।

05 मोक्ष - मोक्ष का अर्थ आत्म ज्ञान कि प्राप्ति से होता है, मोक्ष का अर्थ शुन्यता से होता है, मोक्ष का अर्थ संयम व संतोष से होता है। मोक्ष का वास्तविक अर्थ बंधों कि शुन्यता होती है। यहां पर बंधो कि शुन्यता का मतलब पुरुष बंधो कि शुन्यता से है। सभी बंधो कि शुन्यता सिर्फ मृत्यु प्राप्ति पर ही मिल सकती है।

धर्म सूत्र

सेवा सूत्र

01 परिभाषा - सेवा करना हर मानव का धर्म है व सेवा से मेवा प्राप्ति कि ईच्छा रखना सेवा के प्रभाव को शुन्य कर देता है। सेवा करने वाला सेवक कहलाता है। सेवा करने वाले को सेवक ना समझ कर नौकर समझना मानव कि आदत बन गई है इस कारण से मानव सेवा के भाव से लगातार दुर होता जा रहा है। सेवा से मानव के चरित्र मे अहिंसा व मेहनत के गुण का समावेश होता है। हिंसा व आलस से मुक्ति मिलती है। इसी कारण से सेवा के धर्म को परम् धर्म कि संज्ञा दी गई हैं। परिवार सेवा व समाज सेवा सेवा के दो प्रकार होते है, समाज सेवा को हम देश सेवा भी कह सकते हैं।

02 परिवार सेवा - परिवार सेवा को दो भागो मे बाटा जाता है कुल सेवा व मित्र सेवा। कुल सेवा करना हमारा कर्तव्य है तथा मित्र सेवा व समाज सेवा करना हमारा धर्म है। माता - पिता कि सेवा करने पर सबसे अधिक पुण्य कि प्राप्ति होती है। माता पिता कि सेवा का फल हमे अवश्य प्राप्त होता है। माता पिता को प्रताड़ित करना, लालच के लिए सेवा करना, अत्याचार व शोषण करना मानवता का सबसे बडा अपराध है।

03 समाज सेवा - सेवको कि संख्या का भोगीयो कि संख्या से अधिक होना एक आदर्श समाज कि पहचान होती है। समाज कि सेवा से आपको आंनद व आशा कि प्राप्ति होती है क्योकि सेवा से आपके सामाजिक बंध मजबूत बनते है। परिवारिक बंधो कि मजबूती का एक कारण सेवा ही

है। सेवा का प्रभाव हमेशा के लिए रहता है, यह प्रभाव आपकी चिंता को आत्मा कि सकारात्मक ऊर्जा व समाज की मदद से हर लेता है।

04 मानवता सेवा - समाज से नफरत, डर, हिंसा, क्रोध, प्रतिशोध, निराशा, जलन, अहंकार, शोषण, अत्याचार, अन्याय, अंधविस्वास, झुठ, कष्ट, चिंता का हरण कर लेना मानवता कि सेवा का सुचक होता है। परिवार व समाज कि सेवा का संयुक्त रूप ही मानवता कि सेवा कहलाती है। मानवता कि सेवा ही मानव का विकास करती है।

रक्षा सूत्र

01 परिभाषा - मानव समाज मे सुरक्षा का संबंध विकास से होता है। सुरक्षा के अभाव मे विकास, विनाश का रूप धारण कर लेता है। व्यक्तिगत सुरक्षा, परिवार सुरक्षा व समाज सुरक्षा मे समाज सुरक्षा का महत्व व्यक्तिगत सुरक्षा व परिवार सुरक्षा से ज्यादा होता है। क्योकि समाज सुरक्षा ही व्यक्तिगत सुरक्षा व परिवार सुरक्षा का प्रमाण होता है। सुरक्षा करने वाला वर्ग बहादुर होता है तथा वह वर्ग समाज से प्रेम व सम्मान प्राप्त करता है। सेना व पुलिस उसी वर्ग का हिस्सा हैं। गुप्तचर व अन्वेषक को भी इसी वर्ग मे शामिल किया जाता हैं।

02 आर्थिक सुरक्षा - सामाजिक सुरक्षा समाज मे आपके स्थान को सुरक्षित करती है। वित्तीय सुरक्षा आपके विकास कि गति मे आने वाली बाधाओ को दुर करती है। सामाजिक सुरक्षा का कार्य करना आसान नही होता है, क्योकि शासक वर्ग से उत्पन्न होने वाली असुरक्षा का सामना करके आप अपने आप को व अपने परिवार को संकट मे डाल सकते हो। शासक वर्ग झुठ का सहारा लेकर समाज को आप के विरुध खड़ा कर सकता है।

03 बल - पुलिस को समाज मे संमान न मिलने का कारण भारत के समाज का असुरक्षित होने कि ओर ईशारा करता है। पुलिस का सम्मान व समाज कि सुरक्षा आपस मे जुडी हुई हैं। किसी क्षेत्र मे सेना से नफरत

होना व सेना का अपमान होना उस क्षेत्र को नरक क्षेत्र घोषित करता है। सेना का रक्षक से भक्षक बनने कि ओर ईशारा करता है। रक्षक का चरित्र आर्दशवादी व सिद्धान्तवादी होना जरुरी है क्योकि इसके बिना रक्षक भक्षक बन जाता है।

04 डर - आपकी विरास्त व विचारधारा आपके डर का कारण होती है यदि किसी संघटन कि विरास्त हिंसा से युक्त है तो उस संघटन का हर सदस्य डर के साये मे ही जीता है। संघ परिवार व जमात परिवार ऐसे ही संघटन है जिनकी विरासत हिंसा युक्त है संघ परिवार व जमात परिवार का हर सदस्य डर के साये मे ही जीता है। विचारधारा से आपमें नफरत के भाव उत्पन्न होते है।

परोपकार सूत्र

01 परिभाषा - बिना स्वार्थ के किसी पर उपकार या सहायता करना परोपकार कहलाता है। समाज मे धन व बल कि असमानता को दुर करने के लिए समाज का परोपकारी होना जरुरी है। परोपकार से लोकप्रियता कि प्राप्ति होना परोपकार को दान मे बदल देती है। उपकार व दान मे अंतर प्रभाव का होता है। दान का प्रभाव उपकार के प्रभाव से बहुत कम होता है। परोपकार करके उसका श्रेय लेना व अपने परोपकार का गुणगान करना किसी अपराध से कम नही है। शासक वर्ग का परोपकार कर उसका श्रेय लेना आम बात है, परन्तु किसी दुसरे के परोपकार को नाम बदलकर या बिना नाम बदले उसका श्रेय लेना भारत के वर्तमान शासक वर्ग कि विशेष पहचान है। भारत का वर्तमान शासक वर्ग झुठ कि पहचान है। जिस प्रकार तुगलक सनक कि पहचान था।

02 ऊर्जा - कार्य का उपकार करना आसान नही होता है। कार्य का उपकार नकारात्मक ऊर्जा को ग्रहण करता है तथा सकारात्मक ऊर्जा का उत्सर्जन करता है। उस नकारात्मक ऊर्जा का प्रभाव उपकार करने वाले मानव के जीवन पर पडता है। संकट का समय हर मानव के जीवन मे आता है,

उस समय आपका किया गया उपकार आपकी वास्तविक दौलत होता है। मानव को इस दौलत के महत्व को समझना चाहिए तथा इस दोलत कि प्राप्ति के हर अवसर का फायदा उठाना चाहिए। जितनी ज्यादा यह दौलत होगी संकट कि परिस्थिती से बाहर आना उतना ही आसान होगा।

03 शासन - परोपकार के नाम पर अत्याचार व शोषण करना वर्तमान शासन का मुख्य आधार बन चुका, लोकतंत्र का सबसे बडा अवगुण यही है। भारत के लोकतंत्र मे वास्तविकता का स्थान आकर्षण ले चुका है। परोपकार मे अहंकार का भाव आना गलत है, परोपकार का जन्म तो प्रेम कि भावना से होता है। शासक वर्ग कभी भी किसी का उपकार नही करता है वह जो धन जनता पर खर्च करता है उसका उस धन पर कोई अधिकार नही होता है। शासक यदि अपने धन का त्याग कर लोगो कि सेवा करता है तब ही उसे उपकार माना जाता है।

सनातन सूत्र

01 परिभाषा - सनातन का अर्थ हाता है जिसका ना आरम्भ हो ना ही जिसका कोई अंत हो, धर्म सनातन होता है ना कि सनातन नाम का कोई धर्म होता है। धर्म का नामकरण धर्म को अधर्म बना देता है। धर्म का कोई अंत नही है उसी प्रकार अधर्म का भी ना आरम्भ होता है ना हि अंत होता है। सनातन व समय का संबंध बहुत गहरा है। यह संबंध समय के साथ साथ बदलता रहता है। जो इस संबंध को स्थिर करने का प्रयास करता है वह इसकी धारा मे बह जाता है। समय के साथ बदलाव प्रकृति का अटूट सत्य है। जो बदलाव को स्वीकार करेगा वह ही इस धारा को पार कर सकेगा। धर्म का ना तो कोई भगवान होता है, ना ही कोई संविधान व ना ही कोई स्त्रोत। धर्म का ना तो रूप है, ना ही रंग, ना कोई भाषा, ना कोई परिभाषा, ना जाति, ना नस्ल, ना ही कोई क्षेत्र।

02 संविधान - धर्म के संविधान दो प्रकार के होते है स्थिर संविधान व परिवर्तनशील संविधान। धर्म का संविधान होना मानवता के विभाजन का

प्रतिक है। एक संविधान को मानने वाला वर्ग अन्य संविधान को मानने वाले वर्ग का विनाश कर स्वयं कि प्रभुसत्ता कि स्थापना का प्रयास करता है। जो कि अकारण ही संघर्ष को जन्म देता है। यह संघर्ष मानव के विनाश का एक प्रमुख कारण है। धर्म का कोई स्त्रोत नही होता है, इसी कारण धर्म कि कोई विरासत भी नही होती है।

03 भगवान - धर्म का किसी भी भगवान से कोई संबंध नही होता है, लेकिन अधर्म का शैतान से गहरा संबंध होता है। धर्म का कोई आकार नही होता है, इसी कारण से भगवान को निराकार कहा गया है। अधर्म का आकार होता है इसी के कारण शैतान को साकार कहा गया है, अधर्म के एक साकार रूप के अंत होने पर अधर्म का दुसरा साकार रूप उत्पन्न हो जाता है। सभी प्रकार कि भाषा, रंग, जाति व नस्ल का धर्म मे मिलन होना धर्म कि विविधता को जन्म देता है। एक भाषा, रंग, जाति व नस्ल का धर्म मे मिलन होना पंथ को जन्म देता है। पंथ सरोवर होता है तो धर्म नदी होता है।

अर्थ सूत्र

नीति सूत्र

01 परिभाषा - विविधता, टिकाऊ, क्षय, प्रसार अर्थ नीति के भाव को निरुपित करते है। एकता, अखंडता, विस्तार व स्वतंत्रता अर्थ नीति के गुण होते है। अपराध, सेवा, सजा व उपहार अर्थ नीति के लक्षण होते है। संविधान, कानुन, नियम - विनियम व प्रथा - परम्परा अर्थ नीति के रूप होते है। सत्ता कि प्राप्ति के लिए मानव चार अर्थ तत्वो का प्रयोग करता है जो साम दाम दण्ड भेद है। वह मानव जो सही व गलत के चक्र व्युह मे फंस जाता है वह मानव कभी भी सत्ता की प्राप्ति नही कर सकता है। यही राजनीति का अटुट सत्य है। पाप व पुण्य का विचार करना राजनेता का सबसे बडा शत्रु बन सकता है। जो इस शत्रु का वध नही कर पाता वह कभी भी सत्ता को प्राप्त नही कर सकता है।

02 छवि - राज कि प्राप्ति के लिए जनता का आप से आकर्षण बहुत जरुरी होता है। इस आकर्षण के लिए आपकी छवि सबसे महत्वपुर्ण होती है। आप झुठ बोलकर अपनी छवि या किसी अन्य कि छवि को बदल सकते हो। यदि आप को इससे सत्ता कि प्राप्ति होती है, तो आपके सारे झुठ स्वतः ही सत्य का रुप धारण कर लेते है। मानव पाप का रक्षक होते हुए भी पुण्य रूपी अमृत को ग्रहण कर लेता है। अपनी लकीर को बडा़ करने के लिए अन्य कि लकीर को छोटा करना लोकतंत्र मे सत्ता कि प्राप्ति का मुख्य अस्त्र होता है।

03 धन नीति - जो जितना चालाक व पत्थर दिल वाला होगा वह उतना ही धन अर्जित करेगा। आपका भोलापन व कोमलता आपके धन कि प्राप्ति कि सबसे बड़ी बाधा है। इस बाधा का विनाश करना ही धन नीति का मुल मंत्र है। अन्य लोगो का शोषण ही कुछ लोगो का भोजन होता है, यदि आप अन्य लोगो का शोषण नही करोगे तो आपको भोग कि प्राप्ति भी नही होगी। अन्य मानव का विनाश ही आपका विकास कर सकता है। आप साम दाम दण्ड भेद द्वारा अन्य लोगो का शोषण व विनाश कर सकते हो। सत्ता को गुलाम बनाने वाला व्यापारी ही शोषण व विनाश का प्रसारक व रक्षक होता है। ऐसा व्यापारी का अन्त ही समाज को शोषण व विनास से मुक्ति दिला सकता है।

तंत्र सूत्र

01 परिभाषा - किसी भी कार्य को सम्पादित करने के लिए एक व्यवस्था कि आवश्यता होती है, उसी व्यवस्था को तंत्र नाम दिया जाता है। शासन, प्रशासन व जनता कि धाराओं के संगम से एक नई धारा का सृजन होता है उसी धारा को राज तंत्र कहते है। सरकार, संसद, न्यायालय, सेना व पत्रकार वर्ग शासन के पांच भाग होते है। सेना को प्रशासन का हिस्सा मानना मानव कि मुर्खता का सुचक होता है। पत्रकार वर्ग शासन का सबसे महत्त्वपूर्ण वर्ग होता है। पत्रकार वर्ग का गुलाम होना जनता कि गुलामी का सुचक होता है। भाईचारा, एकता, अखंडता व सुरक्षा प्रशासन वर्ग के लक्षण को दर्शाते है। बिना इन चार तत्वो का प्रशासन कुशासन का भागीदार होता है।

02 प्रशासन - प्रशासन को हम शासन व जनता के बीच कि कड़ी के रूप मे पहचानते है। प्रशासन का कार्य सेवा करना होता है यदि प्रशासन अपराध करता है तो इस अपराध कि सजा जनता को मिलती है। प्रशासन के साकार रूप को हम कर्मचारी के रूप मे जानते है। कर्मचारी दो प्रकार के होते है मजदूर व अधिकारी। मजदूर को नौकर कि संज्ञा भी दी जाती है। अधिकारी वर्ग को प्रशासन का मेरुदण्ड भी कहते है।

03 धनतंत्र - शासक वर्ग, व्यापारी वर्ग, कर्मचारी वर्ग, मजदूर वर्ग, किसान वर्ग, शिल्पकार वर्ग, दस्तकार वर्ग, कलाकार वर्ग कि धाराओ से धन तंत्र कि धारा का सृजन होता है। धन तंत्र का मुलमंत्र लोगो कि आवश्यकता को पुरा करना होता है। जो धन तंत्र लोगो कि आवश्यकता को पुरा नही कर पाता है वह धन तंत्र विकार से युक्त होता है। प्रतिस्पर्धा से धन तंत्र को स्थायित्व व विकास कि प्राप्ति होती है। तथा जनता को वेश्य वर्ग के द्वारा किये जाने वाले शोषण से मुक्ति मिलती है। किसी क्षेत्र कि प्रतिस्पर्धा मे सरकार का भाग लेना उस प्रतिस्पर्धा को नया आयाम देता है। यह नया आयाम जनता के हित मे होता है। लेकिन सरकार द्वारा किसी क्षेत्र को अपने लिए आरक्षित कर लेना तथा प्रतिस्पर्धा के नियमो का उलंघन करना उचित नही है।

दर्शन सूत्र

01 परिभाषा - अर्थ व काम मानव के जीवन कि मुख्य आवश्यकता होती है, आवश्यकता कि एक सीमा होती है वह सीमा ही अर्थ के धर्म व माया को विभाजित करती है। अर्थ धर्म भी होता है अर्थ माया भी होती है, अर्थ का धर्म स्वरूप व अर्थ के माया स्वरूप कि पहचान करना ही अर्थ दर्शन होता है। अर्थ दर्शन को हम राज दर्शन व धन दर्शन दो रूपो मे विभाजित करते है। राज चरित्र शासन व प्रशासन के लक्षण का माप होता है, राजचरित्र शासन प्रशासन के गुण दोष का माप होता है। चरित्र व व्यवहार को संयुक्त रूप से मर्यादा के रूप मे परिभाषित किया जाता है। सुचरित्र व सुव्यवहार राज चरित्र का गुलाब होता है। राम राज्य मे मर्यादा का मुख्य स्थान था। वर्तमान भारत का शासन प्रशासन राम राज्य का वस्त्र धारण करके भारत को रावण राज्य बना चुका है। सत्ता प्राप्ति के लिए शासक वर्ग ने राज चरित्र कि कुर्बानी दे दी है।

02 राजचक्र - शासन, प्रशासन व जनता मिलकर एक चक्र का सृजन करते है यह चक्र यह दर्शाता है कि यदि शासक वर्ग के बल के मान मे वृद्धि होती है तो प्रशासक वर्ग के बल के मानव मे स्वतः ही वृद्धि हो जाती

है। शासक वर्ग के मान मे वृद्धि से जनता के बल के मान मे स्वतः ही कमी हो जाती है। शासन वर्ग का विभाजन पांच भागो मे होता है यदि कि एक भाग के बल के मान मे वृद्धि हो जाती है तो अन्य भागो के बल के मान मे स्वतः ही कमी हो जाती है।

03 धन दर्शन - मांग, उत्पादन, वितरण व वित्त धन दर्शन का साकार रूप होते है तथा संसाधन, विज्ञान, संस्था व विनिर्माण धन दर्शन का निराकार रूप होते है। गरीबी, महंगाई, बेरोजगारी व शोषण धन दर्शन का अधर्म रूप होता है। समानता, प्रतिस्पर्धा, कर, स्वतंत्रता धन दर्शन का धर्म रूप होता है।

04 धनचक्र - धन चक्र कि गति धन के साकार रूप, निराकार रूप, धर्म रूप व अधर्म रूप से प्रभावित होती है। धन चक्र का विपरित दिशा मे चलना देश कि दौलत व आय को कम कर देता है।

संतोष सूत्र

01 परिभाषा - अर्थ कि प्राप्ति के लिए आपको अधर्म का सहारा लेना होता है, धर्म द्वारा अर्थ कि प्राप्ति करना लगभग असंभव है। यदि मानव के पास अर्थ कि कमी है व वह अर्थ कि प्राप्ति करना चाहता है तो उसे पाप करना ही होगा, पुण्य द्वारा अर्थ कि प्राप्ति केवल मुठी भर लोग ही कर सकते है। पाप करने से जहर उत्पन्न होता है मानव उस जहर को ग्रहण नही करना चाहता है, मानव का उस जहर से डरना ही मानव मे असंतोष का कारण होता है। मानव बिना कर्म के अर्थ के स्वपन देखता है, स्वपन देखने से अर्थ कि प्राप्ति नही होती है। मानव का बिना कर्म के अर्थ के स्वपन देखना मानव मे असंतोष उत्पन्न करता है।

02 स्वीकार करना - मानव अपने अर्थ कि तुलना दुसरो के अर्थ से करता है, दुसरो के अर्थ कि अधिकता मानव मे असंतोष के बीज को रोप देती है। इसी के कारण पुंजीवादी समाज मे असंतोष अधिक होता है। जब रोजगार की संख्या उत्पादन के भार का एक/दश भाग से भी कम होती है

तो उसे हम विनाशवाद कहते है। आपकी आय का भार अन्य लोगो कि आय के भार से कम होने पर आपमे असंतोष उत्पन्न होता है। मानव को इस सत्य को स्वीकार कर लेना चाहिए कि आपकि आय का भार कम होने का कारण आपका अधर्म के जहर से डरना होता है। वह मानव जो अपने अधर्म के जहर का वितरण कर देता है उस मानव कि आय का भार अधिक होता है।

03 विश्लेषण - समय व संतोष का गहरा संबंध होता है यदि आपके अर्थ का भार कम है तो आपको उसका दुख नही बनाना चाहिए। मानव को अपने कर्मा का विश्लेषण कर अपने अर्थ के भार कि कमी को जानने का प्रयास करना चाहिए। मानव जब अपने कर्मा का विश्लेषण करेगा तो वह स्वयं को ही अपने अर्थ के भार कि कमी का कारण मानेगा। मानव का अपनी कमी को ना स्वीकार कर दुसरो को दोष देना मानव मे असंतोष ही उत्पन्न करता है। मानव के सत्य व धर्म के कारण अर्थ का भार कम हो सकता है, मानव को इस स्थिती मे संतोष कि भावना रख कर सत्य व धर्म का चुनाव करना चाहिए।

काम सूत्र

रंग सूत्र

01 परिभाषा - काम का रंग धूसर होता है, मानव काम को काला या सफेद रंग का मानता है जो मानव की मुर्खता को दर्शाता है। धूसर रंग का निर्माण काले व सफेद रंग के संगम से होता है जो कि काम को अधर्म व धर्म से युक्त बना देता है। वर्तमान मानव काम को अधर्म के रूप मे देखता है जिससे काम रंग का रंग धूसर से काला होते जा रहा है। सरकार अपने काम रंग को सदा सफेद बताने का प्रयास करता है व विपक्ष के काम रंग को काले रंग का घोषित करने का कोई मौका नही छोडती है। शासक का काम अपराध सफेद रंग का व जनता का काम अपराध काले रंग का समझा जाता है। व्यापारी का काम अपराध सफेद रंग का व उपभोगता का काम अपराध काले रंग का समझा जाता है। अधिकारी का काम अपराध सफेद रंग का व मजदुर का काम अपराध काले रंग का समझा जाता है।

02 प्रकार - काम रंग 9 प्रकार का होता है, इंद्र रंग 7 प्रकार के होते है तथा शिव रंग 2 प्रकार के होते है। शिव का रंग काला व संफेद प्रकार का होता है। इंद्र का रंग लाल, नारंगी, पीला, हरा, आसमानी, नीला व बैंगनी होता है। नीले रंग को भारत कि सभ्यता का रंग भी कहते है क्योकि नीला रंग भारत के वस्त्र उघोग का एक समय प्रमुख रंग हुआ करता था। लाल रंग श्रगांर का सुचक होता है, नारंगी रंग वीरता का सुचक होता है, पीला रंग करुणा का सुचक होता है, हरा रंग हास्य का सुचक होता है,

आसमानी रंग अद्भुत का सुचक होता है, नीला रंग भयानक का सुचक होता है, बैगनी रंग वीभत्स का सुचक होता है। काला रंग रौद्र का सुचक होता है व सफेद रंग शांति का सुचक होता है।

03 इंद्र रंग - काम श्रृंगार है, काम वीरता है, काम करुणा है, काम हास्य है, काम अद्भुत है, काम भयानक है व काम वीभत्स है। काम हास्य काम धूसर का प्रतिबिंब होता है। काम कि उलझन ही काम हास्य को उत्पन्न करती है। वीरता, भयानक व वीभत्स काम के नकारात्मक रूप है। श्रृंगार, करुणा व अद्भुत काम के सकारात्मक रूप है।

छाया सुत्र

01 परिभाषा - जनन काम, तन काम, नयन काम, गंध काम व शब्द काम छाया काम के साकार रूप होते है। स्वपन काम व मन काम छाया काम के निराकार रूप होते है। आयाम, अवधि, आवृति, लंबाई व विराम छाया काम कि छाया के आकार का सुचक होते है। छाया काम के लक्षण छाया काम की पहचान होते है। छाया काम स्वतः सृजित काम है, इसका सृजन भावना से होता है। आनंद व शांति छाया काम के गुण को निरुपित करते है। पीड़ा व चिंता छाया काम के दोष को निरुपित करते है।

02 साकार रूप - जनन काम संतान कि प्राप्ति का मार्ग होता है, तन काम संभोग कि प्राप्ति का मार्ग होता है। नयन काम स्वभोग कि प्राप्ति का मार्ग होता है। गंध काम आकर्षण कि प्राप्ति का मार्ग होता है। शब्द काम कल्पना कि प्राप्ति का मार्ग होता है।

03 निराकार रूप - स्वप्न काम का आधार कल्पना व आवश्यकता होती है, मानव कि आवश्यताएं ही मानव के स्वप्न को जन्म देती है। मानव अपनी आवश्यकताओं पर संयम स्थापित कर के स्वप्न काम पर संयम को स्थापित कर सकता है। मन काम का आधार प्रेम व आकर्षण होता है, मानव त्याग के द्वारा स्वयं के किसी भी भौतिकतावादी तत्व से

आकर्षित होने कि क्षमता को कम कर सकता है। मानव का किसी वस्तु के प्रति आकर्षण मन काम कि क्षमता को सुचित करता है।

04 लक्षण, गुण, दोष - मानव मे छाया काम से विकार उत्पन्न हो सकते है, मानव छाया काम द्वारा अपने विकारो को दुर कर सकता है। मानव के विकार व मानव का उपचार छाया काम के लक्षण को निरुपित करते है। मानव मे सकारात्मक ऊर्जा के प्रवाह को छाया काम का गुण कहते है यह सकारात्मक ऊर्जा ही मन को शांति प्रदान करती है तथा तन व तंत्र को आनंद प्रदान करती है। मानव मे नकारात्मक ऊर्जा के प्रवाह को छाया काम का दोष कहते है, यह नकारात्मक ऊर्जा मन मे अशांति तथा तन व तंत्र मे पिड़ा को उत्पन्न करती है।

रूप सूत्र

01 परिभाषा - कामरूप से हम काम कि पहचान कर सकते हैं। भारत मे कामरूप नाम का शहर भी है जोकि ब्रहम नस्ल का मुल स्थान हुआ करता था, वर्तमान मे कामरूप के लोग अपने अस्तित्व के संघर्ष कि लड़ाई लड़ रहे है क्योकि उनका अस्तित्व उनकि नस्ल व भाषा के अस्तित्व से जुड़ा है जो कि संघ परिवार कि हिंदु व आर्य तुष्टिकरण वाली नीति के कारण संकट मे आ चुका है। वर्तमान समय मे यह स्थान आर्य संस्कृति का एक महत्वपूर्ण केंद्र बन चुका है जो कभी बहम संस्कृति का महत्वपूर्ण केंद्र हुआ करता था। कामदेव का निवास स्थान कामरूप ही है आज आर्य नस्ल के प्रभाव के कारण कामदेव को अपने निवास स्थान को छोड़ कर दर - दर भटकना पड़ रहा है। कामदेव का दर - दर भटकना मानव सभ्यता के लिए सही नही है। कामदेव को ब्रहम पुत्र भी इसी कारण कहा जाता है। स्वयं ब्रहम ने कामदेव के लिए कामरूप नगर कि स्थापना कि थी।

02 अर्थ - जिस प्रकार अर्थ के दो प्रकार बल व धन होते है उसी प्रकार काम के भी दो प्रकार पुरूष काम व प्रकृति काम होते है। मानव बल से

पुरूष काम कि प्राप्ति करता है व धन से प्रकृति काम कि प्राप्ति करता है। जिस मानव के पास अर्थ होता है वह आसानी से काम को प्राप्त कर सकता है, यदि उसके पास इसे ग्रहण करने का बल व इसे ग्रहण करने के लिए समय है तो। मानव के पास अर्थ होते हुए भी समय व बल के अभाव मे मानव काम को ग्रहण नही कर पाता है। मानव के पास अर्थ कम है तो मानव के पास काम भी कम होगा, मानव का समय व बल मानव को इस काम को ग्रहण का बल प्रदान करता है।

03 प्रकृति काम - प्रकृति कि सुन्दरता, प्रकृति कि गंध, प्रकृति कि विविधता, प्रकृति का प्रकोप, प्रकृति के रहस्य व प्रकृति पर निर्भरता को सयुक्त रूप से प्रकृति काम से परिभाषित करते है। प्रकृति काम कि अभिलाषा मे हम प्रकृति कि पुजा भी करते है। प्रकृति पुजा का अर्थ यहां प्रकृति भोग से है जो हम स्वयं ग्रहण करते है। मानव को प्रकृति पुजा के स्थान पर प्रकृति कि भक्ति करनी चाहिए।

देवकाम सूत्र

01 परिभाषा - देव काम दो प्रकार का होता है, वचन काम व कार्य काम। वचन काम विचार काम से प्रभावित होता है, विचार काम का प्रभाव परिस्थति के अनुसार वचन काम पर पडता है। दृष्टिकोण व समय पर यह परिस्थित निर्भर करती है। कार्य काम क्रिया काम से प्रभावित होता है, क्रिया काम का प्रभाव भावना के अनुसार कार्य काम पर पडता है। पहचान काम, भावना काम व ईच्छा काम शैतान काम के रूप होते है। पहचान काम आपकी विरास्त पर निर्भर करता है, भावना काम आपके सामाजिक, पारिवारिक, भौतिक बन्धो पर निर्भर करता है, ईच्छा काम आपके तन मन तंत्र पर निर्भर करता है। आत्मा सिर्फ ऊर्जा का एक स्त्रोत होती है। आत्म ऊर्जा को ग्रहण करती है तथा आत्मा ऊर्जा को उत्सर्जित करती है। यह आत्म ऊर्जा शुन्य ऊर्जा का रूप होती है, जोकि भौतिक ऊर्जा से भिन्न हैं।

02 देवकाम - वचन, विचार, क्रिया व कार्य देवकाम के चार रूप होते है। ये चारो काम एक दुसरे पर निर्भर करते है, इन चारो पर संयम कि स्थापना के फलस्वरूप देव काम कि उत्पत्ति होती है। इन चारो कामो पर माया का प्रभाव पड़ जाने से शैतान काम कि उत्पत्ति होती है, माया का नाश कर हम शैतान काम को देव काम मे बदल सकते है। देव काम ही समाज मे काम योग का सुचक होता है आज काम शैतान काम का रूप धारण कर चुका है जिसने काम योग के महत्व को बहुत कम कर दिया है। हम देव काम कि फिर से स्थापना कर के समाज मे काम योग के प्रभाव को फिर से बढा सकते है।

03 कामयोग - काम एक योग होता है क्योंकि काम का अस्तित्व ही संगम पर निर्भर करता है, यह संगम योग व विभाजन दोनो का रूप ले सकता है। सहमति से संगम को हम योग कि संज्ञा देते है, असहमति से संगम को भोग कि संज्ञा देते है। योग से मानव संतोष कि प्राप्ति करता है व भोग से मानव असंतोष कि प्राप्ति करता है। भोग से जलन कि उत्पत्ति कि संभावना अधिक होती है। योग से हम जलन रूपी माया का विनाश कर सकते है। भोग पिड़ा व आनंद दोनो देता है।

मोक्ष सूत्र

संतोष सूत्र

01 परिभाषा - योगी कि पहचान संतोष से कि जाती है व भोगी कि पहचान असंतोष से कि जाती है। अपने ज्ञान पर विश्वास होना मानव के संतोष को दर्शाता है, मानव मे अविश्वास का होना मानव मे असंतोष को उत्पन्न करता है। संतोष से शान्ति मिलती है, असंतोष से ही अशांति का जन्म होता है। पथ का भटकाव भी असंतोष के कारण ही होता है, पथ से भटक कर मानव अपने अन्त कि तरफ प्रस्थान करता है, पथ कि दिशा संतोष पर निर्भर करती है। संतोष मानव कि सफलता व असफलता कि पहचान होता है। समय से पहले व मन के अनुसार मानव को सफलता कि प्राप्ति का होना लगभग असंभव है।

02 आत्म हत्या - असंतोष का होना आत्म हत्या का मुख्य कारण होता है। मानव कि असफलता मानव के असंतोष का मुख्य कारण है, मानव का असफलता व सफलता के माया जाल मे फस जाना ही मानव के स्व अंत का कारण बनता हैं। दुख व अशांति का जीवन मे आना तथा मानव के स्वभाव मे असंतोष का भाव होना मानव कि आत्महत्या का मुख्य कारण होता है। मानव के स्वभाव मे संतोष का भाव होने पर पुरी मानव सभ्यता के नष्ट हो जाने पर भी मानव आत्महत्या नही करेगा। वर्तमान मानव असंतोष का सबसे बडा शिकार है।

03 पथ - ध्यान, तप, साधना व परीक्षा संतोष के चार मार्ग होते है जिनपर चल कर मानव संतोष कि प्राप्ति कर सकता है। ध्यान मानव

कि चेतना को तेज प्रदान करता है इस तेज से मानव असंतोष कि माया को नष्ट कर सकता है। तप मानव कि चेतना के विकारो को दुर करता है जिससे मानव के दृष्टिकोण मे सकारात्मक बदलाव होता है। साधना मानव कि चेतना को नया आयाम देती है जिससे मानव को भविष्य मे होने वाली घटनाओ का पुर्व अनुमान हो जाता है। परीक्षा मानव कि चेतना के दोषो को उजागर करती है जिससे मानव अपनी असफलता का दोष किसी ओर को नही देता है। चेतना का तेज, चेतना के विकार, चेतना का आयाम व चेतना के दोष से मानव संतोष कि प्राप्ति कर सकता है। मानव कि चेतना ही मानव के संतोष कि सुचक होती है।

संयम सूत्र

01 परिभाषा - अपने आप को प्रकृति व पुरुष की दोनो धाराओ मे स्वतंत्र रूप से बहने दो। जब आप धारा कि दिशा को बदलने का प्रयास करते हो तो आप अपनी शक्ति का दुरुपयोग करते हो जिस कारण से शक्ति का हास होने लग जाता है। शक्ति का कम होना आपके संयम के कमजोर होने को दर्शाता है। वचन संयम, कार्य संयम, क्रिया संयम व विचार संयम, संयम के चार प्रकार होते है। संयम जीवन को संतुलन प्रदान करता है, संयम समाज को संतुलन प्रदान करता है। संयम जीवन को सार्थक बनता है, जीवन मे निराशा को दुर करता है, जीवन के महत्व को समझाता है। संयम धर्म कि पहचान करने मे सहायता करता है, संयम पुण्य की प्राप्ति का मार्ग दिखाता है।

02 प्राप्ति - शुन्य व अंनत के रहस्य को जान कर हम संयम कि प्राप्ति कर सकते है। शुन्य को परिभाषित करना संभव है, परन्तु शुन्य को सिद्ध करना असंभव होता है। अनंत को परिभाषित व सिद्ध करना असंभव होता है। अनंत धर्म व अधर्म को दर्शाता है, धर्म भी अमर है व अधर्म भी अमर होता है। धर्म व मोक्ष से मानव संयम कि प्राप्ति कर सकता है। धर्म से संयम कि प्राप्ति शिव संयम कहलाती है, मोक्ष से संयम कि

प्राप्ति बहम संयम कहलाती है। कर्म से संयम कि प्राप्ति विष्णु संयम कहलाती है।

03 नियंत्रण - मानव सदा अपने मन, तन व तंत्र को नियंत्रित करने का प्रयास करता है। मानव कभी भी मन, तंत्र व तन पर सदा के लिए नियंत्रण स्थापित नही कर सकता है। मानव यदि इन तत्वो पर नियंत्रण का प्रयास करेगा तो मानव स्वयं ही इनके माया जाल मे फंस जाऐगा जिससे मानव मे सिर्फ बेचेनी ही उत्पन्न होगी। मानव कभी भी अपने कर्मो पर नियंत्रण स्थापित नही कर सकता है। मानव के कर्म संसार के कर्मो के जाल पर भी निर्भर करते है। मानव का खुद पर नियंत्रण करने का प्रयास मानव मे धैर्य की कमी को दर्शाता है। अधिर मानव ही स्वयं पर नियंत्रण करने का प्रयास करता है। मानव को नियंत्रण को संयम मे बदलने का प्रयास करना चाहिए जो धैर्य से ही संभव हो सकता है।

आकाश सूत्र

01 परिभाषा - संसार का अस्तित्व ही कारण पर टिका हुआ है, संसार कि हर घटना का कोई कारण होता है, कारण के बिना कर्म का अस्तित्व ही नही है। जिस दिन मानव के कारण खत्म हो जाते उसी दिन मानव कि मृत्यु हो जाती हैं। उत्तर कि स्पष्टता कारण के सही होने का पैमाना होती है, कारण का ना होना आपके उत्तर को अस्पष्ट कर देता है। अस्पष्टता झुठ को आश्रय देने वाली होती है। झुठ बोलना कारण के बल को दर्शाता है, झुठ बोलना कारण के गुप्त होने का प्रमाण होता है। कारण का बल उत्तर कि मोत का कारण बनता है। वर्तमान भारत मे उत्तर कि मोत का कारण, कारण का बल व कारण कि गुप्तता दोनो है। प्रश्न से डर का कारण, उत्तर के कारण का बल ही है।

02 दृष्टिकोण - मानव के नजरिये के दो पक्ष होते है एक शुक्ल पक्ष व दुसरा कृष्ण पक्ष। मानव किसी भी घटना को एक पक्ष से ही देखना पंसद करता है क्योकि वह पक्ष उस के मन को सही लगता है। परन्तु

मानव का एक पक्ष से ही किसी घटना को देखना उचित नही है। एक पक्ष के भी एक कोण से देखना तो आप के अज्ञानी होने का प्रमाण होता है। कोणो कि संख्या जितनी ज्यादा होगी उतना ही आप का कारण सारगर्भित होगा।

03 पथ - मोक्ष का रास्ता भी कारण से होकर जाता है, यदि आप के पास हर बात का कारण है तो आप मोक्ष कि प्राप्ति कर चुके हो परन्तु हर बात का सही कारण जानना लगभग असंभव हैं। मानव कि गुलामी का कारण प्रश्न का ना होना, प्रश्न के उत्तर का ना मिलना व प्रश्न के उत्तर का सही कारण ना मिलना। कारण को खोजने के बजाय मानव विरासत द्वारा प्राप्त कारणो को सही मान लेता है, उन कारणो का मुल्यांकन करना भी जरूरी नही समझता है। यदि मानव विरासत के भरोसे रहेगा तो मानव का मोक्ष को प्राप्त करना लगभग असंभव ही होगा। मानव के मोक्ष का पथ आकाश के समान होता है मानव चाहकर भी आकाश के छोर को नही खोज सकता है उसी प्रकार हर बात का कारण जानना भी मानव के लिए असंभव होता है।

शून्य सूत्र

01 परिभाषा - मानव सत्य को छुपा सकता है परन्तु सत्य को बदल नही सकता है, संसार के शुन्य तत्व का ही साकार रूप सत्य होता है। परम् सत्य वह है जो आप के अस्तित्व से जुडा हुआ है। मानव माया का रूप नही है, संसार भी माया का रूप नही है परन्तु मानव के अंदर कि माया मानव व संसार को माया का रूप बनाती है। परम् सत्य का ज्ञान इस अंदर कि माया कि मृत्यु के बाद ही प्राप्त हो सकता है। अवस्था व मौत एक परम् सत्य है मनुष्य इसे स्वीकार कर ले तो वह वास्तविक परम् सत्य कि पहचान भी कर सकता है। मानव अवस्था के अनुरुप कार्य नही करता है जिस कारण से वह सत्य से दुर होता चला जाता है। मानव किसी एक अवस्था मे एक निश्चित समय तक ही रह सकता है।

02 परम् विष्णु - परम् विष्णु, परम् पुरुष का ही एक नाम है, ऐसी दुनिया जहां पर प्रकृति के हर कण मे आत्मा का निवास हो, हर वस्तु पुरुष का ही एक रूप हो। इस प्रकार कि दुनिया का होना संभव है। जहां पर मृत्यु ना हो केवल जीवन का ही अस्तित्व हो। मृत्यु जीवन को अस्थिर बनाती है। जीवन कि स्थिरता ही परम् विष्णु का प्रमाण. है। परम् विष्णु आत्मा तत्व व प्रकृति तत्व कि शुन्य ऊर्जा से निर्मित होता है।

03 परम् शिव - प्रकृति से आत्मा का निर्माण होता है, प्रकृति व आत्मा के मिलाप से पुरुष का निर्माण होता है। पुरुष के बिना आत्मा का स्वतंत्र अस्तित्व नही है। सभी पुरुष कि मृत्यु के बाद सिर्फ प्रकृति का ही अस्तित्व विद्यमान रहेगा। सिर्फ प्रकृति का अस्तित्व ही परम् शान्ति ला सकता हैं। परम् शिव प्रकृति तत्व कि शुन्य ऊर्जा से निर्मित होता है।

04 परम् बह्म - आत्मा ऊर्जा का संजीव रूप होती है व प्रकृति ऊर्जा का निर्जीव रूप होती है। प्रकृति के हर तत्व का रूपान्तरण आत्मा मे हो जाने पर ही परमात्मा का सृजन होगा। प्रकृति कि शुन्य ऊर्जा से आत्मा कि शुन्य ऊर्जा का सृजन होता है। आत्मा कि शुन्य ऊर्जा मे प्रकृति कि धन व ऋण ऊजाएं साम्य मे रहती है। प्रकृति कि शुन्य ऊर्जा प्रकृति कि धन व ऋण ऊर्जा के संघर्ष का फल होती है।

भाग - 2

माया सूत्र

01 परिभाषा - अधर्म माया का ही एक रूप होता है माया अधर्म को उत्पन्न करती है, माया एक आवरण कि तरह होती है जो आप को घेरे रखती है। इस घेरे से मुक्ति का मार्ग ही हमे सत्य के पास ले जा सकता है। इस आवरण को पार करना आसान नही होता हैं क्योकि इसकी माया के प्रभाव से आप इस बात को स्वीकार ही नही कर पाओगे कि आप किसी माया के आवरण का शिकार हो। माया पर विजय अस्थाई होती है, माया पर विजय कि घोषणा करना स्वयं माया का शिकार होने जैसा होता है। माया इतनी प्रभावशाली होती है कि यह आप का पिछा कभी नही छोडती है, जब भी इसे मोका मिलता है यह आपको अपना शिकार फिर से बना लेती हैं।

02 कार्य - आपके कार्य कि बाधा भी माया होती है जब आप अपने लक्ष्य को प्राप्त करने का प्रयास करते हो तो माया आपके लक्ष्य का रास्ता ऐसा बना देती है कि आप चाहकर भी अपने लक्ष्य को प्राप्त नही कर पाते हो व आपको जो प्राप्त होता उसी मे संतोष कर अपनी हार को स्वीकार कर लेना आपकी मजबुरी हो जाति है। यदि आपको लक्ष्य के अनुसार परिणाम प्राप्त नही होता है जबकि आपने लक्ष्य प्राप्त करने का हर संभव प्रयास किया था, इसका मुल कारण भी माया ही होती है।

03 प्रकार - माया के अनेक रूप होते है, आप माया के कुछ रूपो को पहचान कर कुछ समय के लिए इन रूपो से बच सकते हो लेकिन माया नया रूप धारण करके आपके जीवन मे फिर से प्रवेश कर जाती है। माया

वायरस कि तरह होती है जो अपना रूप व क्षमता दोनो को समय के अनुसार बदलती रहती है। पहचान कि माया, छाया कि माया व ईच्छा कि माया, माया के तीन प्रकार होते है। वर्तमान भारत मे सबसे बडी माया पहचान कि माया बन चुकि, भारत के विभाजन का कारण भी यह माया ही थी। वर्तमान भारत का राक्षस स्वरूपि राजनिती का कारण भी यह माया ही है। ईच्छा कि माया का प्रभाव आपके जीवन कि सफलता को असफलता मे बदल सकता है। छाया कि माया का प्रभाव आपके सुख को दुख मे बदल सकता है।

अध्याय 4

पहचान सूत्र

01 परिभाषा - हम मानव है यह हमारी पहचान है, हममे प्राण है अतः हम प्राणी है, हम जन्तु है यह सत्य है। हमारे लिंग के अनुसार हमारी पहचान है। हमारे मन के अनुसार हमारी पहचान है। ये पहचान ऐसी है जिन पर हमारा नियंत्रण नही हैं। परन्तु कुछ पहचान ऐसी है जिनहे मानव के लालच व स्वार्थ ने सृजित किया है। ऐसी पहचान का नाश करना ही माया से मुक्ति का मार्ग हो सकता है। पंथ कि पहचान, जाति कि पहचान, शरीर कि पहचान व संघ कि पहचान चार प्रकार कि पहचान होती है।

02 आवश्यकता - पहचान आप को समुहो मे बांट देती है फिर इन समुहो मे अर्थ व काम के लिए संघर्ष होता है। जो समुह जीतता है वह अन्य समुहो पर अत्याचार व अन्याय करता है। फिर कोई ओर समुह जीत जाता है वह भी अन्य समुह पर अत्याचार व अन्याय करता है।

03 सहअस्तित्व - इन समुहो को संघर्ष विराम कर एक दुसरे के अस्तित्व को स्वीकार करना चाहिए। इन समुहों मे एक समुह का प्रभुत्व होता ही है, इसका कारण समाज का एक तरफा झुकाव होता है। साम्य कि स्थापना के लिए समुहों को आगे आकर आपस मे तालमेल बिढाने का प्रयास करना चाहिए। यदि मानव सहअस्तित्व के भाव का त्याग करता है तो यह उसके विनाश कि सुरूआत समझी जाती है।

04 स्वीकार्यता - किसी अन्य समुह के दोषो को निकालना व अपने समुह के गुणो का बखान करना गलत है। अपने समुह के दोषो को स्वीकार

नही करना तथा अपने समुह के दोषो का कारण किसी अन्य समुह को बताना स्वीकार्यता का गला घोटने जैसा होता है।

05 सहनशीलता - मानव को समाज कि एकता के लिए सहनशील होना चाहिए, हिंसा का जवाब अहिंसा से देना चाहिए, झुठ का जवाब सत्य से देना चाहिए, पाप का जवाब पुण्य से देना चाहिए। जो समाज सहनशील होगा वह समाज ही विकास कर सकता है। एकता, प्रेम व अखण्डता के लिए पहचान सबसे बडी बाधा होती है।

पंथ सूत्र

संविधान सूत्र

01 परिभाषा - हर पंथ का एक संविधान होता है, वह एक पवित्र पुस्तक समझी जाती है, इस पुस्तक मे संसोधन करना पाप समझा जाता है क्योकि यह भगवान द्वारा लिखी समझी जाती है या इसे भगवान कि सत्ता कि पहचान समझा जाता है। इस मुर्ख जगत को कौन समझाए कि भगवान और कुछ नही मानव के डर, प्रेम व स्वार्थ का ही एक रूप है। कुरान, बाइबल, वेद विश्व के प्रमुख संविधान समझे जाते है। संविधान विचारधारा का सुचक होता है वह विचारधारा जिसमे समय के साथ बदलाव नही होता है संविधान कहलाता है। इन संविधान कि रचना तक तो सही था लेकिन इनकी व्याख्या करने वालो ने इनकी इस तरह व्याख्या कि ताकि उनका स्वार्थ पुरा हो सके और वो भगवान के नाम पर अपनी सत्ता कि स्थापना कर सके।

02 न्यायाधीश - वर्तमान समय मे संविधान कि व्याख्या न्यायालय करता है जो कि सत्ता का ही एक प्रतिबिम्ब होता है। आज के जज ही जब अपने स्वार्थ व अपने डर के कारण संविधान कि गलत व्याख्या कर सकते है तो इतिहास मे इन संविधान कि गलत व्याख्या कर अपनी सत्ता कि स्थापना करना बहुत आसान था। शत प्रतिशत ऐसा किया गया था, क्योकि वर्तमान मे भी सत्ता के लोभ मे इन संविधानो कि गलत तरह कि व्याख्या कि जा रही है।

03 कानुन - संसद के कानुन को सामान्य भाषा मे कानुन कहा जाता है। सरकार के कानुन को सामान्य भाषा मे नियम, विनियम व उपनियम कि संज्ञा दि जाती है। पंथ के कानुनो का प्रयोग जनता के शोषण के लिए किया जाता है। असमानता व गुलामी तो इन कानुनो का मुख्य उद्देश्य है। लोगो कि मान - मर्यादा कि तो इन कानुनो ने बलि चढा दी है। महिलाओ को तो मानव समझा ही नही गया इन कानुनो मे। अन्य समुहो को राक्षस व काफिर कि उपमा देकर उनका अपमान व शोषण किया गया था व किया जा रहा है। परमपरा व प्रथा के नाम पर बिना लिखित कानुनो कि तो मानो भरमार है, परम्परागत कानुन का धर्म संगत होना लगभग ना के बराबर होता है।

भाषा सूत्र

01 परिभाषा - संस्कृति का संबंध भाषा होता है, क्षेत्र को प्रभावित करता है। संस्कृति भाषा पर निर्भर करती है व भाषा का पलायन आसानी से होता है। संस्कृति क्षेत्र पर भी निर्भर करती है व क्षेत्र मे परिवर्तन समय के साथ धीरे - धीरे होता हैं। किसी भाषा पर हर नस्ल का अधिकार समान रूप से होता है। हर भाषा मानव समाज कि संयुक्त विरास्त होती है। किसी संस्कृति पर किसी नस्ल का एकाधिकार जताना उस नस्ल के असुर बनने का प्रमाण होता है। संस्कृति व नस्ल के संगम से जाति का निर्माण होता है, तथा जाति व संविधान के संगम से पंथ का निर्माण होता है।

02 संगम - संस्कृति, संविधान व नस्ल के संगम से पंथ का निर्माण होता है जहां पर पंथ होता है वहां पर धर्म का होना असंभव है। विरास्त, संस्कृति व समाज के मिलन से सभ्यता का निर्माण होता है। सभ्यताओ का विकास व विनाश होना प्रकृति का अटूट सत्य हैं, मानव तो सिर्फ एक उत्प्रेरक का कार्य करता है जोकि विकास व विनाश की गति को प्रभावित करता है।

03 रक्षा - भाषा को बचा कर कोई भी समाज अपनी संस्कृति को आसानी से बचा सकता है। भाषा का अंत संस्कृति कि आधी मृत्यु मानी जाती है। क्षेत्र का अंत संभव नही है अतः संस्कृति का अंत भी संभव नही है। मानव को अपनी भाषा को असभ्य नही मानना चाहिए, राजस्थान के लोग राजस्थानी भाषा को असभ्य मानते है जिसके कारण आज राजस्थानी संस्कृति का अन्त निकट नजर आने लगा है। राजस्थानी संस्कृति के मुख्य भक्षक हिन्दी व अंग्रेजी भाषी राजस्थानी समुदाय है वह समुदाय अंग्रेजी व हिन्दी को राजस्थानी भाषा से ज्यादा सभ्य मानता है। राजस्थान के लोग तृतीय भाषा के रूप मे भी राजस्थानी भाषा का अध्ययन नही करना चाहते है। राजस्थानी संस्कृति को बचाना आज असंभव सा प्रतित होता है, हम राजस्थानी होकर भी आज राजस्थानी होने का हक खो चुके है। राजस्थानी भाषा का विनाश अन्य भाषाओं के विकास का मार्ग बन चुका है।

भगवान सूत्र

01 परिभाषा - भगवान का विभाजन करना गलत है, परन्तु भगवान का विभाजन करना अर्थ कि प्राप्ति के लिए एक सबसे आसान साधन होता है। किसी भगवान पर अपना अधिकार जताना व स्वयं को किसी भगवान का भक्त बताना सत्ता कि प्राप्ति के लिए शासक द्वारा किया गया मुख्य षड्यंत्र होता है। क्षेत्र के अनुसार भगवान का नामकरण होता है, यह नामकरण भी भगवान के विभाजन का मुख्य कारण बन जाता है। भगवान का विभाजन का करना मानव के असुर होने का प्रमाण होता है। संघ परिवार व जमात परिवार ने भगवान का विभाजन अपनी सत्ता कि स्थापना के लिए किया है। संघ परिवार व जमात परिवार का अंत करने वाला मानव भगवान का ही दुत होगा।

02 भ्रम - आप जिस भगवान पर विश्वास करते हो वह वास्तव मे भगवान ही है इस बात का पता करना जरूरी होता है। असुर अपना रूप बदल कर भगवान का रूप धारण का लेता है। मानव असुर व भगवान

कि पहचान, समाज पर भगवान कि भक्ति व पुजा से पड़ने वाले प्रभाव कि जांच करके कर सकता है। असुर मे मानव समाज का विश्वास होना समाज को अधर्म के रास्ते पर ले जाता है। भगवान मे मानव समाज का विश्वास होना मानव समाज को धर्म के रास्ते पर ले जाता है।

03 प्रकार - वह जो स्वयं को भगवान कहते है। वह जो स्वयं को भगवान का पुत्र कहते है। वह जो स्वयं को भगवान का दुत कहते है। वह जो स्वयं को साधु, संत, पंडित, ऋषि व मुनि कहते है। मानव ने भगवान का आठ भागों मे विभाजन किया है। समाज सेवक व राजा को मिलाकर भगवान के दस प्रकार होते है। राजा अर्थ कि माया के प्रभाव मे आकर असुर बन जाता है। समाज सेवक पहचान कि माया के प्रभाव मे आकर पापी बन जाता है। भगवान, भगवान का पुत्र व भगवान का दुत अहंकार कि माया के प्रभाव मे आकर असुर बन जाते है। साधु व संत विरासत कि माया के प्रभाव मे आकर दानव बन जाते है। पंडित काम कि माया के प्रभाव मे आकर पापी बन जाते है।

समाज सूत्र

01 परिभाषा - पंथ का संबंध अर्थ व काम से बहुत गहरा होता है, अर्थ व काम कि प्राप्ति के लिए ही वास्तव मे पंथ का निर्माण किया जाता है। पंथ के निर्माण का कारण कभी भी मोक्ष व धर्म नही होता है। मानव समाज कि नस्ल के अनुसार ही अलग अलग मानव समाज के लिए पुरुषार्थ कि परिभाषा भी अलग अलग होती है।

02 राष्ट्रवाद - पंथ राष्ट्रवाद का ही पुरातन रूप हैं, दोनो कि स्थापना का उद्देश्य सिर्फ सत्ता कि प्राप्ति करना ही है। इन दोनो के प्रभाव मे जनता आसानी से आ जाती है। जनता द्वारा शासक वर्ग से कोई सवाल नही किये जाते है। सत्ता कि आलोचना करना पाप बन जाता है व सत्ता का गुणगान करना धर्म बन जाता है। लोगो कि भावनाओ का दुरूपयोग कर सत्ता के भोगी सत्ता का आनंद जनता पर जहर का वितरण करके लेते

रहते है मानव समाज पंथ के प्रभाव मे आकर उस जहर को भी अमृत समझ कर ग्रहण कर लेता है। जो मानव पंथ का विरोध करता है उसे बल पूर्वक यह जहर सत्ता के भोगी पिलाने का प्रयास करते है।

03 धर्म - धर्म का आधार सही व गलत होता है तथा पंथ का आधार अर्थ व काम होता है। धर्म मे किसी प्रकार के समुह का निर्माण नही होता है। पंथ का मुख्य उद्देश्य ही समुह का निर्माण कर अपनी प्रभुसता कि स्थापना करना होता है। धर्म का मार्ग सत्य व अहिंसा का होता है। पंथ का मार्ग हिंसा व झुठ का होता है। पंथ का एक नाम होता है, पंथ का एक रंग होता है, पंथ कि एक भाषा होती है। पंथ का एक संविधान होता है, पंथ का एक क्षेत्र होता है, पंथ कि एक नस्ल होती है। पंथ का एक प्रतिक होता है, पंथ कि एक प्रथा होती है, पंथ कि एक परम्परा होती है। पंथ के भगवान होते है, पंथ के महापुरुष होते है व पथ के संचालक भी होते है। पंथ का धन होता है, पंथ का बल होता है, पंथ का काम होता है व पंथ का मान भी होता है। पंथ कि पहचान भी होती है जिसकी रक्षा के लिए बिना कारण ही मुर्ख मानव अपने प्राणो का बलिदान दे देता है। मानव के बलिदान का फल अन्य चतुर मानव आसानी से उठा कर भोग विलाश का जीवन जीता है।

जाति सूत्र

कार्य सूत्र

01 परिभाषा - कार्य के आधार पर मानव समाज अलग अलग समुहो का निर्माण कर लेता है। यह समुह समय के साथ जाति का रूप धारण कर लेते है, इन समुहो के द्वारा आपस मे ही विवाह करने कि परम्परा का प्रारम्भ हो जाती है। दुसरी जाती से विवाह अपवित्र समझा जाने लग जाता हैं। इसके आधार पर प्रेम विवाह करने को अपराध बना दिया जाता है। ब्रह्म विवाह होने के कारण पुरूष सत्ता का आसानी से राज स्थापित हो जाता है। महिला का शोषण भी जाति के निर्माण के कारण ही होता है। जाति प्रथा का अंत महिलाओं कि आजादी के लिए बहुत जरूरी है।

02 प्रकार - कार्य का जुड़ाव अर्थ व ज्ञान से होने के कारण, कार्य के आधार पर किसी जाति का समाज मे मान निर्धारित किया जाता है। यह मान कुछ समय बाद स्थिर हो जाता है क्योकि कार्य को बदलने के प्रयास को उच्च जाति वर्ग द्वारा दबा दिया जाता है। यह एक प्रकार कि आरक्षण व्यवस्था के समान ही कार्य करता है। इस का उद्देश्य अर्थ व ज्ञान का संग्रह कुछ जाति तक ही सीमित होना होता है। यह मान उच्च जाति वर्ग कि विरासत बन जाता है। उच्च जाति वर्ग अपने कार्य कि पुर्ति के लिए भी निम्न जाति वर्ग का शोषण करते है। यह काम पंथ कि माया का सहारा लेकर आसानी से किया जाता रहा है।

03 कुल - जाति कार्य पर आधारित होती है व कुल का आधार विवाह पर टिका होता है। यहां पर भी महिलाओ के साथ भेद भाव होता है क्योकि

स्त्री को इस काबिल भी नही समझा जाता कि उसका कोई कुल हो। स्त्री के द्वारा विवाह के अवसर पर अपने कुल का त्याग कर दिया जाता है। पुरुष कभी भी अपने कुल का त्याग नही करता है। संतान का कुल भी पिता का कुल होता है। माता के कुल कि एक प्रकार से हत्या कर दि जाति है। संतान को अपने कुल के चयन का अधिकार होना चाहिए। कार्य के आधार पर किसी के साथ भेदभाव करना व उनका शोषण करने का प्रयास करना ही जातिवाद होता है। जातिवाद व जातिव्यवस्था मे अन्तर होता है, जब तक मानव समाज है जाति व्यवस्था का अंत नही किया जा सकता है परन्तु जातिवाद का अंत संभव है।

विरासत सूत्र

01 परिभाषा - विरासत के आधार पर भी जाति का निर्माण होता हैं, विरासत के आधार पर जाति का निर्माण होना समाज को विभाजित कर देता है। विरासत का संबंध विचारधारा से होता है, विभिन्न विचारधाराओं कि विरासत अलग अलग होती है परन्तु मानव समाज विरासत व संस्कृति को एक ही मानता है। विरासत को भाषा, क्षेत्र व नस्ल से जोडना गलत है। विरासत, विचारधारा से उत्पन्न संस्कृति व समाज की प्रथा व परम्परा का संयुक्त रूप होती है। विरासत का संबंध इतिहास से अधिक होता है व संस्कृति का संबंध वर्तमान से अधिक होता है।

02 राष्ट्रवाद - यदि दो या दो से अधिक विचारधाराओं कि विरासत एक स्थान पर है तथा वहां पर सिर्फ एक विचारधारा कि प्रभुसत्ता होती है तो अन्य विचारधारा कि विरासत को खतरा उत्पन्न हो सकता है। इस खतरे के डर के कारण उस विचारधारा को मानने वाला वर्ग हिंसा के मार्ग पर चलने लग जाता हैं तथा स्वयं अपनी विरासत के लिए खतरा उत्पन्न कर देता है। प्रभुत्व वाली विचारधारा को मानने वाला वर्ग इस हिंसा का फायदा उठा कर उनकि विरासत को अपनी विरासत के लिए खतरा बता कर नष्ट करने का हर संभव प्रयास करता है।

03 संस्कृति व समाज - यदि आपकी भाषा एक है तो आपकी संस्कृति भी एक होगी, यदि आपकी नस्ल एक है तो आपका समाज भी एक होगा। यदि आपकी विचारधारा एक है तो आपकी विरासत भी एक होगी। क्षेत्र का प्रभाव विरासत, समाज व संस्कृति पर समान रूप से पड़ता है। कला का संबंध कौशल व भावना से होता है, भावना का संबंध नस्ल से होता है, कौशल का संबंध अभ्यास से होता है। कला का स्थानांतरण एक क्षेत्र से दुसरे क्षेत्र मे होता है क्योकि नस्ल का पलायन भी एक क्षेत्र से दुसरे क्षेत्र मे होता है। कला का संबंध समाज से होता है, कला का संबंध संस्कृति से नही होता है। कला भाषा पर निर्भर नही करती है। विचारधारा मानव विशेष से संबंधित होती है अतः इसका नस्ल से कोई संबंध नही होता है। विचारधारा के आधार पर समुहों का निर्माण होता है जो समाज के विभाजन का कारण बनते है।

समाज सूत्र

01 परिभाषा - समाज के आधार पर जाति का विभाजन स्वभाव व व्यवहार के आधार पर किया जाता हैं। जिस मानव का चरित्र सही होता है वह मानव सभ्य कहलाता है। जिस मानव का चरित्र गलत होता है वह मानव असभ्य कहलाता है। समय के साथ साथ यह चरित्र आपके कुल से जुड जाता है। चरित्र के आधार पर ही मानव को दो भागो मे बाटा गया है। सभ्य मानव व असभ्य मानव। सभ्य मानव के कर्म उसे भगवान बना देते है व असभ्य मानव के कर्म उसे असुर बना देते है।

02 सुन्दरता व भोजन - मानव का खान पान व रहन सहन भी मानव को अलग अलग जाति मे विभाजित कर देता हैं। आदिवासी व दलित जाति वर्ग का संबंध इस प्रकार के विभाजन से ही है। आदिवासी जाति के लिए राक्षस शब्द का प्रयोग पुराणो मे किया गया है। रामायण मे द्रविड समाज के लिए वानर व रीछ शब्दो का प्रयोग भी खान पान व रहन सहन के आधार पर किया गया है।

03 शूद्र - अर्थ व काम के आधार पर चार वर्गा का निर्माण वेदो मे किया गया है ये वर्ग निम्न है - ब्राह्मण, क्षत्रिय, वेश्य व शुद्र। शुद्र वर्ग के समाज का विभाजन उनके खान पान व रहन सहन के आधार पर शुद्र व दलित वर्ग के रूप मे कर दिया गया। दलित वर्ग को खान पान व रहन सहन के आधार पर ही अछुत कहा जाने लगा। दलित वर्ग का कार्य ही उनके रहन सहन का सुन्दर ना होने का कारण था व उनके भोजन का तामसिक होने का कारण था।

04 महानता - ज्ञान के आधार पर मानव समाज का महान व तुच्छ समाज के रूप मे किया जाता है। धर्म व सत्य से युक्त समाज को महान व अधर्म व असत्य से युक्त समाज को तुच्छ कहा जाता है। वर्तमान भारत समाज को संसार जातिवाद के कारण तुच्छ समाज कि नजर से देखता है। संघ परिवार व जमात परिवार भारत समाज के तुच्छ होने का प्रमुख कारण है, संघ परिवार व जमात परिवार को नष्ट करके भारत के समाज को महान बनाया जा सकता है।

भाषा सूत्र

01 परिभाषा - भाषा के आधार पर जाति का विभाजन किया जाता है, बोली के आधार पर उप विभाजन किया जाता है। कुछ भाषा मानव द्वारा सभ्य समझी जाती है व कुछ भाषा असभ्य समझी जाती है। जो भाषा सभ्य समझी जाती है उसकी बोली को भी सभ्य समझा जाता है व जिस भाषा को असभ्य समझा जाता है उसकी बोली को भी असभ्य समझा जाता है। किसी भाषा को मानव समाज ही सभ्य व असभ्य बनाता है। भाषा का निर्माण अक्षर से होता है व भाषा कि पहचान उसके शब्द होते है तथा भाषा के गुण भाषा कि व्याकरण मे छुपे होते है। भाषा को रंग व रूप रचना कि कला द्वारा दिया जाता है।

02 वर्तमान - भुतकाल कि तुलना मे वर्तमान मे भाषा कि संख्या मे कमी आई है यह कमी भाषा को बोलने वालो कि संख्या मे बढोतरी का

परिणाम है। कुछ भाषा को बोलने वालो कि संख्या बहुत अधिक है व कुछ भाषा बोलने वालो कि संख्या बहुत कम है। भाषा बोलने वालो कि संख्या का शुन्य हो जाना भाषा को विलुप्त कर देता है। कुछ भाषा कि विलुप्ति नई भाषा कि उत्पत्ति का कारण होती है, कुछ भाषा कि विलुप्ति सदा के लिए हो जाती है बिना नई भाषा कि उत्पत्ति किये। कुछ विलुप्त भाषा कि रचनाएं उनकी फिर से उत्पत्ति का कारण बन सकती है।

03 विभाजन - भाषा के आधार पर लोग स्वयं को विभाजित महसुस करते है, यह विभाजन हिंसा का कारण बनता है। देशो का विभाजन भी भाषा के आधार पर होता हैं। किसी क्षेत्र मे कोई भाषा कम बोली जाती है तो उस क्षेत्र मे उस भाषा को बोलने वाले स्वयं को असुरक्षित महसुस करने लग जाते है, जो कि उस क्षेत्र मे अलग अलग भाषा के आधार पर बस्तीयो के निर्माण का कारण बनती है। अपनी भाषा को सभ्य समझना व दुसरी भाषा को असभ्य समझना गलत है। अपनी भाषा को असभ्य समझना पाप है। भाषा का पलायन आसानी से होता है, भाषा का किसी क्षेत्र व नस्ल से कोई संबंध नही होता है, हिन्दी भाषा अनेक भाषाओ के संगम से उत्पन्न हुई है हिन्दी भाषा को आर्य भाषा व भारतीय भाषा कि उपमा देना गलत है। हिन्दी भाषा मानवता कि भाषा है।

तन सूत्र

नस्ल सूत्र

01 परिभाषा - नस्ल मानव कि उत्पत्ति का स्त्रोत होती है, नस्ल मानव समाज कि उत्पत्ति के सहस्य पर प्रकाश डालती है। नस्ल का अलग अलग होना मानव कि उत्पत्ति के इस रहस्य को उजागर करता है कि मानव के अस्तित्व का सृजन किसी अन्य जीव के अस्तित्व के अन्त के बाद ही हुआ था, जीन का असामान्य परिवर्तन इसका कारण हो सकता है। इस परिवर्तन का अलग अलग समय अंतराल पर होना नस्ल कि विभिन्नता का एक कारण हो सकता है। मानव के पुर्वज जीव कि नस्ल कि विविधता का मान, मानव नस्ल कि विविधता के मान से कम ही होगा। मानव के बाद आने वाली नस्ल कि विविधता का मान मानव नस्ल कि विविधता के मान से अधिक होगा। मानव कि नस्ल का मिश्रित होकर एक नस्ल बन जाना मानव के अंत का कारण होगा क्योंकि एक नस्ल का बदलाव सहन करना आसान नही होता है। मानव का अंत अलग अलग समय अंतराल मे होगा जो कि नए जीव कि नस्लीय विविधता का कारण बनेगा।

02 समाज - नस्ल मानव समाज को विभाजित करती है, हर नस्ल कि अपनी एक अलग भावना होती है। हर नस्ल के शरीर के गुण व दोष भी अलग होते है। रोगो कि उत्पत्ति का स्त्रोत नस्ल पर भी निर्भर करता है। रोग का प्रभाव भी नस्ल पर निर्भर करता है। एक वातावरण का अलग अलग नस्ल पर अलग अलग प्रभाव पड़ता है, जो कि नस्ल के मिश्रण

का प्रमुख कारण बनता है। कोई नस्ल श्रेष्ट नही होती है किसी नस्ल मे कोई गुण होता है तो वह उस नस्ल के अन्य दोषों से अप्रभावी हो जाता है। वह नस्ल जो समय व प्रकृति के अनुसार स्वयं को बदल लेती है वह नस्ल ही अधिक विकास कर पाती है तथा अपनी प्रभुसत्ता कि स्थापना कर पाती है। समय के साथ बदलाव मानव को विकास के रास्ते पर ले जाता है। भारत कि नस्ल मुख्य रूप से आर्य व द्रविड नस्ल का मिश्रित रूप है। कुछ मिश्रण ब्रह्म नस्ल का भी है जो समय के साथ बढता ही चला जाएगा। आर्य नस्ल व द्रविड नस्ल का भेद कुछ समय बाद खत्म हो जाएगा। ब्रह्म नस्ल को सम्मान व पहचान देना जरूरी है।

लिंग सूत्र

01 परिभाषा - मानव का लिंग के आधार पर चार प्रकार से विभाजन किया जाता है, दो विभाजन सामान्य विभाजन होते है व दो विभाजन विशेष विभाजन होते है। सामान्य विभाजन स्त्री व पुरूष होते है। विशेष विभाजन किन्नर व किल्लण होते है। जनन अंग स्त्री के व हार्मोन पुरूष के होतो पुरूष किन्नर तथा जनन अंग पुरूष के व हार्मोन स्त्री के होतो स्त्री किन्नर होता है। जिसके जनन अंग से स्त्री व पुरूष मे भेद कि पहचान नही हो पाती है तो वह समुह किल्लण कहलाता है। लिंग के आधार विभाजन होना सही है लेकिन लिंग के आधार पर भेद भाव होना गलत है।

02 स्त्री - स्त्री के साथ भेद भाव होने का प्रमुख कारण स्त्री का संतान को जन्म देने कि शक्ति है। इस शक्ति के कारण स्त्री तन कोमल व कमजोर हो जाता है, जिससे स्त्री का बाहुबल कम हो जाता है। बाहुबल का कम होना स्त्री के साथ भेदभाव का मुख्य कारण बनता है। इस शक्ति के कारण ही स्त्री के पीड़ा सहन करने कि शक्ति पुरूष से अधिक होती है। अतः वह अपने साथ हो रहे भेद भाव को सहन करती रहती है वह इसका विरोध नही करती है। अर्थ कि आवश्यकता स्त्री वर्ग को पुरूष वर्ग कि तुलना मे कम होती है, अर्थ के प्रति स्त्री वर्ग का आकर्षण पुरूष

वर्ग कि तुलना मे अधिक होता है। काम कि आवश्यकता स्त्री वर्ग को अधिक होती है व काम के प्रति आकर्षण पुरूष वर्ग का अधिक होता है। स्त्री वर्ग अपनी अर्थ कि आवश्यकता बढ़ा कर व काम कि आवश्यकता कम करके संसार कि हर असफलता को सफलता मे बदल सकती है। स्त्री के साथ भेदभाव का प्रमुख कारण परिवारिक बंध कि मजबुती के लिए स्त्री वर्ग द्वारा सामाजिक बंधो का बलिदान देना होता है। स्त्री को कभी भी अपने सामाजिक बंधो का बलिदान नही देना चाहिए। स्त्री को काम कि अधिक आवश्यकता व अर्थ से अधिक आकर्षण होते हुए भी मानव समाज का स्त्री को अपना साथी चुनने का अधिकार ना देना मानव समाज के अधर्मी होने का प्रमाण होता है। ब्रह्म विवाह कभी भी प्रेम विवाह से अधिक उचित नही हो सकता है।

द्रव्यमान सूत्र

01 परिभाषा - मानव का आकर्षण मानव के तन के द्रव्यमान पर निर्भर करता है। तन का द्रव्यमान ही तन कि आकृति व आकार को बदलता है या तन कि आकृति व आकार तन के द्रव्यमान पर निर्भर करता है। मानव के तन के द्रव्यमान का पैमाना आपकी सुन्दरता का सुचक होता है। मानव के तन कि सुन्दरता तन के द्रव्यमान पर निर्भर करती है जो कि तन के भेदभाव का कारण बनती है। वर्तमान भारतीय फिल्म जगत मे कलाकार के अभिनय का स्थान आज कलाकार के तन का द्रव्यमान ले चुका है। कलाकार अपने तन के द्रव्यमान को आर्दश बनाने का हर संभव प्रयास करता है। तन का द्रव्यमान हम कसरत द्वारा बदल सकते है आज के वर्तमान भारत मे कसरत ने योग का स्थान ले लिया है। योग से विकारो का उपचार होता है व कसरत से तन के विकार उत्पन्न होना आम बात है।

02 आकर्षण - वर्तमान मानव अपने विचारो से समाज को आकर्षित करना नही चाहता है वर्तमान मानव अपने तन से समाज को आकर्षित करना चाहता है। कलियुग मे मानव अपने तन से लोगो को आकर्षित

करके लोकप्रिय होना चाहता है जो मानव को अर्थ व पहचान दोनो प्रदान करता है कभी कभी मानव को मान कि प्राप्ति भी हो जाती है। यदि मानव मर्यादा का त्याग करके अर्थ, पहचान व मान कि प्राप्ति करता है तो मानव को मर्यादा के त्याग का कोई गम नही होता है। मानव के तन का वक्ष स्थल व नितंब आज मानव के तन के द्रव्यमान के आर्दश होने का सुचक बन गये है। महिला वर्ग ने नितंब व वक्ष स्थल को सुन्दरता का पैमाना मान लिया है। महिला वर्ग कि सुन्दरता का पैमान चेहरा, केश व कमर होता है। आवश्यकता - बाहुबल के लिए आपके तन का द्रव्यमान अधिक होना जरूरी होता है। बाहुबल का योद्धा कि पहचान हुआ करता था आज बाहुबल कामुकता कि पहचान बन चुका है। यदि मानव कामुकता के लिए अपने तन का द्रव्यमान को बढ़ाता है तो मानव कि यह आवश्यकता माया से युक्त होती है मानव को इस आवश्यकता का त्याग करना होगा

रूप सूत्र

01 परिभाषा - मानव का रूप मानव के तन कि गंध, तन के रंग, तन के तेज, तन के विकार व तन के श्रंगार पर निर्भर करता है। मानव के तन कि गंध रूप कि स्वच्छता कि सुचक होती है। मानव के तन का विकार रूप के कलंक कि तरह होता है। मानव के तन का रंग रूप के आकर्षित होने का प्रमाण होता है। तन का तेज रूप के प्रभाव को दर्शाता है। तन का श्रंगार रूप कि आवश्यकता का सुचक होता है। मानव के तन का रंग व मानव के तन के विकार मानव समाज मे तन के आधार पर भेदभाव का कारण बनते है मानव ना तो अपने रंग को आसानी से बदल सकता है ना ही मानव तन के विकार को आसानी से बदल सकता है। मानव को तन के रंग व तन के विकार को स्वीकार कर खुशी के साथ अपने जीवन को जीना चाहिए मानव का समाज के बदलाव कि कामना करना मानव को सिर्फ दुख ही देगा। समाज तन के रंग व तन के विकार के आधार पर भेद भाव करता आया है व हमेशा करता रहेगा।

02 आवश्यकता - तन कि गंध व तन के तेज कि आवश्यकता तन के रंग व तन के विकार से अधिक होनी चाहिए है। मानव तन कि गंध व तन के तेज कि तलवार से तन के रंग व तन के विकार कि ढाल को आसानी से काट सकता है। तन का श्रृंगार मानव के तन को और अधिक सुन्दरता प्रदान करता है। मानव तन के श्रृंगार से तन के रूप के चार अन्य तत्वो पर पर्दा डाल सकता है। श्रृंगार, तन के आधार पर विभाजन को समाप्त करने का साधन है। श्रृंगार, तन के आधार पर विभाजन करने वाले तत्वो को और अधिक मजबुती प्रदान करता है।

03 आकर्षण - मानव का रूप से आकर्षित होना सामान्य बात है, मानव का रूप के आकर्षण को प्रेम मान लेना गलत है। प्रेम एक संगम होता जिसमे दो धाराएं मिलकर एक नई धारा का निर्माण करती है। आकर्षण मे धाराओं का मिलन नही होता बस मिलन कि काल्पनिक चाहत होती है। मानव यदि रूप से आकर्षित नही होगा तो समाज मे तन के आधार पर भेदभाव भी नही होगा।

संघ सूत्र

अर्थ सूत्र

01 परिभाषा - धन के आधार पर समाज को तीन भागो मे बांटा जाता है अमीर वर्ग, मध्यम वर्ग व गरीब वर्ग। भोजन, वस्त्र, मकान, काम, परिवहन, शिक्षा व स्वास्थ्य आदि आवश्यकताओं के आधार पर इन वर्गो का विभाजन किया जाता है। मात्रा, प्रकार व पोषकता भोजन के तीन रंग होते है। संख्या, गुणवत्ता व प्रकार वस्त्र के तीन रंग होते है। संख्या, प्रकार व स्थान मकान के तीन रंग होते है। समय, आराम व उपलब्धता परिवहन के तीन रंग होते है। गुणवत्ता, प्रकार व उपलब्धता शिक्षा के तीन रंग होते है। गुणवत्ता, प्रकार व उपलब्धता स्वास्थ्य के तीन रंग होते है। मनोरंजन, आराम व आंनद काम के तीन रंग होते है। मानव के ये सात मुख्य आवश्यकताएं होती है।

02 प्रकार - गरीब वर्ग कि मुख्य आवश्यकताएं भोजन, वस्त्र, मकान व परिवहन होती है, बेरोजगारी व महंगाई के कारण गरीब वर्ग इन आवश्यकताओं को भी पुरा नही कर पाता है। असमानता महंगाई कि सुचक होती है व महंगाई कुपोषण कि सुचक होती है। बेरोजगारी व असमानता संयुक्त रूप से गरीबी कि सुचक होती है। मध्यम वर्ग शिक्षा व स्वास्थ्य कि आवश्यकताओं को भी पुरा कर सकता है। लेकिन वर्तमान भारत का मध्यम वर्ग शिक्षा व स्वास्थ्य को भी पुरा नही कर पा रहा है। अतः वर्तमान भारत का मध्यम वर्ग, मध्यम वर्ग ना होकर गरीब वर्ग

कि श्रेणी मे आता है। वह वर्ग जो अपनी काम कि आवश्यकताओं कि आसानी से पुरा कर सकता है वह वर्ग अमीर वर्ग कि श्रेणी मे आता है।

03 तंत्र - शासन व प्रशासन अर्थ तंत्र के दो भाग होते है, शासन तंत्र के पांच भाग होते है सरकार, संसद, न्यायालय, सेना व पत्रकार वर्ग। प्रशासन तंत्र के दो भाग होते है मजदुर वर्ग व अधिकारी वर्ग। संसद, न्यायालय, सेना व पत्रकार वर्ग का विभाजन सरकार को ताकत प्रदान करता है व प्रशासन को कमजोर करता है। सरकार का ताकतवर होना समाज मे अन्याय, अत्याचार, अपराध, शोषण, दासता, भेदभाव, प्रतिशोध का कारण बनता है। अधिकारी वर्ग का शासक वर्ग का गुलाम बनना गलत है व मजदुर वर्ग का अपमान करना गलत है।

तंत्र सूत्र

01 परिभाषा - कार्य के आधार पर समाज के तीन वर्ग होते है - स्वतंत्र वर्ग, निर्भर वर्ग व गुलाम वर्ग। वह वर्ग जो अपने कार्य बिना किसी के आदेश व सहायता से करता है स्वतंत्र वर्ग कहलाता है। इस वर्ग के दो भाग होते है शासक वर्ग व मालिक वर्ग। वह वर्ग जो अपने कार्य किसी के आदेश व सहायता से करता है निर्भर वर्ग कहलाता है। इस वर्ग के दो प्रकार होते है अधिकारी वर्ग व मजदुर वर्ग। वह वर्ग जो अपने कार्य के चयन का भी अधिकार नही रखता है तथा उसके कार्य के फल का परिणाम भी उसके कार्य पर निर्भर नही करता है गुलाम वर्ग कहलाता है। इस वर्ग के दो प्रकार होते है दास मजदुर वर्ग व नौकर वर्ग।

02 अंतर - शासक वर्ग के पास बल होता है व मालिक वर्ग के पास धन होता है। अधिकारी वर्ग के पास कार्य का अधिकार व प्रभार होता है। मजदुर वर्ग के पास कार्य का कर्तव्य व भार होता है। दास मजदुर वर्ग के पास कार्य के चयन का अधिकारी इस लिए नही होता है क्योकि उसके पास ज्ञान व धन का अभाव होता है अतः उसके पास चयन के सिमित अवसर होते है तथा वह अपने कार्य को आसानी से नही बदल

सकता है। कार्य के फल का परिणाम भी उसके अनुसार नही होता है फिर भी उसे यह स्वीकार करके ग्रहण करना होता है। नौकर वर्ग वह होता है जिसके पास बल व धन का अभाव होता है। कार्य के फल कार्य पर निर्भर नही करता है।

03 ज्ञान - किसान वर्ग, कास्तकार वर्ग, कलाकार वर्ग, बुद्धिमान वर्ग, विद्वान वर्ग, मार्गदर्शक वर्ग, वेश्य वर्ग, क्षत्रिय वर्ग, दलित वर्ग व आदिवाशी वर्ग ज्ञान के आधार पर वर्गा का विभाजन होता है। किसान वर्ग, कास्तकार वर्ग व कलाकार वर्ग को संयुक्त रूप से शुद्र वर्ग कहा जाता है। विद्वान वर्ग, बुद्धिमान वर्ग व मार्गदर्शक वर्ग को संयुक्त रूप से ब्राह्मण वर्ग कहा जाता है। असभ्य व अपवित्र समझे जाने वाले कार्य करने वाले शुद्र वर्ग को दलित वर्ग कहते है। जल, जंगल व जमीन से जुड़ा वर्ग आदिवासी वर्ग कहा जाता है। असभ्य व अपवित्र कार्य करने वाला आदिवासी वर्ग राक्षस वर्ग कहलाता है।

चरित्र सूत्र

01 परिभाषा - मानव का आचरण व स्वभाव समाज मे मानव कि पहचान का सुचक होता है। कर्म का धर्म व सत्य से युक्त होना मानव के सदाचारी होने का प्रतिक होता है। कर्म का अधर्म व झुठ से युक्त होना मानव के दुराचारी होने का प्रतिक होता है। अर्थ के बल का दुरूपयोग करना आपके भ्रष्टाचारी होने का संकेत देता है। मानव का आचरण व स्वभाव मानव कि विरासत के अनुसार ही होता है। मानव का चरित्र ही मानव कि विरासत का निर्माण करता है। मानव कि विरासत समय के अनुसार बदलती है उसी के अनुरूप मानव का चरित्र भी समय के अनुसार बदलता है।

02 स्वभाव - शुन्य स्वभाव, धन स्वभाव व ऋण स्वभाव मानव के स्वभाव के तीन प्रकार होते है। जिस स्वभाव का ना तो कोई भाव होता है ना ही कोई रंग होता हैं वह शुन्य स्वभाव कहलाता है। सदा के लिए शुन्य

स्वभाव कि प्राप्ति कर लेना मोक्ष कहलाता है। शुन्य स्वभाव का परिणाम परम् शांति होती है। जिस स्वभाव का भाव धन होता है व जिस स्वभाव का रंग सकारात्मक होता है धन स्वभाव कहलाता है। इस स्वभाव का परिणाम आनंद देता है। इस स्वभाव से समाज मे सुख कि लहर दोड़ने लगती है। जिस स्वभाव का भाव ऋण होता है व जिस स्वभाव का रंग नकारात्मक होता है ऋण स्वभाव कहलाता है। इस स्वभाव का परिणाम पीड़ा देता है। इस स्वभाव से समाज मे दुख कि लहर का संचार होता है।

03 आचरण - मानव का आचरण मानव कि आवश्यकता व आकर्षण से प्रभावित होता है। यदि आप किसी वस्तु या व्यक्ति से आकर्षित होते है तो आपका आचरण उस मानव के प्रति सौम्य हो जाता है जिसके पास वह वस्तु है, मानव जिस व्यक्ति से आकर्षित होता है उस मानव का अधिक सम्मान करता है। लोकप्रियता भी आकर्षण का कारण बनती है यदि आप लोकप्रिय हो तो आप स्वतः ही आकर्षित बन जाते हो। यदि आप पर कोई निर्भर करता है तो वह मानव आपका सदा सम्मान करेगा। मानव कि निर्भरता मानव के अपमान का कारण बनती है।

मानवता सूत्र

01 परिभाषा - दया मन कि कोमलता का सुचक होती है वह मानव जो समाज को परिवर्तनशील मानता है उस मानव का मन कोमलता के गुण वाला होता है। कठोर मन का मानव समाज मे बदलाव को स्वीकार नही करता है। इस आधार पर समाज दो भागो मे विभाजित हो जाता है प्रथम समाज को उदारवादी समाज कि संज्ञा दी जाती है तथा दुसरे समाज को रूढिवादी समाज कहा जाता है। करूणा या दया का रूप ही उदारवाद होता है उदारवाद मानव समाज को विकास कि और ले जाता है। उदारवाद के कारण विरासत कि पहचान खतरे मे पड़ सकती है जो कि विभाजित समाज का उदारवाद को नकारने का मुख्य कारण बनता है। कठोरता व निर्दयता का रूप ही रूढिवाद होता है रूढिवादी समाज विनाश के रास्ते का निर्माण करता है। रूढिवाद का कारण विरासत कि

पहचान मे परिवर्तन को अस्वीकार करना होता है। विरासत मे परिवर्तन तो होता ही है, आप इसकी रफ्तार को ही कम व अधिक कर सकते हो।

02 दान - दान के आधार पर भी मानव समाज को दो भागो मे बांटा जाता है एक जो दान लेता है, एक वह जो दान देता है। दान ग्रहण करने वाले को दानदास व दान देने वाले को दानवीर के नाम से जाना जाता है। दानदास का समाज मे मान कम होता है क्योकि वह बिना कर्म के फल कि प्राप्ति करता है परन्तु दानदास के मान कि कमी का कभी भी लाभ उठाने का प्रयास नही करना चाहिए। कुछ लोग दानदास का अपमान करते है चाहे वह दानवीर है या नही। दानवीर को भी दानदास का अपमान नही करना चाहिए, आप दानदास कि आलोचना जरूर कर सकते हो। दानवीर का समाज मे मान अधिक होता है समाज मे उसका गुणगान किया जाता है। दानवीर का अभिमानी होना गलत है दान का कभी भी घमंड नही करना चाहिए। दानवीर का स्वयं के दान का स्वयं द्वारा गुणगान करना गलत है। अधर्म के रास्ते पर चल कर ग्रहण किये धन का दान करना दानवीर का अपने पाप का वितरण करने के समान होता है ऐसे दानवीर का पाप दानदास को ग्रहण करना पड़ता है, जिसके कारण दानवीर के अधर्म का फल दानदास को मिलता है।

अध्याय 5

छाया सूत्र

01 परिभाषा - भावना छाया कि उत्पति का मुख्य कारक होती है, जहां पर भावना नही होती है वहां पर छाया भी नही होती है। भावना माया व धर्म दोनो होती है। भावना पर नियंत्रण नही करना चाहिए, परन्तु भावना पर संयम स्थापित करने का प्रयास करना चाहिए। भावना पर संयम आप ज्ञान व अनुभव से स्थापित कर सकते है। अनुभव भावना पर संयम स्थापित करने का सबसे अच्छा तरीका है क्योकि अनुभव को मानव मन आसानी से स्वीकार कर लेता है। ज्ञान होना अलग बात होती है व मन द्वारा उसका स्वीकार किया जाना अलग। ज्ञान त्रुति पुर्ण भी हो सकता है परन्तु अनुभव त्रुति पुर्ण नही होता है। ज्ञान कि प्राप्ति का स्त्रोत शिक्षा है व अनुभव कि प्राप्ति का स्त्रोत आपकी विरास्त है।

02 प्रकार - एकता कि भावना, विभाजन कि भावना, रचना कि भावना व विनाश कि भावना। एकता कि भावना का जन्म प्रेम, विश्वास, त्याग व सदाचार पर निर्भर करता है। जहां प्रेम है वहां एकता होती है, जहां पर विश्वास होता है वहां एकता होती है, जहां पर बलिदान होता है वहां एकता होती है व जहां सदाचार होता है वहां भी एकता होती है। नफरत, अविश्वास, शोषण व भ्रष्टाचार विभाजन कि भावना का सृजन करता है। आवश्यकता, आशा, सफलता व कल्पना से रचना कि भावना उत्पन्न होती है। आवश्यकता आविष्कार कि जननी होती है बिना आवश्यकता के अविष्कार का होना कठिन होता है। आविष्कार आपकी कल्पना द्वारा भी किया जा सकता है। आवश्यकता व कल्पना का मिलन रचना के

सृजन का कारण होता है। सफलता से नई सफलता के रास्ते खुलते है। सफलताएं चरण बध होती है। आशा कि एक किरण आपमे नई ऊर्जा का संचार करती है यह ऊर्जा नई रचना का कारण बनती है। महानता, पवित्रता, निराशा व प्रतिशोध के कारण विनाश कि भावना का जन्म होता है।

03 लक्षण - छाया के चार लक्षण होते है प्रेम, नफरत, अभिमान व भाग्य। प्रेम कि भावना मानव समाज के विकास व मानव समाज मे विश्वास कि भावना होती है। नफरत कि भावना मानव समाज के विनाश व मानव समाज मे अविश्वास कि भावना होती है।

भाग्य सूत्र

सफलता सूत्र

01 परिभाषा - प्रेम का भाव आपकी एकता का प्रथम अस्त्र है, प्रेम ही मानव जाति को आपस मे जोडता है। प्रेम के बिना मानव का अस्तित्व ही संभव नही है। प्रेम कि भक्ति आपको एक ऐसी शक्ति का निर्माण करके देती है जिससे आप एकता के नए आयामो कि रचना कर सकते हो। प्रेम है तो जीवन है प्रेम बिना जीवन, मरण के समान होता है। प्रेम कि पुकार एकता कि दिशा से आया हुआ आकर्षण है, प्रेम कि पुकार का आकर्षण आपके विभाजन कि दीवार को कमजोर कर देता है। प्रेम कि पुकार आपके जख्मो पर मलहम कि तरह काम करता है। प्रेम मानव कि सफलता का मुख्य कारण होती है नफरत मानव कि असफलता का मुख्य कारण बनती है।

02 प्रेम - प्रेम एकता का बंध है, प्रेम आपकी एकता को आकार देता है, आपकी एकता का निर्माण करता है। प्रेम आपकी एकता को रंग व सुगंध देता है। प्रेम रस वह रस है जिस रस का सेवन कर आप चिंता से मुक्त हो सकते हो। प्रेम सम्मान है, प्रेम गुणगान है, प्रेम छांव है, प्रेम एक नाव है जो आपको एकता की मंजिल तक ले जा सकती है। प्रेम छांव है विचलन व भटकाव कि। प्रेम देव है, प्रेम ही दान है, प्रेम धनवान है, प्रेम ही महान है व प्रेम ही सर्वशक्तिमान है। प्रेम तरंग है, प्रेम किरण है, प्रेम वेग है, प्रेत तेज है व प्रेम मानव कि मुस्कान है। प्रेम फुल का बागान है, प्रेम शीतल जल का झरना है, प्रेम बारीश कि बुन्द है, प्रेम

त्योहारो कि शान है। प्रेम मेल मिलान है, प्रेम सदाचार का ही एक नाम है व प्रेम भाईचारे कि एक अद्भुत पहचान है। प्रेम गीत है, प्रेम संगीत।

03 कर्म - मानव के कर्म मानव कि सफलता व असफलता के सुचक होते है। समाज व परिवार के कर्म भी मानव कि सफलता व असफलता के सुचक होते है। शासन व प्रशासन के कर्म भी मानव कि सफलता व असफलता के सुचक होते है। वर्तमान भारत मे मानव शासन व प्रशासन कि असफलता के फल भोग रहा है। वर्तमान भारत मे मानव समाज कि असफलता के फल को भोग रहा है। वर्तमान भारत मे मानव परिवार कि सफलता के फल को भोग रहा है।

विश्वास सूत्र

01 परिभाषा - विश्वास आपकी एकता का आधार है विश्वासघात एकता कि दरार कि पहचान है। विश्वास रूपी सुत्र मे मानव का बंधना मानव के विकास कि पहचान है। माता पिता का संतान पर विश्वास करना जरूरी होता है यदि माता पिता अपनी संतान पर विश्वास करते है तो वह संतान अपनी एक अलग विरासत को जन्म दे सकता है। यदि संतान सफल होती है तो परिवार मे एकता का संचार होता है। माता पिता का संतान पर विश्वास नही करना संतान को भटका सकता है, माता पिता को संतान पर विश्वास कर उसे सहारा देना चाहिए। माता पिता का विश्वास ही संतान के लिए सबसे बडा सहारा होता है। यह विश्वास आपकी एकता कि परीक्षा कि घडी मे आपकी एकता के लिए सहारे का कार्य करता है।

02 अखण्डता - विश्वास ही देश व समाज कि अखंडता का कारण होता है, जिस देश के समाज मे विश्वास कि कमी हो जाती है वह देश कभी भी ज्यादा समय के लिए अखंड नही रह सकता है। देश कि अखंडता की रक्षा आप अस्त्र व शस्त्र से नही कर सकते हो। देश को अखंड रखने के लिए देश के समाज मे विश्वास का भाव होना जरूरी होता है।

03 सुरक्षा - जिस समाज मे विश्वास होता है वह समाज ज्यादा सुरक्षित महसुस करता है। विश्वास कि कमी समाज मे असुरक्षा का भाव उत्पन्न करती है। शहर मे गांव कि तुलना मे असुरक्षा का ज्यादा होना इसी ओर इशारा करता है। शहर मे पुलिश प्रशासन कि भारी उपलब्धता भी वहां पर सुरक्षा का माहौल नही बना सकती जब तक कि समाज मे एक दुसरे पर विश्वास स्थापित ना हो जाए।

04 रूप - विश्वास का प्रारम्भ किसी ना किसी को तो करना होगा। यदि हम दुसरे के पहले हम पर विश्वास करने के भरोसे बैढे है तो विश्वास कि सुरुआत ही नही होगी क्योकि वह भी आप के भरोसे बैढा होगा। विश्वासघात मानव को विश्वास करने से रोकता है परन्तु फिर भी विश्वासघात कि परवाह किए बिना समाज पर विश्वास करना चाहिए।

बलिदान सूत्र

01 परिभाषा - माता पिता का बलिदान ही संतान व माता पिता कि एकता का कारण होता है यह एकता समय के साथ क्षीण होती जाती है यदि संतान माता पिता के लिए बलिदान नही करती है। अपका बलिदान कभी भी माता पिता के बलिदान से बडा नही हो सकता है। आपका माता पिता कि दौलत लेकर भी बलिदान ना करना आपको जानवर बना देता है। बलिदान आपकी दोस्ती का मुख्य कारण होती है, जिस दोस्ती मे बलिदान नही है वह दोस्ती एक दिखावा मात्र है। समय आपकी दोस्ती कि परीक्षा जरूर लेता है। मानव का स्वार्थ मानव कि दोस्ती के बंध कि दरार का मुख्य कारण बनता है।

02 समाज - ऐसा समाज जिसमे बलिदान कि परम्परा हो उस समाज मे किसी के साथ अन्याय नही हो सकता हैं। न्याय आपका बलिदान मांगती है। आप का अन्याय के विरूध संघर्ष आपके बलिदान कि शक्ति का सुचक होता है। बलिदान वाला समाज कभी भी अत्याचार व शोषण को सहन नही करता है। बलिदान आपके प्रेम कि अग्नि परीक्षा होती

है। प्रेम आपके बलिदान का कारण भी होता है व बाधक भी यह आप पर निर्भर करता है कि आप इसे कारण बनाते है या बाधक बनाते है। बलिदान के बिना धर्म कि रक्षा नही कि जा सकती है, बलिदान के बिना आत्म सम्मान कि रक्षा नही कि जा सकती है। बलिदान के बिना अपने विचारो कि रक्षा नही कि जा सकती है। बलिदान के बिना पाप का नाश नही किया जा सकता है। बलिदान का पुण्य सबसे बडा पुण्य होता है। बलिदान का गुणगान करना आपको बलिदान के रास्ते पर ले जा सकता है। बलिदान कि आलोचना करना आपको स्वार्थ के मार्ग पर ले जा सकता है। बलिदान समाज कि एकता कि ऊर्जा होती है इसका प्रवाह सदा होता रहे इसके लिए मानव समाज को कभी भी बलिदान के मार्ग का त्याग नही करना चाहिए। मानव व समाज का भाग्य बलिदान पर निर्भर करता है, आपका बलिदान किसी और के भाग्य कि सफलता के रास्ते खोल सकता है। आपका बलिदान समाज से शोषण, अत्याचार, अन्याय व झुठ का अन्त कर सकता है। बलिदान का अर्थ ही धर्म होता है।

आचरण सूत्र

01 परिभाषा - मनुष्य का आचरण मनुष्य कि पहचान होती है, मानव का आचरण समाज पर प्रभाव डालता है। मानव का आचरण परिवार पर प्रभाव डालता है। मानव का आचरण स्वयं को प्रभावित करता है। मानव का आचरण मानव के चरित्र का सुचक होता है। मानव का चरित्र मानव के व्यवहार व स्वभाव का संयुक्त रूप होता है। मानव का आचरण मानव व समाज के भाग्य का निर्माण करता है। दुराचार व भ्रष्टाचार से युक्त समाज अपवित्र व असभ्य समझा जाता है। सदाचार व ईमान से युक्त समाज पवित्र व सभ्य समझा जाता है। मानव व समाज के भाग्य का निर्माण मानव स्वयं करता है।

02 सदाचरण - मानव का अच्छा आचरण मानव के समाज मे अच्छे व्यवहार व मानव के स्वभाव मे गुणो के होने को दर्शाता है। मानव का सदाचार धन ऊर्जा का संचारक होता है। एक आर्दश समाज के निर्माण

के लिए समाज मे सदाचार का होना जरूरी होता है। मानव के समाज मे व्यवहार का गलत होना व मानव मे दोषो कि भरमार का रूप ही दुराचार का कारण बनता है। दुराचार समाज मे ऋण ऊर्जा का संचार करता है। पाप से युक्त समाज का निर्माण दुराचार के कारण ही होता है।

03 भ्रष्टाचार - अपनी शक्ति का दुरूपयोग करना ही भ्रष्टाचार होता है। जो मानव अपनी शक्ति का दुरुपयोग करता है वह मानव भ्रष्टाचारी होता हैं। मानव का भ्रष्टाचारी होना आम बात है क्योकि शक्ति पर नियंत्रण करना आसान नही होता है। मानव का शक्ति प्राप्त करने कि चाहत व उसे खो ना देने का डर मानव को भ्रष्टाचार के रास्ते पर ले जाता है। मानव का अपनी शक्ति का सदुपयोग करना मानव कि ईमानदारी का सुचक होता हैं। मानव का ईमानदार होना या ईमानदार बनना आसान नही होता है। मानव को शक्ति की माया का शिकार होने से बचना पडता हैं। सत्ता का लालच त्याग का मानव ईमानदार बन सकता है। सता व धन कि माया मानव को ईमानदारी से दुर ले जाती है। मानव का आचरण मानव कि नैतिकता का सुचक होता है जो मानव नैतिक आचरण वाला होता है वह मानव सदाचारी भी होता है।

अभिमान सूत्र

झूठ सूत्र

01 परिभाषा - मानव कि नफरत मानव व समाज को अंदर से खोखला कर देती है नफरत का परिणाम हिंसा, घृणा, क्रोध व पाप का कारण बनता है। नफरत समाज के विभाजन का मुख्य कारण होती है यह समाज मे अविश्वास को उत्पन्न करती है। अविश्वास समाज मे दरार उत्पन्न का देता हैं। यह दरार प्रेम के रंग से ही भरी जा सकती है। नफरत का साथ छोड़कर प्रेम का साथ देना समाज मे शांति कि स्थापना कर सकता हैं।

02 हिंसा - हिंसा नफरत व अहंकार का ही रूप होती हैं। जहां पर नफरत होती है वहां पर हिंसा का होना स्वभाविक होता है। मानव को शांत समाज के लिए नफरत को छोडना ही होगा। आप कि नफरत दुसरे से ज्यादा आपको व आपके परिवार को ज्यादा नुकसान पहुँचाती है।

03 घृणा - किसी से कारण या बिना कारण के द्वेष का होना घृणा का ही एक रूप होता है। घृणा से मानव का शरीर ऋण ऊर्जा का उत्पादन करता है। यह ऋण ऊर्जा मानव को अशांत कर देती है जोकि मानव कि चिंता का कारण बन सकती है। मानव का डर मानव मे घबराहट उत्पन्न कर देता है।

04 क्रोध - क्रोध का कारण भी नफरत होती है। नफरत मानव को अंदर से शैतान बना देती है व मानव के मन कि अशांति मानव के क्रोध का

कांरण बनती है। मानव के शैतान बनने कि सुरुआत नफरत से ही होती है। मानव कि नफरत का परिणाम यह होता है कि मानव धर्म व अधर्म मे अंतर करना भुल जाता है। मानव पाप के रास्ते को पुण्य का रास्ता समझ कर उस पर चल पडता है। मानव का पाप को पाप ना मानना भी नफरत का ही एक रूप होता है। नफरत संसार के विभाजन का मुल कारण होती है जहां पर प्रेम होता है वहां पर विभाजन कभी नही हो सकता। आप कि नफरत आपकी सफलता को भी असफलता मे बदल देती है। नफरत प्रतिशोध व झुठ को जन्म देती है।

शोषण सूत्र

01 परिभाषा - मानव के साथ होने वाले अत्याचार व अन्याय का रूप ही शोषण होता है। मानव का दुसरे मानव को अपना गुलाम मान लेना शोषण का प्रमुख कारण होता है। आपके धन व बल का कम होना मुख्य रूप से आपके शोषण का कारण बनता है। मानव के शोषण का इतिहास अपने आप मे एक कहानी होती है जिस कहानी को सुनना लोग चाहते है परन्तु इस कहानी के सार को अपने जीवन मे अपनाने से कतराते है क्योकि किसी का शोषण करना मानव को खुशी देता हैं। मानव के शोषण का होना मानव कि कमजोर पहचान का परिणाम होता हैं। मानव का शोषण को स्वीकार कर लेना मानव कि सबसे बडी भुल होती हैं। मानव का शोषण कैंसर कि तरह होता है जिसके भी अलग अलग स्तर होते है। मानव द्वारा शोषण का प्रारम्भिक स्तरो पर ही विनाश कर देना उचित होता है। इसका विकराल रूप या अंतिम स्तर आपकी मोत का कारण भी बन सकता है। मौत दो प्रकार ही होती है आत्म मौत व शरीर मौत।

02 परिवार - बालक वर्ग का शोषण करना उचित नही होता है। मानव समाज मे महिलाओ का शोषण होना आम बात होती हैं। परन्तु आज के समाज मे महिला इसी सामाजिक तत्व का फायदा उठा कर पुरुष वर्ग को शोषण के जाल मे फंसा देती है व यह जाल कानुनी व समाजिक रूप से इतना मजबुत होता है पुरुष चाहकर भी इस जाल से नही निकल

पाता है। मानव समाज को यह सोच बदलनी होगी कि पुरुष ही महिला का शोषण करता है महिला पुरुष का शोषण नही करती। साथ ही देश के कानुनो मे भी बदलाव करना होगा।

03 पहचान - समाज मे मानव कि पहचान ही मानव के शोषण का कारण है अतः मानव को किसी कि पहचान के आधार पर उससे व्यवहार नही करना चाहिए। मानव को अपने व्यवहार मे संयम कि स्थापना करने का प्रयास करना चाहिए। मानव को अपने स्वभाव को विलासिता व अहंकार के जाल से मुक्त कर देना ही उचित है। यदि आप अर्थ व काम कि पहचान के आधार पर किसी अन्य मानव का शोषण करते होतो यह आपके अर्थ व काम के अभिमान का सुचक होता है।

अत्याचार सूत्र

01 परिभाषा - समाज मे भेदभाव का होना समाज के विभाजन का कारण बन सकता है। आरक्षण भी भेद भाव का ही एक रूप है। आरक्षण को असमानता के नाश का अस्त्र माना जाता है परन्तु यह समाज को विभाजित कर देता है। आरक्षण के द्वारा साम्य स्थापित करने का प्रयास करना गलत है। आरक्षण भी माया का ही रूप होता है परन्तु यह हमे धर्म का रूप दिखता हैं। आरक्षण से समाज के विकास पर प्रभाव पडता है तथा समाज मे एक नई प्रकार कि असमानता उत्पन्न हो जाती है। जिसको भर पाना आसान नही होता है। असमानता के कारण समाज व देश का विभाजन हो सकता है। असमानता का आधार यदि मानव निर्मित है तो यह विभाजन का मुख्य कारण होता है। असमानता का निर्माण एक सामान्य प्रक्रिया द्वारा होता है व मानव उसे मानव द्वारा निर्मित मान कर अपनी असमानता का जिम्मेदार किसी और वर्ग को मानता है तो समाज का विभाजन अपने चरम स्तर पर पहुच सकता है।

02 तुष्टिकरण - तुष्टिकरण भी विभाजन का कारण बन सकता है जब मानव एकता के लिए गलत बात को भी स्वीकार करने लग जाता है

तो मानव कि यह क्रिया तुष्टिकरण कहलाती है। भारत के विभाजन का एक कारण तुष्टिकरण भी था। आप किसी भी वर्ग कि गलत बात को स्वीकार कर समाज मे कभी भी एकता नही ला सकते हो, कुछ समय के लिए लगता है समाज एक है परन्तु तुष्टिकरण का बारूद एक चिंगारी मात्र से ही देश व समाज को विभाजित कर सकता है।

03 प्रभुत्व - समाज मे किसी एक वर्ग का प्रभुत्व होता है यदि अन्य वर्गा को इस प्रभुत्व से डर लगता है तो यह विभाजन का कारण बन सकता है। यह डर काल्पनिक व वास्तविक दोनो हो सकता है। यदि यह डर काल्पनिक है तो इसे संयम के साथ हराया जा सकता है परन्तु आप तुष्टिकरण से इसे नही हरा सकते हो क्योकि प्रभुत्व के सपने देखने वाला वर्ग अपनी प्रभुसत्ता खोने के डर से विभाजन के रास्ते को स्वीकार कर लेता है। किसी वर्ग को असभ्य व अपवित्र दिखा कर उस वर्ग के विनाश के सपने देखना, या अपने वर्ग का विस्तार करना गलत है।

अन्याय सूत्र

01 परिभाषा - गुलामी या गुलाम बनने का डर समाज के विभाजन का कारण बनता है। गुलामी आप को अपने कर्म के अनुसार फल कि प्राप्ति से रोकती है। गुलामी आपके विरासत के विस्तार मे सबसे बडी बाधा होती है। आपका मन और आपकी विरासत दोनो तत्व गुलामी से प्रभावित होते है। गुलामी आपके जीवन मे अनेक बार मन कि अशांति का कारण बनती हैं इस मन कि अशांति को दुर करने के लिए मानव विभाजन के रास्ते को भी स्वीकार कर लेता है। परन्तु विभाजन का परिणाम उसके मन को जीवन के अनेक अवसरो पर अशांत कर देता हैं। भारत का विभाजन भी इसी प्रकार का एक विभाजन था। भारत कि आजादी के बाद दो प्रमुख वर्ग अपनी प्रभुसत्ता कि स्थापना करने कि चाहत रखते थे। दोनो वर्ग के दुसरे वर्ग के गुलाम बनने का काल्पनिक डर ही भारत के विभाजन का कारण था। दोनो वर्ग एक दुसरे को असभ्य व अपवित्र दिखाने का कोई मौका नही छोड़ते है।

02 गुलामी - मन कभी भी गुलामी को स्वीकार नही करता है यदि आप किसी को अपना गुलाम बनाने का प्रयास करते हो तो यह उस मानव के मन मे अशांति उत्पन्न करता है। इस अशांति कि भी एक सीमा होती है उस सीमा को पार करते ही मानव विभाजन का रास्ता चुन लेता है। परिवार मे विभाजप का यह मुख्य कारण होता है। गुलामी मानव के मन को घुटन से भर देती है इस घुटन का अंतिम परिणाम हिंसा व विनाश ही होता है। गुलामी आपके मान को अपमान मे बदल देती है मानव चाहकर भी अपने मान कि रक्षा नही कर पाता है। गुलाम मानव का भी मान होता है परन्तु गुलामी इस मान को क्षीण कर देती है। मानव कि आजादी मानव के मान के सही मुल्य कि सुचक होती है। समाज मे मानव का गुलाम बन कर सबकुछ सहन करते रहना आपके मान के मुल्य को कम कर देता है। अपनी विरासत या अपने कुल कि विरासत कि रक्षा ना कर पाना आपकी दासत का सुचक है। आप अपने वंश कि विरासत को हानी होता देख विद्रोह करने लग जाते हो यह विभाजन का कारण बन जाता है। किसी कि भी विरासत कि हानी विभाजन का कारण हैं।

प्रेम सूत्र

त्याग सूत्र

01 परिभाषा - आवश्यका ही अविस्कार कि जननी होती है बिना आवश्यकता के किसी तत्व कि रचना करना आसान नही होता है अतः हम कह सकते है कि आवश्यकता ही विकास का सुचक होता है। जितनी ज्यादा मानव कि आवश्यकता उतना ही ज्यादा मानव का विकाश होगा, उतना ही ज्यादा प्रकृति का दोहन होगा। जितना ज्यादा प्रकृति का दोहन उतना ज्यादा ही विकास होगा। जितना ज्यादा मानव का दोहन उतना ही ज्यादा मानव समाज का विकास होगा। आपका दोहन किसी ओर के विकास का स्त्रोत हो सकता है। मानव अपनी आवश्यकता कि पुर्ति के लिए अन्य मानव के दोहन करने को भी गलत नही मानता है। मानव यदि अपनी आवश्यकता का त्याग करेगा को मानव प्रकृति व समाज के दोहन को रोक सकता है। मानव का ग्रहण करने का भाव ही प्रकृति व समाज के दोहन का मुख्य कारण होता है। त्याग के भाव से ही मानव मे प्रेम कि लहर उत्पन्न होती है तथा ग्रहण के भाव से मानव मे नफरत कि भावना का सृजन होता है। त्याग के दो रूप होते है दान व अपरिग्रह, मानव को अपरिग्रह को अपनाना चाहिए।

02 सृजन - आवश्यकता का सृजन भी किया जा सकता है, आवश्यकता का सृजन कर आप विकास तो प्राप्त कर लेते हो परन्तु यह विकास, विनाश को अपने साथ लेकर आता है। आवश्यकता का सृजन करना आसान नही होता है इसके लिए आपको उस आवश्यकता को उत्पन्न

करना होगा व मानव जाति को उसकी लत का शिकार बनाना होगा, तभी जाकर आप एक स्थिर विकास कि प्राप्ति कर सकते हो।

03 प्रकृति - मानव कि आवश्यकता कि पुर्ति प्रकृति द्वारा कि जाती है। मानव कि आवश्यकता का हर तत्व प्रकृति मे छिपा होता है उस तत्व को खोज कर आप विकास कि प्राप्ति कर सकते हो परन्तु प्रकृति के हर तत्व कि मात्रा सीमित होती है व उस मात्रा का वितरण भी असमान होता है। तत्व कि मात्रा के सीमित दोहन से तत्व कि मात्रा मे ज्यादा परिवर्तन नही होता है, लेकिन सीमा के पार जाकर दोहन करना मानव जाति को संकट मे डाल सकता है।

विश्वास सूत्र

01 परिभाषा - आशा व विश्वास से आप किसी भी तत्व का निर्माण आसानी से कर सकते हो, विश्वास मानव को ताकत देता है जिससे असफलता के घावो को आसानी से भरा जा सकता हैं। विश्वास मन को शांत करता है व फिर से सुरूआत करने का मौका देता है। जहा पर विश्वास होता है वहां पर विकास होता ही है, विकास कि गति लेकिन विश्वास पर निर्भर नही करती है। विश्वास का टुटना निराशा का कारण बनता है जोकि विनाश का सुचक होता है। विश्वास मे सत्य का भाव होना जरूरी होता है, झुठ का सहारा लेकर विश्वास का सृजन करना निराशा को उत्पन्न करता है। भारत का वर्तमान शासक वर्ग अपने चुनावी लाभ के लिए लोगो को झुठी आशा देता है जो कि समय के साथ निराशा का रूप ग्रहण करती जा रही है, यह भारत के विकास को धीमा करेगी व भारत को विनाश के पथ पर आगे लेकर जाएगी। कोरोना काल मे सरकार का झुठ बोलकर आशा का सृजन करना सरकार को वास्तविकता से दुर लेकर चला गया जो भारत के लोगो की अंगणित मौत का कारण बना। सरकार कि आशा ने निराशा का रूप धारण कर लिया जो जनता को सरकार से दुर लेकर चला गया, सरकार ने जनता का विश्वास सदा के लिए खो दिया।

02 आशा - आशा का सत्य से गहरा रिश्ता होता है तथा विश्वास का धर्म से गहरा रिश्ता होता है। अधर्म से अविश्वास उत्पन्न होता है तथा असत्य से निराशा उत्पन्न होती है। आशा कि एक किरण आपके रास्ते को बदल सकती। मानव का निराश होकर आत्म हत्या करना सबसे बडा अपराध है, आत्महत्या सिर्फ निराशा के कारण उत्पन्न होती है। हर मानव के जीवन मे आशा का एक दीपक जरूर होता है मानव को सिर्फ उस दीपक को पहचानने कि जरूरत होती है। आपके समाजिक बंध आपकी आशा के रूप होते है, मानव के सामाजिक बंधो से दुर चले जाना व प्रकृति से भी दुरी बनाना मानव मे निराशा का भाव भर देता है, जोकि मानव के अंत का कारण बनता है। मानव को आशा व विश्वास का साथ कभी भी नही छोड़ना चाहिए।

सम्मान सूत्र

01 परिभाषा - मानव कि सफलता मानव को नई ऊर्जा देती है मानव कि यह ऊर्जा कभी कभी ऋण रूप भी धारण कर लेती है जिससे मानव मे अहंकार का भाव उत्पन्न हो जाता है। मानव का अहंकार मानव कि अगली असफलता का कारण बनता है। मानव का संयम मानव कि अगली सफलता कि सुरूआत कि कहानी का सुचक होता हैं। सफलता कि प्राप्ति आप आसानी से नही कर सकते हो यह मंदिर कि सिढी कि तरह चरण बध होता है। शिक्षा भी चरण बंध तरीके से दी जाती है आपका एक कक्षा को भी छोड़ना आपके जीवन मे संकट उत्पन्न कर सकता है। मानव का चरण बध तरीके से सफलता प्राप्त करना मानव को असफलता के रास्ते पर नही ले जाता है। मानव को असफलता तब ही प्राप्त होती है जब वह चरण बध तरीके से सफलता कि प्राप्ति नही करता है या किसी चरण पर ज्यादा समय तक ठहराव ले लेता है। मानव कि सफलता ही मानव को समाज मे सम्मान दिलाती है अतः मानव को समाज से सम्मान कि प्राप्ति करनी है तो मानव को सफल होना ही होगा।

02 सृजन - सफलता सृजन का सुचक होती है व असफलता विनाश का सुचक होती है। आपकि सफलता आपको समाज मे हीरो बना देती है व आपकी असफलता आप को समाज मे विलेन बना देती है। परन्तु मानव को विलेन बनने पर निराश नही होना चाहिए क्योकि आपकी अगली सफलता आपको फिर से हीरो बना सकती है। किसी भी आविष्कार या खोज के भी चरण होते व इन चरणो का स्तर बदलने के साथ ही नए आविष्कार व खोज कि रचना होती है। धन से धन बनता है आपके पास यदि धन नही है तो धन का बनना आसान नही होता है। मानव का ज्ञान ही नए ज्ञान कि उत्पत्ति का कारण होता है। देश का विकास ही नए विकाश को उत्पन्न करता हैं। विकास कि रफतार समय के साथ बढती जाती है फिर अपने चरम स्तर पर पहुच कर विनाश का रूप धारण कर देती है। विकास व विनाश का क्रम तरंग रूपका होता है जिसका अंत नही होता है जब तक तरंग का अस्तितव विद्यमान होता है। विकास व विनाश चक्रिय नही होते है।

कल्पना सूत्र

01 परिभाषा - मानव कि कल्पना शक्ति किसी भी वस्तु कि रचना कर सकती है। मानव कि कल्पना अनंत है फिर भी मानव कि कल्पना कि एक सीमा होती उस सीमा के बाहर मानव कल्पना नही कर सकता है। मानव कि कल्पना मानव के विकास कि अहम साथी है। बिना कल्पना के मानव का विकास धीमा हो जाता है। कल्पना मानव के विकास मे रंगो का कार्य करती है। कल्पना आवश्यकता वस्तु के निर्माण का सामान है तथा आशा वस्तु के निर्माण का द्रव्य है जिसकी आवश्यकता मानव को समय समय पर होती रहती है। कल्पना वह यंत्र व उपकरण जिससे वस्तु का निर्माण होता है। बिना कल्पना के वस्तु बन सकती परन्तु वह वस्तु एक रूप वाली ही होती है, जिससे वस्तुओ कि संख्या मे कमी हो जाती है तथा विकास कि रफतार धीरे हो जाती है।

02 स्वप्न - स्वप्न हम उन वस्तुओ का देखते है जिनकी हमने कल्पना कि होती है या जो वस्तु वास्तव मे हमारे सामने होती है। कल्पना हम उस वस्तु कि करते है जो हमारे सामने नही होती है उस वस्तु का कोई ओर रूप व रंग हमारे सामने होता है। मानव कि कल्पना किसी वस्तु के रूप व रंग को बदलकर नई वस्तु का निर्माण करती है। मानव कि कल्पना एकदम नई वस्तु का निर्माण नही कर सकती है, यही कल्पना कि सीमा होती है जो मानव के मन कि तरंग को सीमित करती है।

03 दृष्टिकोण - कल्पना झुठ व सत्य का मिश्रण होती है इस कारण ही कल्पना कई बार वास्तविक लगती है तथा कई बार अवास्तविक लगती है। वास्तविक कल्पना ही नई वस्तु के निर्माण मे सहायक होती है, अवास्तविक कल्पना से केवल काम कि पुर्ति कि जा सकती है। कल्पना मानव के नजरिये पर निर्भर करती है, हर मानव का नजरिया अलग होता है। आपकी कल्पना बस आपकी कल्पना है, यह सिर्फ आपतक ही सीमित रहे तो मानव का विकास के पंख कैसे लगेगे। मानव को अपनी कल्पना को समाज के सामने लाने का प्रयास करना चाहिए। मानव का नजरिया मानव कि कल्पना को आकार देने मे मदद करता है। मानव का नजरिया जैसा होगा मानव कि कल्पना भी उसी आकार कि होगी।

नफरत सूत्र

हिंसा सूत्र

01 परिभाषा - महानता एक मायावी शब्द है जो मानव के अहंकार से उत्पन्न होता हैं। मानव के अंदर घृणा के भाव कि उत्पत्ति भी महानता कि माया के कारण होती है। मानव का अन्य मानव को तुच्छ मानना भी महानता कि माया के कारण ही होता है। मानव का स्वयं व अपने समाज को महान समझना हिंसा का मुल कारण होता है।

02 अहंकार - अल्लाह् महान है यह एक अहंकार है, क्योकि महानता एक माया का रूप है अतः अल्लाह् को महान कहना गलत है। महानता ने ही तो धरती के विकास को धीमा किये हुए है। महानता के कारण ही दुनिया मे विनाश का वर्तमान स्वरूप नजर आ रहा है। महानता को भगवान से जोडना, भगवान के अपमान के समान होता है क्योकि माया का प्रभाव भगवान पर पड ही नही सकता है, माया तो सिर्फ मानव को अपना शिकार बनाती है। अपने भगवान को महान बता कर दुसरे भगवान को शैतान का रूप मानना अहंकार कि माया का सुचक होता है। अहंकार कि माया ही उस समुह का विनाश करेगी जो भगवान को महानता कि उपमा देगा।

03 लालच - लालच महानता का ही एक रूप है, महानता लालच का मुख्य कारण होता है। मानव अपने धन व बल को महानता का रूप मानता है तथा धन व बल से काम कि प्राप्ति का लक्ष्य बना लेता है। मान भी काम का ही एक रूप है। मानव तो ज्ञान का लालच भी रखता

है परन्तु उसे प्राप्त नही कर सकता है। मानव को धन व बल को महान समझना तथा काम कि माया का शिकार होना मानव को लालची बना देता है जिससे वह धर्म व मोक्ष के रास्ते से भटक जाता है। लालच कि माया समाज के लिए घातक होती है।

04 घृणा - महानता के कारण मानव स्वयं को सबसे ऊपर समझने लगता है। मानव मे इस कारण ही घृणा व जलन कि भावना उत्पन्न होती है। मानव का किसी समुह या मानव से घृणा करना गलत है। समाज मे कोई छोटा या बडा नही होता है।

जलन सूत्र

01परिभाषा - पवित्रता मानव समाज कि ऐसी माया है जो किसी भी वस्तु, कार्य, स्थान, व्यक्ति व समुह को सत् प्रतिशत सत्य का रूप बना देती है। मानव को ये भ्रम हो जाता है कि वह 100 प्रतिशत सत्य है। जहां पर सत्य होता है वहां पर झुठ का भी निवास होता है। सत्य कभी भी 100 प्रतिशत नही हो सकता है। अतः पवित्रता माया का एक रूप है जो मानव के धर्म व मोक्ष के रास्ते से भटकाव का मुख्य कारण बनती है। सभ्य समाज व पवित्र समाज ही समाज मे जलन का मुख्य कारण होते है। मानव अपने समाज को सदा पवित्र व सभ्य दिखाने का प्रयास करता है व मानव दुसरे वर्ग के समाज को सदा असभ्य दिखाने का प्रयास करता है।

02 वस्तु - इसमे पुस्तक व प्रतिक कि पवित्रता आती है मानव कुरान व बाइबल को पवित्र मानता है। मानव वेदो को पवित्र मानता है। इसी कारण इनमे लिखी हर बात को सत्य मानने लगता जो मानव को माया के रास्ते पर ले जाने का मुख्य कारण बनती है। मानव इन पुस्तको का गुलाम बन चुका है यहि तो मानव के विनाश का मुख्य कारण भी है। मानव अपने ज्ञान व अनुभव पर विश्वास ना कर इन पुस्तको पर विश्वास करता है। मानव ने कुछ प्रतिक पवित्र व कुछ प्रतिक अपवित्र

मान लिए है। मानव के इसी पवित्र व अपवित्र या भगवान या शैतान के खेल ने ही मानव के विनाश कि कहानी लिखी है।

03 कार्य व स्थान - मानव ने कुछ कार्य पवित्र मान लिए है व कुछ कार्या को अपवित्र बना चुका है। मानव को कार्य कि पवित्रता पर ध्यान ना देकर कर्म पर ध्यान देना चाहिए। कोई भी कार्य 100 प्रतिशत पवित्र नही होता है व कोई कार्य 100 प्रतिशत अपवित्र नही होता है। धरती का हर स्थान समान रूप से पवित्र होता है। आपका जन्म, कर्म स्थान आपके लिए सबसे अधिक पवित्र है। मक्का - मदिना, जेरुसलम - रोम व अयोध्या मथुरा को पवित्र मानने वाले मुर्ख होते है। मानव के लिए वह स्थान सबसे पवित्र होना चाहिए जहां पर मानव निवास करता है। मानव का स्थानो के लिए लडना सिर्फ मानव को विनाश ही देता है।

प्रतिशोध सूत्र

01 परिभाषा - मानव का अपमान, मानव कि आलोचना, मानव का मोह, मानव की हार मानव मे प्रतिशोध कि भावना को उत्पन्न करते है, प्रतिशोध माया का ही एक रूप होता है। मानव का अहंकार व मानव का क्रोध इस भावना को ओर प्रभावशाली बना देते है। प्रतिशोध के द्वारा मानव सहअस्तित्व का भाव, सहनशीलता कि आदत, स्वीकार्यता का भाव व सहिष्णुता के सिद्धांत का त्याग कर देता है। मानव का एक ही लक्ष्य होता है विनाश। मानव के इसी प्रतिशोध के भाव ने अनेको विरासतो का विनाश कर दिया है। मानव का प्रतिशोध मानव समाज का विनाश ही लेकर आता है।

02 सहनशीलता - मानव का सहनशील होना जरूरी है परन्तु एक सीमा से ज्यादा सहनशील होना भी गलत है। आप सहनशील होकर भी अपनी विरासत कि रक्षा कर सकते हो। आपका रास्ता ही आपकी विरासत व सहनशीलता को एक साथ बचा सकता है।

03 सहिष्णुता - मानव का सहिष्णु होना अति आवश्य है, मानव कि सहिष्णुता को चोट तब लगती है जब मानव अपने समुह कि प्रभुसत्ता कि स्थापना के लिए पाप का सहारा लेता है। मानव के किसी समुह कि प्रभुसत्ता उस समुह कि बदलाव को स्वीकार करने कि क्षमता पर निर्भर करती है। मानव का जनसंख्या को प्रभुसत्ता के लिए अपना हथियार बनाना गलत है। मानव का बदलाव को स्वीकार नही करना उस समुह कि जनसंख्या के अधिक होने पर भी उस समुह कि प्रभुसत्ता कि स्थापित नही कर सकता है।

04 सहअस्तित्व - मानव का समाज उतना ही ज्यादा विकास करेगा जितना ज्यादा समाज सहअस्तित्व कि भाव वाला होगा। मानव का अस्तित्व सभी के साथ मे है ना कि सिर्फ एकाकी मे। मानव समाज के बागान मे जितने रंग के फुल होगे वह बागान उतना ही सुन्दर होगा व उस बागान का विनाश करना भी आसान नही होगा। सहअस्तित्व के लिए स्वीकार्यता का भाव होना बहुत जरूरी होता है।

भय सूत्र

01 परिभाषा - अज्ञान मानव के विनाश का मुख्य कारण होता है, अज्ञान का स्त्रोत अपकी नफरत होती है। मानव जाति मे चार समुह मे नफरत के कारण अज्ञान का प्रसार होता हैं, शासक वर्ग, पंडित वर्ग, मुखिया वर्ग व गुरू वर्ग। शासक वर्ग का अज्ञान, बल कि माया के कारण उत्पन्न होता है। पंडित वर्ग का अज्ञान, पवित्रता कि माया के कारण उत्पन्न होता है। मुखिया वर्ग कि अज्ञानता का कारण धन कि माया होती है। गुरू वर्ग कि अज्ञानता का कारण ज्ञान कि माया होती हैं। तंत्रिका ज्ञान, तन व मन ज्ञान तथा आत्म ज्ञान तीन प्रकार के ज्ञान होते है। मानव ज्ञान कि प्राप्ति कर के भय से मुक्ति प्राप्त कर सकता है। भय का मुल कारण आपकी अज्ञानता होती है।

02 बाह्य ज्ञान - तंत्रिका ज्ञान का कारण सुचना व तर्क होता है। आपके पास सुचना प्राप्ति के अलग अलग स्त्रोत होते है। परन्तु सुचना कि सत्यता को जानने का एक ही स्त्रोत होता है वह है तर्क विधा इसके बिना आप सुचना कि सत्यता का प्रमाण नही दे सकते हो। तर्क के लिए दो शब्द बहुत जरूरी होते है प्रश्न व कारण। सबसे जरूरी यह है कि आपके पास प्रश्न होना जरूरी है प्रश्न के बिना तर्क हो नही सकता है। प्रश्न का उत्तर जानने के लिए आपके पास एक कारण का होना जरूरी होता है बिना कारण के उत्तर का कोई अर्थ नही होता है। मानव का कौशल व मानव कि कला तन व मन ज्ञान को इंगित करती हैं। मानव का कौशन मानव कि आजीविका का मुख्य साधन होता है। मानव का कौशन मानव के अभ्यास पर निर्भर करता है। मानव का कौशल अर्थ का रूप होता है। मानव कि कला मानव के अभ्यास व भावना पर निर्भर करती है। मानव कि कला रचना का एक रूप होती है।

03 आत्म ज्ञान - आत्म ज्ञान मानव के नजरिये व मानव के अनुभव का ही एक रूप होता है। मानव का नजरिया मानव को धर्म व अधर्म की पहचान करने का स्त्रोत होता है। यह मानव के धर्म का ही एक रूप होता है। मानव का अनुभव मानव को सत्य व असत्य कि पहचान करने का साधन होता है। अनुभव मोक्ष का ही एक रूप होता है।

अध्याय 6

इच्छा सूत्र

01 परिभाषा - मानव कि ईच्छा मानव के विकास, विरासत व विनाश का ही एक रूप होता है। मानव कि ईच्छा मानव के मन के भाव को दर्शाता है। मानव कि भावना मानव कि विकास का कारण बनती है लेकिन यही भावना मानव कि विनाश का कारण भी बन जाती है। मानव के विकास व विनाश को हम मानव कि विरासत से पहचान सकते है। अतः हम कह सकते है कि ईच्छा मानव कि विरासत का ही एक रूप होता है। मानव कि ईच्छाएं चार प्रकार की होती है, मानव को अर्थ कि ईच्छा होती है। मानव को पहचान कि ईच्छा होती है। मानव को काम कि ईच्छा होती है। मानव को मान कि ईच्छा होती है।

02 अर्थ - हर मानव धन का संग्रहण करना चाहता है ताकि उस धन कि मद्द से वह बल, काम, मान व पहचान कि प्राप्ति कर सके। मानव के धन कि ईच्छा मानव मे लालच व जलन का भाव उत्पन्न कर देती है। लालच व जलन का भाव संयुक्त रूप से स्वार्थ का भाव कहलाता है। मानव को बल कि ईच्छा सबसे अधिक होती है क्योंकि मानव के पास बल आ जाने से मानव काम, मान, धन व पहचान कि प्राप्ति आसानी से कर सकता है। मानव को बल का नशा हो जाता है तो मानव इस बल के नशे मे पाप व पुण्य का अर्थ भुल जाता है। मानव का बल मानव कि बहादुरी व कायरता दोनो का प्रमाण बन सकता हैं।

03 काम - काम कि ईच्छा का प्रभाव अर्थ कि ईच्छा को उत्पन्न करता है काम कि ईच्छा पर संयम का अर्थ होता है अर्थ कि ईच्छा पर भी

संयम कि प्राप्ति हो जाना। काम कि ईच्छा मानव को अपने जाल मे आसानी से फंसा लेती हैं। यह ईच्छा का सबसे प्रभावशली अस्त्र होता है।

04 मान व पहचान - मानव का मान मानव के धर्म व मानव के मोक्ष पर निर्भर करता है, वर्तमान मे मानव का मान मानव के अर्थ, काम व पहचान पर निर्भर करता है। मानव कि पहचान मानव के कर्म पर निर्भर करती है। झुठ का सहारे से पहचान को नकारात्मक किया जा सकता है।

अर्थ सूत्र

तंत्र सूत्र

01 परिभाषा - अर्थ तंत्र का विभाजन दो भाग मे किया जाता है एक भाग धन तंत्र कहलाता है तथा दुसरा भाग राज तंत्र कहलाता है। धन तंत्र कि स्थापना चार विचारधाओं के आधार पर अलग अलग प्रकार से होती है। पुंजीवाद, समाजवाद, साम्यवाद व विनाशवाद धनतंत्र कि चार विचारधाराएं है। पुंजीवाद मे उत्पादकता अधिक होती है परन्तु रोजगार का प्रतिशत उत्पादकता के प्रतिशत का 10 - 30 प्रतिशत ही होता है। अतः पुंजीवाद मे असमानता, गरीबी व असंतोष का मान अधिक होती है, पुंजीवाद मे व्यापारी वर्ग द्वारा मजदुर वर्ग व जनता का शोषण किया जाता है। विनाशवाद मे उत्पादकता का मान नकारात्मक होता है या उत्पादकता का मान सकारात्मक होने पर भी रोजगार उत्पन्न करने कि क्षमता दस प्रतिशत से कम होती है। समाजवाद मे उत्पादकता सकारात्मक व रोजगार उत्पन्न करने कि क्षमता 30से 60 प्रतिशत तक होती है। साम्यवाद मे उत्पादकता सकारात्मक व रोजगार उत्पन्न करने कि क्षमता 60 से 90 प्रतिशत तक होती है।

02 राजतंत्र - राजतंत्र के तीन भाग होते है जनता, शासक वर्ग व प्रशासक वर्ग। शासक वर्ग का पांच भागो मे विभाजन किया जाता है, सरकार, संसद, न्यायालय, सेना व पत्रकार वर्ग। प्रशासक वर्ग का दो भागो मे विभाजन किया जाता है मजदुर वर्ग व अधिकारी वर्ग। अधिकारी वर्ग राजतंत्र का मेरूदण्ड होता है, अधिकार वर्ग का भ्रष्टाचारी व दुराचारी

होना राजतंत्र के तन को झुका देता है। तन के झुकने से राजतंत्र का मान भी घट जाता है, राजतंत्र का मान घटने से राजतंत्र पर जनता का विश्वास भी कम हो जाता है। राजतंत्र मे मजदूर वर्ग को नौकर वर्ग कहके संबोधित किया जाता है। जनता से राजतंत्र को धन व बल कि प्राप्ति होती है। एकलतंत्र मे मानव का बाहुबल, मानव कि वीरता व मानव कि चतुरता विशेष स्थान रखती है। एकलतंत्र मे वफादारी का विशेष महत्व होता है। लोकतंत्र मे लोकप्रियता, झूठ, पाखण्ड का विशेष महत्व होता है। जो मानव झूठ बोलता है, नौटंकी करता है, तमाशा करता है, प्रचार - प्रसार करता है वही राजा होता है।

पहचान सूत्र

01 परिभाषा - मानव कि पहचान धर्म व अर्थ दोनो से होती है यदि मानव कि पहचान धर्म से है तो मानव समाज के लिए लाभदायक होता है। यदि मानव कि पहचान अर्थ से होती है तो मानव समाज के लिए घातक होता है। मानव कि पहचान का धर्म से होना मानव व मानव के परिवार को संकट मे डाल सकता है। मानव कि पहचान का अर्थ से होना मानव के अपराध को भी उपहार मे बदल देता है, अर्थ कि पहचान मानव को हर संकट से निकाल सकती है। आपके कर्म ही आपकी पहचान के सुचक होते है। कलाकार कि पहचान कला से होती है व कला काम का एक रूप होती है। काम व अर्थ कि पहचान को मोक्ष के द्वारा नष्ट किया जा सकता है। धर्म कि पहचान को अधर्म से नष्ट किया जा सकता है।

02 लोकप्रियता - आपकी लोकप्रियता आपकी छवी को दर्शाती है, मानव कि छवी का नकारात्मक या सकारात्मक होना मानव को लोकप्रिय बनाता है। लोकप्रियता समाज को आपके प्रति आकर्षक बना देती है, मानव स्वयं को लोकप्रिय करने के लिए लोकप्रियता कि तरफ आकर्षक होता है। मानव कि छवी को नष्ट नही किया जा सकता है परन्तु मानव कि छवी को झूठ बोलकर धुमिल जरूर किया जा सकता है। राजनीति मे आपकी छवी का सकारात्मक होना बहुज जरूरी होता है। राजनेता साम

दाम दण्ड भेद द्वारा अन्य राजनेता कि छवी को धुमिल करने का प्रयास करता है। भारत का वर्तमान शासक वर्ग स्वयं कि छवी को झूठ बोलकर सकारात्मक करता है व सुबह शाम झूठ बोलकर ही विपक्ष कि छवी को धुमिल करने का हर संभव प्रयास करता है।

03 मित्रमंडल - भारत का वर्तमान शासक वर्ग अपने मित्र मंडल कि सहायता से भारत के विपक्ष के हर नेता को असुर बताने का प्रयास करता है। मित्र मंडल दो प्रकार का होता है एक विचारधारा से प्रभावित, दुसरा स्वार्थ व डर से प्रभावित। स्वार्थ व डर से प्रभावित मित्र मंडल का अधिक होना शासक कि तानाशाही का सुचक होता है।

काम सूत्र

01 परिभाषा - धन के बिना काम कि प्राप्ति करना आसन नही है तथा आपके पास यदि धन है तो काम स्वयं आपके पास आकर आपके चरण पकड लेगा। काम, धन का गुलाम होता है जहां धन जाता है वहां पर काम स्वतः ही चला जाता है। धन से कामरस कि प्राप्ति आसानी से कि जा सकती है। मानव कामरस कि प्राप्ति के लिए ही धन का प्रयोग सर्वाधिक करता है। कामरस को पाना धन प्राप्ति का प्रमुख उद्देश्य होता है। छाया काम आपके आराम पर निर्भर करती है मानव कि थकान छाया काम के मार्ग मे अवरोध उत्पन्न करती है। धन से आप आराम प्राप्ति आसानी से कर सकते हो। मानव धन कि सहायता से आसानी से मनोरंजन कि प्राप्ति कर सकता है। आभा काम का आन्नद मानव धन कि सहायता से आसानी से उढ़ा सकता है। मानव प्रकृति के हर रूप को धन कि सहायता से आसानी से देख सकता है। मानव स्वयं के एकांक को धन कि सहायता से दुर कर सकता है। मानव धन कि सहायता से अपना गुणगान करा कर भी आभा काम कि प्राप्ति कर सकता है। तरंग काम मानव धन कि सहायता से आसानी से पा सकता है। मानव धन से अपनी कला क्षमता का विकास कर सकता है। मानव का धन कि सहायता से कलाकार को अपना गुलाम बना सकता है। भोजन काम कि

पुर्ति तो बिना धन के हो ही नही सकती है। मानव धन कि सहायता से हर प्रकार के स्वाद वाले भोजन को ग्रहण कर सकता है।

02 बल - मानव बल कि सहायता से कामरस, कामछाया, कामआभा व कामतरंग कि आसानी से प्राप्ति कर सकता है। मानव यदि बल के पीछे भागेगा तो काम भी मानव के पीछे भागेगा। बल का ना होना धन के ना होने का भी सुचक होता है या धन का ना होना बल के ना होने का भी सुचक होता है। पुरूष वर्ग कि ताकत अर्थ ही होती है यदि पुरूष वर्ग काम के पीछे भागता है तो भी वह सिर्फ अर्थ कि प्राप्ति के लिए ऐसा करता है। महिला वर्ग का काम के पीछे भागना यह दर्शाता है कि जहां पर काम होता है वहां पर अर्थ अवश्य ही विद्यमान होता है। महिला वर्ग काम कि प्राप्ति से अर्थ कि प्राप्ति करना चाहती है।

मान सूत्र

01 परिभाषा - धन से मानव के मान, आचरण, मर्यादा व स्वभाव का संबंध होता है। मानव का मान या समाजिक स्थित धन पर निर्भर करती है। वह मानव महान होता है जो मानव धनवान होता है, गरीब मानव को तुच्छ समझा जाता है, सामान्य मानव को नौकर समझा जाता है। धन है तो मान है, आपका यह मान ही अभिमान भी बन जाता है। मानव के चरित्र को धन से तोला जाता है महिला का चरित्र भी धन से तोला जाता है जो मानव पैसे वाला होता है वह मानव चरित्रवान स्वतः ही बन जाता है।

02 आचरण - मानव का आचरण भी धन पर निर्भर करता है जिस मानव के पास धन होता है वह सदाचारी व जिस मानव के पास धन नही होता है वह दुराचारी बन जाता है। मानव का व्यवहार भी आपके धन पर निर्भर करता है मानव धनवान मानव से अच्छा व्यवहार करता है व गरीब मानव से गलत व्यवहार करता हैं। सामान्य मानव से व्यवहार परिस्थिती पर निर्भर करता है।

03 मर्यादा - मानव धनवान मानव के सामने अपनी मर्यादा का पालन करता है व गरीब मानव के सामने अपनी मर्यादा को भुलकर उसका अपमान करता है। सामान्य मानव कि मर्यादा परिस्थिती पर निर्भर करती है। मानव कि गरीमा का प्रभाव कम होने का कारण धन ही होता है। यदि आपके पास अर्थ है तो गरीमा कि सीमा बहुत अधिक हो जाती है, यदि आपके पास अर्थ नही है तो आपकी गरीमा कि सीमा स्वतः ही घट जाती है।

04 स्वभाव - मानव का स्वभाव भी धन से प्रभावित होता है मानव, धनवान मानव से प्रेम करता है तथा अपने क्रोध को भी भुल जाता है। मानव गरीब मानव पर बिना कारण के ही क्रोध कर देता है तथा बिना कारण के ही गरीब मानव से नफरत करने लग जाता है। मानव धनवान मानव को अहिंसा का पुजारी मानता है तथा गरीब मानव को अशांति का कारण मानता है। गरीब मानव पर हिंसा का झुठा आरोप लगता है।

पहचान सूत्र

सरकार सूत्र

01 परिभाषा - शासन कि शक्ति के लिए संघर्ष करना मानव का धर्म है, मानव शासन को अपने हाथ मे लेकर समाज मे बदलाव आसानी से ला सकता है। मानव का शासन कि शक्ति को नियंत्रित करना आसान नही होता हैं। मानव शासन कि शक्ति के प्रभाव मे आकर ही भ्रष्टाचार करता है। मानव का अहंकार भी इसी शक्ति का प्रभाव होता है।

02 साम - मानव का षडयंत्र के द्वारा सत्ता कि प्राप्ति करना ही साम कहलाता है, मानव का पत्रकार वर्ग को अपना गुलाम बना कर ऐसा कार्य कर सकता है। पत्रकार वर्ग डर, लालच व पहचान कि माया का आसानी से शिकार हो जाता है। मानव द्वारा विपक्ष के बारे मे झुठ का प्रचार करना तथा विपक्ष पर सारे दोष मंड देना षडयंत्र कि श्रेणी मे ही आता है जिसके कारण विपक्ष कि छवि खराब हो जाती है। झुठ बोलकर अपना गुणगान करना व देश कि सभी सफलताओ को अपना बताना भी साम ही है। सत्ता को गलत तरीके से अपना बनाने का प्रयास करना भी साम ही है। वर्तमान भारत का शासक वर्ग इस के लिए दुनिया भर मे जाना जाता है। वर्तमान भारत का शासक वर्ग झुठ कि मिशाल बन चुका है। भारत का वर्तमान शासक वर्ग सनकी भी है तथा अहंकार का पुजारी भी है। सत्ता का लोभी तो है ही, स्वार्थ कि मिशाल भी।

दाम - दाम का मतलब होता है धन पर अपना नियंत्रण रखना। धन पर नियंत्रण दान देने वाले समुह पर डर व लालच का प्रहार करके किया

जा सकता है। इस कारण दान देने वाला समुह सिर्फ उसी पार्टी को धन देगा जिसका नियंत्रण शासक के पास है। शासक उस धन का उपयोग प्रचार - प्रसार के अलावा धन के प्रति लोगो के आकर्षण का गलत फायदा उढा कर करता है।

दण्ड - समाज मे व विपक्ष मे डर का माहौल उत्पन्न कर देना सत्ता का दुरुपयोग करना दण्ड कहलाता है। डर का शासन दण्ड होता है।

भेद - किसी का राज जानने का प्रयास करना फिर उस राज का अपनी सत्ता कि रक्षा के लिए दुरुपयोग करना भेद कहलाता है।

प्रशासन सूत्र

01 परिभाषा - प्रशासन शासन कि सहायता करता है या शासन अपनी शक्ति का प्रयोग प्रशासन कि सहायता से करता है। प्रशासन के दो वर्ग होते है अधिकारी वर्ग व मजदुर वर्ग। अधिकारी वर्ग व मजदुर वर्ग को संयुक्त रूप से कर्मचारी वर्ग कहते है। प्रशासन के मुख्य रूप से पांच स्तर होते है। राष्ट्र, राज्य, जिला, जनपद तथा जन। प्रशासन का विभाजन जनसंख्या व उत्पादकता के आधार पर तीन भागो मे किया जाता है - शहर, कस्बा व गांव। भारत मे शासन के तीन स्तर है देश, राज्य व लोकल। भारत के प्रशासन का नियंत्रण भी तीन स्तर पर होता है, इस प्रकार के प्रशासन को मिश्रित प्रशासन कहते है। इस प्रकार के प्रशासन का लाभ सिर्फ शासक वर्ग को मिलता है ना कि जनता को। जनता इस प्रकार के प्रशासन के माया रूपी जाल मे उलझ जाती है। किसी भी देश का शासन चार भागो मे बटा होता है - शासक, संसद, न्यायालय व सेना। इन तीनो मे संबंध कमजोर व टकराव ज्यादा हो तो जनता को लाभ कि प्राप्ति होती है। संबंध मजबुत व टकराव कम हो तो जनता का शोषण होता है। भारत कि जनता के शोषण का कारण भी यही है।

02 अधिकारी वर्ग - भारत के प्रशासन कि सबसे बडी कमजोरी यही हैं। अधिकारी वर्ग खुद को राजा मानता है तथा जनता को अपना शिकार

समझता है। जनता का शिकार करके फिर महल मे चला जाता है। अधिकारी वर्ग का अहंकार व लालच भारत कि जनता के शोषण का मुख्य कारण है। भारत मे अधिकारी वर्ग राजा है ना कि जनता का सेवक।

03 मजदुर वर्ग - मजदुर वर्ग स्वयं भी जनता का ही भाग है फिर भी अपने कार्या को लेकर उदासीन ही रहता है सदा अपने कर्तव्यो से बचने का प्रयास करता रहता है। मजदुर वर्ग अपना हित देख कर जनता के हित कि बलि चढा देता है। वह ऐसी गाय है जो चारा तो खाती है पर दुध नही देती है। मजदुर वर्ग का शोषण अधिकारी वर्ग करता है।

समाज सूत्र

01 परिभाषा - समाज मे हर मानव अपनी शक्ति का विस्तार करना चाहता है, समाज मे विश्वास के नाम पर शक्ति अर्जित कि जाती है इस शक्ति को देव्य शक्ति कहा जाता हैं। मानव लोगो के विश्वास का उपयोग कर अपनी विरासत व साम्राज्य का निर्माण करता है। मानव का स्वार्थ व डर उनके विश्वास का कारण होते हैं। संत, साधु व पंडित वर्ग इसी विश्वास का फायदा उढा कर अपने साम्राज्य का विस्तार करते है। पहचान के नाम पर मानव अपने साम्राज्य का विस्तार करता है। भगवान व महापुरुषो के नाम पर लोग अपनी विरासत व साम्राज्य का विस्तार करते है। उन लोगो के पास अपनी कोई विरास्त नही होती है तो वह अन्य महापुरुषो कि विरास्त को चुरा लेते है। कुछ लोग महापुरुषो व भगवान कि विरास्त से अपनी विरास्त के दाग भी धोने का प्रयास करते है। मानव को ऐसे लोगो से सावधान रहना चाहिए जो ऐसा काम करते हैं।

02 साम्राज्य - जाति, नस्ल, पंथ, संस्कृति व पर्यावरण के नाम पर मानव अपनी विरास्त व साम्राज्य कि स्थापना करता है। मानव को इन पहचानो के आधार पर अपना शिकार बनाना आसान होता है। मानव इन पहचानो के आधार पर किसी भी अधर्मी चालाक मानव का शिकार होकर उसका गुलाम बन जाता है। मानव उनका गुलाम बन कर मानवता को

भी नकारने लग जाता हैं। इन पहचान के आधार पर लालच व डर के द्वारा आसानी से किसी भी मानव को गुलाम बनाया जा सकता हैं। शिक्षा व स्वास्थ्य के द्वारा भी मानव को अपना आसानी से गुलाम बनाया जा सकता हैं। ईसाई पंथ का विस्तार शिक्षा, स्वास्थ्य, झुठ, लालच व डर के आधार पर ही किया गया है। ईस्लाम पंथ का विस्तार डर, झुठ, लालच व शिक्षा के आधार पर किया गया है। भाषा के आधार पर कुछ शासको द्वारा अपने साम्राज्य का विस्तार किया जाता रहा है। जाति के आधार पर खाप पंचायतो का निर्माण भी इसी का एक रूप है। मानव पहचान के आधार पर अपने साम्राज्य का विस्तार आसानी से कर सकता है, मानव मोक्ष के द्वारा अपने साम्राज्य का विस्तार नही कर सकता है।

परिवार सूत्र

01 परिभाषा - परिवार को हम अलग अलग स्तरो के आधार पर बाटते है। परिवार का हर स्तर एक चक्र का निर्माण करता है तथा इस चक्र के बंध इस चक्र कि गति को दर्शाते है। इस चक्र के बंध मजबुत नही होने पर इस चक्र कि गति अधिक नही हो सकती है। शुन्य चक्र मे मानव के भाई - बहन, मानव के माता - पिता, मानव के माता व पिता के माता - पिता आते है यह क्रम अनंत तक चलता रहता है। इस परिवार को हम शुन्य चक्र परिवार कहते है। प्रथम चक्र परिवार मे मानव के माता व पिता के भाई - बहन व उनकी संतानो को शामिल किया जाता है। द्वितीय परिवार चक्र मे मानव के माता व पिता के माता - पिता के भाई - बहन व उनकी संतानो को शामिल किया जाता है। इस प्रकार ये परिवार के चक्र मिलकर एक समुह का निर्माण करते है, हम उसी समुह को ही कुल कहते है। मानव के कुल व मानव के गौत्र मे अंतर होता है मानव का गौत्र मानव के कुल मे विभिन्न कार्या का सुचक होता है। मानव समाज कि गौत्र व्यवस्था मानव समाज के पुरूष प्रधान समाज होने का सुचक भी होती है। मानव समाज को कोई भी गौत्र स्त्री वर्ग को निरुपित नही करता है।

02 शक्ति - मानव कि पारिवारिक शक्ति, परिवार के अन्य सदस्य व परिवार के स्तरो कि संख्या पर निर्भर करता है। मानव दो प्रकार के होते है एक चालाक व दुसरे भावुक। भावुक मानव को भोला मानव भी कहा जाता है। तीसरा मानव होता है अशांत मन वाला होता है। चालाक मानव दुसरो को अपना गुलाम बनाने कि कोशिश करता है या परिवार के भोले मानव को चालाक बनाने कि कोशिश करता है। गुलाम बनाने के दो कारण होते है एक स्वार्थ व दुसरा परिवार कि एकता व विकास। भोला मानव वह होता है जो किसी कि भी बात को आसानी से मान लेता है। इसे कान का कच्चा भी कहते है। तीसरा मान अशांत मानव होता है, जिस मानव से उसका मन शान्त होता है वह उसका गुलाम बन जाता है। परिवार के बंधो कि मजबुती आपके भोलेपन पर निर्भर करती है। अशांत मानव व चालाक मानव परिवार के बंध को कमजोर करते है।

काम सूत्र

आकर्षण सूत्र

01 परिभाषा - सुन्दरता व स्वच्छता, धन व बल, तर्क व कोमलता, श्रृंगार व आभा आदि आकर्षण के प्रकार होते है। मानव का आकर्षण मानव मे काम भाव को उत्पन्न करता है। तप मानव के आकर्षण को नष्ट कर सकता है। तप से मानव संयम कि प्राप्ति कर सकता है। स्त्री व पुरूष सुन्दरता व स्वच्छता से समान रूप से आकर्षित होते है। स्त्री का परम् मित्र बनना संभव नही है व पुरूष के सतित्व को आसानी से भंग किया जा सकता है। पुरूष काम पर आसानी से संयम नही कर सकता है। स्त्री से संतोष कि अपेक्षा करना पुरूष कि भुल होती है।

02 सुन्दरता व स्वच्छता - सुन्दरता का आधार रंग - रूप, तन का आकार व विस्तार, तन मे किसी भी प्रकार कि विकृति का अभाव तथा तवचा कि अवस्था। रंग व रूप सुन्दरता का मुख्य पैमाना होते है जिस पर मानव समाज आपको सुन्दरता कि उपमा देता हैं। तन की स्वच्छता का पैमाना गंध होता है, मानव कि गंध ही मानव कि स्वच्छता को सुचित करती है। मानव का गंध के प्रति आकर्षण संभोग का मुख्य कारण होता है।

03 धन व बल - मानव का धन व बल के प्रति आकर्षण मानव को स्वार्थ के मार्ग पर ले जाता है। मित्रता का सबसे बडा शत्रु स्वार्थ होता है। स्त्री का आकर्षण धन व बल कि तरफ अधिक होता है व पुरूष का आकर्षण श्रृंगार व आभा के प्रति अधिक होता है।

04 कोमलता व तर्क - स्त्री कि कोमलता पुरुष को आकर्षित करती है व पुरूष कि कठोरता स्त्री को आकर्षित करती है। मानव का तर्क अन्य मानव को आपकी तरफ आकर्षित कर सकता है। मानव का कूतर्क आपसे मानव के प्रतिकर्षण का कारण बन सकता है।

05 श्रृंगार व आभा - पुरुष वर्ग का आकर्षण श्रृंगार व आभा के प्रति स्त्री वर्ग कि तुलना मे अधिक होता है। स्त्री वर्ग का आकर्षण धन व बल के प्रति पुरूष वर्ग कि तुलना मे अधिक होता है। श्रृंगार एक कला है व आभा एक ऊर्जा होती है।

मनोरंजन सूत्र

01 परिभाषा - मनोरंजन के कई प्रकार होते है, कला व खेल, मजाक व तांक - झाक, भ्रमण व चित्रण, नशा व शोक, भोजन व आराम, जिज्ञासा व कल्पना। मनोरंजन का मुख्य उद्देश्य मन को नकारात्मक भाव से निकालकर सकारात्मक भाव कि नदी मे गोते लगाना होता है। वर्तमान मानव के लिए आनंद, मनोरंजन व आराम प्रमुख आवष्यकताएं बन चुकी है। मानव अपने मनोरंजन का हर संभव प्रयास करता है, मानव अपने मनोरंजन के लिए अधर्म व झुठ का रास्ता भी चुन लेता है। मानव के लिए मनोरंजन जरूरी है परन्तु वर्तमान मानव मनोरंजन का दास बन चुका है। मानव का काल्पनिक मनोरंजन के प्रति ज्यादा आकर्षित होना वर्तमान मानव के लिए भटकाव का प्रमुख स्त्रोत बन चुका है।

02 कला व खेल - भावना से कला का सृजन होता है, भावना का मार्ग ही खेल कि कला का सृजन करता है। खेल मे कौशल व अनुभव का महत्व भी होता है, साथ ही मानव के बल की ताकत व मन का संयम महत्वपुर्ण भुमिका निभाते है। कला मे कौशल व अनुभव का महत्व होता है, साथ ही गुणगान व आलोचना का प्रभाव भी होता है, कला मे आपके नजरिया कि भुमिका का महत्व ज्यादा होता है। भारत कि राजनीति मे अभिनय व तमाशा कला का महत्व वर्तमान समय मे ज्यादा ही हो गया

है जो राजनीतिक षडयंत्र का मुख्य स्त्रोत बन चुका है। भारत का वर्तमान शासक वर्ग जौकर कि पहचान बन चुका है।

03 नशा - किसी का अपमान कर खुद को आन्नद कि प्राप्ति होना मजाक कहलाता है। किसी ओर का अपमान आपके आनंद का कारण बन सकता है। तांक झांक से मानव किसी का गुप्त भेद जानकर या गुप्त अंग देखकर आंनद कि प्राप्ति करता है। भ्रमण व चित्रण मानव को आन्तरिक मनोरंजन का आभास कराते है। नशा मानव के तन को शांत करता है, नशा मानव के मन को शांत करता है। भोजन मानव के तंत्र को धन भाव देता है व आराम मानव के तन को धन भाव देता है। जिज्ञासा मानव के मन को शांत करती है व कल्पना मानव के तंत्र को शांत करती है।

रस सूत्र

01 परिभाषा - आवाज, संगम, नयन, सुन्दरता, स्वच्छता, मनोरंजन, गंध, आभा, छाया, लोकप्रियता, आकर्षण व आवश्यकता, कल्पना आदि कामरस के प्रकार होते है। आनन्द, शांति, सत्य व मोक्ष कामरस के गुण होते है। चिंता, अशांति, झुठ व माया कामरस के दोष होते है। विकास, विनाश, विश्वास व नशा कामरस के लक्षण होते है। आवर्ती, आयाम, अवधी व घर्षण कामरस के भाग होते है।

02 समाज - मानव का चरित्र कामरस पर निर्भर नही होता है, मानव का चरित्र कर्म पर निर्भर होता है। मानव का मान कामरस पर निर्भर नही होता है, मानव का मान कर्म पर निर्भर होता है। वस्त्र पर कामरस निर्भर नही करता है यह मानव के स्वभाव पर निर्भर करता है। स्त्री वर्ग कि ताकत कामरस होती है व पुरूष वर्ग कि ताकत अर्थरस होता है। पुरूष वर्ग का काम पर संयम नही होता है जो कि स्त्री वर्ग कि दासता का मुख्य कारण है। पुरूष वर्ग ने स्त्री वर्ग कि वस्त्र धारण करने कि

स्वतंत्रता को सदा खत्म करने का प्रयास किया है ताकि वह अपने काम पर बलपूर्वक संयम स्थापित कर सके।

03 संस्कृति - कला, कल्पना, आकर्षण व आवश्यकता ने काम संस्कृति को जन्म दिया है। कल्पना ने कामरस को अनेक रूप दिये है बिना कल्पना के कामरस कि विशालता व विकरालता कभी संभव नही हो सकती है। कला ने कामरस को अनेक रंग दिये है, विभिन्न विरासत का कामरस अलग अलग रंग वाला होता है। पश्चिम एशिया का काम रंग भारत के काम रंग से कला के कारण ही अलग अलग है। आवश्यकता ने कामरस के गुण, दोष व लक्षण पर प्रकाश डाला है। मानव कि आवश्यकता ही काम के गुण, दोष व लक्षण को प्रभावित करती है। आकर्षण कामरस को भागो मे बाटने का कार्य करता है।

04 विरासत - मानव कि विभिन्न सभ्यताओ मे काम को अलग अलग प्रकार से देखा जाता है, इसी कारण ही मानव कि काम विरासत भी विभिन्न प्रकार कि होती है। कही माया रूपी, कही मोक्ष रूपी।

आवश्यकता सूत्र

01 परिभाषा - मानव को काम व अर्थ कि आवश्यकता होती है परन्तु काम व अर्थ कि आवश्यकता कि एक सीमा होती है। वर्तमान मानव आज इस सीमा का विस्तार 100 गुना कर चुका है। फिर भी मानव इस 100 गुना विस्तारित सीमा का भी उलंघन करता रहता है। वर्तमान काम कि सीमा को उलंघन करना मानव को पाप के रास्ते पर ले जाता है। काम एक नशा बन जाता है व मानव उस नशे के प्रभाव मे आकर जानवर बन जाता है। आज का मानव, मानव ना होकर जानवर कहलाता है, मानव हजारों सालों के प्रयास के बाद जानवर से मानव बना था। मानव कुछ सालो के प्रयास से ही मानव से जानवर बन चुका है।

02 आकर्षण - आकर्षण भी आवश्यकता का ही एक रूप होता है, मानव उसी वस्तु या व्यक्ति कि तरफ आकर्षित होता है जिसकी मानव को

आवश्यकता होती है या जिस वस्तु का मानव के पास अभाव होता है। मानव का आकर्षण काम व अर्थ के प्रति अधिक होता है व मानव का आकर्षण धर्म व मोक्ष के प्रति कम होता है। मानव के पास मोक्ष व धर्म का अभाव होते हुए भी मानव मोक्ष व धर्म के प्रति कम आकर्षित होता है क्योंकि मानव को असफलता का डर अधिक होता है। मानव के काम व अर्थ कि आवश्यकता कभी पुरी नही होती है। मानव के काम व अर्थ कि आवश्यकताओं का सदा विस्तार होता रहता है। मानव काम व अर्थ कि आवश्यकताओं कि पुर्ति के लिए ही अधर्म व झुठ के रास्ते पर निकल पड़ता है।

03 संगम - मानव अपने जीवन मे तीन प्रकार के संगम कि स्थापना करता है। प्रेम संगम व आत्म संगम को हम पुरूष संगम के रूप मे जानते है। तीसरा संगम प्रकृति संगम होता है। प्रेम के संगम मे समय के साथ उतार - चढ़ाव आते रहते है। प्रेम के संगम का विभाजन आसान होता है तथा प्रेम के संगम का सृजन भी आसान होता है। आत्मा के संगम का नातो संगम आसान होता है और नाहि विभाजन आसान होता है। प्रकृति से आपका सदा संगम बना रहता है मानव के नकारात्मक कर्म प्रकृति के संगम को क्षीण करते है।

मान सूत्र

सम्मान सूत्र

01 परिभाषा - मान मायावी होता मान कि माया अर्थ व काम कि माया का मिश्रित रूप है। मान कि माया का प्रभाव अर्थ व काम दोनो पर पडता है। हर मानव के मान कि सामाजिक सीमा होती है जो मानव के अर्थ व काम पर निर्भर करती है। मान का धर्म व मोक्ष से कोई संबंध नही है। यह सामाजिक सीमा व्यक्ति विशेष पर निर्भर करती है, एक मानव कि सामाजिक सीमा के दो प्रकार होते है धन सामाजिक मान व ऋण सामाजिक मान। धन सामाजिक मान सम्मान कहलाता है। यदि कोई मानव आपका सम्मान करता है तो उसकि नजर मे आपका मान सकारात्मक है। वह कितनी मात्रा मे सम्मान देता है उससे सकारात्मक मान का मुल्य ज्ञात किया जा सकता है। ऋण सामाजिक मान अपमान कहलाता है। यदि किसी मानव के लिए यह मान नकारात्मक है तो वह मानव आपका अपमान अवश्य करेगा। जितनी मात्रा मे आपका अपमान किया जाएगा उतना ही इस मान का मुल्य नकारात्मक होगा।

02 मानहानी - मान मायावी होता है अतः मानहानी को कानुनी रूप से मान्यता देना, लोगो के बोलने के अधिकार पर कडा प्रहार होता है। जिस देश मे मानहानी का दर्जा कानुनी होता है वहां पर लोकतंत्र भी काल्पनिक होता है इस कारण से भारत का लोकतंत्र भी एक काल्पनिक लोकतंत्र है। मान का मुल्य शुन्य होता है यदि आप मान के मुल्य को शुन्य नही मानते तो आप माया के जाल मे फंसे हुए हो। देश का मान भी शुन्य

होता है अतः देशद्रोह कि परिकल्पना मान के आधार पर करना गलत है। आज के भारत मे देशद्रोह मान पर आधारित है।

03 राष्ट्रवाद - पंथ का वर्तमान स्वरूप ही राष्ट्रवाद होता है। पंथ व राष्ट्रवाद दोनो कि रक्षा के लिए ही द्रोही व भक्त शब्द का सृजन किया गया था। जहां पर पंथ व राष्ट्रवाद होता है वहां पर आप प्रेम कि कल्पना भी नही कर सकते हो। राष्ट्रप्रेम व पंथप्रेम जैसे शब्द भी माया के ही रूप है। मानव अपराधी हो सकता है परन्तु मानव कभी भी देशद्रोही नही हो सकता है। देशद्रोही शब्द का प्रयोग शासन व प्रशासन के लिए करना फिर भी उचित है लेकिन जनता को देशद्रोही बोलना गलत है।

आलोचना सूत्र

01 परिभाषा - आलोचना कर्म व विरासत के आधार पर कि जाती है तथा मानव का गुणगान भी कर्म व विरासत के आधार पर किया जाता है। अपमान का स्वरूप काल्पनिक होता है अतः मानहानी का किसी मानव द्वारा दावा करना गलत है न्याय शास्त्र मे मानहानी जैसा कोई अपराध नही होता है। मानहानी को अपराध मानना राजतंत्र के तानाशाही स्वरूप का सुचक होता है। आलोचना का स्वरूप वास्तविक होता है विचारधारा से ही विरासत का जन्म होता है। सम्मान का स्वरूप काल्पनिक होता है। गुणगान का स्वरूप वास्तविक होता है।

02 मुल्य - मानव के मान के मुल्य के आधार पर मानव का विभाजन छः श्रेणीयों मे किया जाता है। भगवान के मान का मुल्य 75 यम से अधिक होता है। देवता के मान का मुल्य 50 यम से अधिक व 75 यम से कम होता है। सत् पुरूष के मान का मुल्य 20 यम से अधिक व 50 यम से कम होता है। सामान्य मानव के मान का मुल्य - 20 यम से 20 यम तक होता है। पापी पुरूष के मान का मुल्य - 50 यम से - 20 यम तक होता है। दानव, दैत्य व राक्षस के मान का मुल्य - 75 यम से - 50 यम तक होता है। असुर के मान का मुल्य - 75 यम से अधिक होता है।

03 प्रभाव - सामान्य मानव कि संख्या समाज मे अधिक होती है, सामान्य पुरूष दो प्रकार का होता है धन मान वाले व ऋण मान वाले। धन मान वाले पुरूषो कि संख्या का अधिक होना समाज को आर्दश बनाता है तथा ऋण मान वाले पुरूषो कि संख्या का अधिक होना समाज को दुषित समाज घौषित करता है। पापी पुरूषो कि संख्या सत् पुरूषो कि संख्या से अधिक होती है परन्तु सत् पुरूष का प्रभाव समाज पर पापी पुरूष कि अपेक्षा अधिक होता है। सत् पुरूष का विरोध ना करना पाप को और अधिक ताकत देता है। सत् पुरूषो कि एकता पाप का नाश आसानी से कर सकती है। पाप का नाश सभी सत् पुरूषो के मिलन होने पर ही हो सकता है। देवताओं कि संख्य कम होकर भी देवता आसानी से दैत्य वर्ग को हरा सकते है बस देवता वर्ग को स्वयं कि शक्ति पर विश्वास करना होगा।

संस्कार सूत्र

01 परिभाषा - संस्कार परिवार के कर्म पर सबसे अधिक निर्भर करते है, संस्कार कुल कि विरासत पर भी निर्भर करते है। संस्कार संगत पर भी निर्भर करते है, संगत का अर्थ होता है आपका सामाजिक परिवेश से होता है। संस्कार परिवार व समाज कि विरासत को दर्शाते है। किसी का संस्कार हीन होना समाज या परिवार के संस्कार हीन होने का सुचक होता है। आपके मित्रमंडल का परिवेश ही आपका समाज होता है, इस वर्ग मे आप प्रेमिका को भी जोड सकते हो। संस्कार कभी भी दिये नही जाते है यह ग्रहण किये जाते है अतः संस्कार का शिक्षा से कोई संबंध नही होता है, संस्कार का आपके कार्य से अवश्य संबंध होता है, जिसका कार्य जैसा होता उसके संस्कार उसी के अनुरूप हो जाते। मानव को शिक्षा को संस्कार का भाग मानना गलत है। शिक्षा को संस्कार का हिस्सा मानने के कारण ही समाज आज संस्कार हीनता कि तरफ जा रहा है।

02 मर्यादा - हर कर्म कि एक सीमा होती है जो - 20 प्रतिशत तक होती है, आप इस सीमा का उल्लघन करते ही असभ्य व अपवित्र बन जाते हो।

मानव को कभी भी इस सीमा को पार नही करना चाहिए। साम, दाम, दण्ड व भेद कि सहायता से आप धन व सत्ता कि प्राप्ति कर सकते हो लेकिन इन चार अर्थ तत्वो कि भी एक सीमा होती उसी सीमा को मर्यादा कहते है। मर्यादा मान के गुण व दोष को दर्शाती है, तथा आलोचना व गुणगान मान कि सामाजिक सीमा का निर्धारण करती है। संस्कार पर ही मर्यादा निर्भर करती है, मानव के संस्कार ही मानव को मर्यादा कि सीमा मे बांधे रखते है। भारत का वर्तमान शासक वर्ग संस्कार हीन होने के कारण मर्यादा कि सीमा को लांघ कर असुर बन चुका है। आपका मान आपके कर्म पर निर्भर करता है। आपकी मर्यादा आपके संस्कार पर निर्भर करती है। मानव का, मर्यादा हीन मानव का सम्मान करना गलत होता है। मानव का, मर्यादा युक्त मानव का अपमान करना गलत होता है। अच्छे संस्कार युक्त मानव कभी भी अपनी मर्यादा का उलघन नही करता है। मर्यादा कि रक्षा करना आदर्श समाज के लिए जरूरी है।

दास सूत्र

01 परिभाषा - मानव के द्वारा भगवान कि पुजा करने के दो कारण होते भय व स्वार्थ, मानव इनही दो कारण से भगवान का दास बन जाता है। मानव के भगवान का दास बनने का फायदा दो वर्गा को सबसे अधिक होता है शासक वर्ग व पंडित वर्ग। शासक वर्ग अपनी सत्ता कि प्राप्ति के लिए आपके भगवान का दास होने का फायदा उठाता है। पंडित वर्ग धन के बिना मेहनत के अर्जन के लिए भगवान कि आपकी दासता का फायदा उठाता है। मानव कि भक्ति विश्वास पर टिकी होती है, यदि मानव डर व स्वार्थ के कारण भगवान कि भक्ति करता है तो ऐसी भक्ति का परिणाम सिर्फ विश्वास घात ही होता है। मानव कि भक्ति का आधार धर्म व मोक्ष होना चाहिए।

02 घुटन - दासता के कारण मानव को घुटन होने लग जाती है मानव कि यह घुटन समय के साथ विकराल रूप धारण कर लेती है। मानव का स्वभाव अन्य मानव को दास बनने वाला नही होना चाहिए। 70 प्रतिशत

मानव अन्य मानव को अपना गुलाम बनाने का प्रयास करते है। विवाह के बाद स्त्री व पुरूष एक दुसरे को गुलाम बनाने का प्रयास करते है। भारतीय समाज मे विवाह के बाद दास बनाने कि परम्परा बहुत पुरानी है। जब दोनो मानव एक दुसरे को गुलाम बनाने का प्रयास करते है तो मानव का संबंध उसी समय खतरे मे पड़ जाता है। पुराने समय मे स्त्री वर्ग का दास बनना सामान्य बात था। वर्तमान समय मे पुरूष वर्ग का दास बनना सामान्य बात हो गया है। किसी मानव कि गलत बात का विरोध ना करना दास बनने कि प्रथम सिढी होती है।

03 विनाश - मानव कि दासता मानव का सिर्फ विनाश ही करती है। मानव के मान व मर्यादा का भी मानव कि दासता नाश करती है। मानव यदि समाज से सम्मान कि अपेक्षा करता है तो मानव को सबसे पहले दासता कि बेड़ीयों को तोडना ही होगा। गुलामी का परिणाम को अपमान व तिरसकार ही होता है। मानव गुलामी से अर्थ, काम, मोक्ष व धर्म कि प्राप्ति नही कर सकता है। मानव का गुलामी से बाहर निकलना आसान नही होता है।

भाग - 3

आध्यात्म सूत्र

01 परिभाषा - आध्यात्म का अर्थ होता है आत्मा कि शिक्षा या मानव के शरीर का ज्ञान। आध्यात्म का प्रयोग माया के नाश के लिए किया जाता है। माया का नाश करना या माया को पहचानने का मार्ग ही आध्यात्म होता है। आध्यात्म को तीन भागो मे बांटा जाता है - योग सुत्र, बुध सुत्र व सत्य सुत्र।

02 योग सुत्र - योग सुत्र को भी चार भाग मे बांटा जाता है, योग का अर्थ दो धाराओ का संगम होता है। मानव को मन व आत्मा कि धाराओं का संगम कराने का प्रयास करना योग है। मानव का तन व तंत्र कि धाराओं का संगम कराने का प्रयास करना भी योग है। मानव का आत्ममन व तनतंत्र कि धारा का संगम कराने का प्रयास करना ही योग होता है। योग के चार प्रकार होते है - राज योग, हठ योग, काम योग व भक्ति योग।

03 सत्य सुत्र - मानव के अस्तित्व को समझने का प्रयास करना ही सत्य सुत्र कहलाता है। मानव का वास्तविकता को जानने का प्रयास करना ही सत्य होता है। मानव का वास्तविकता को स्वीकार करना भी सत्य होता है। सत्य सुत्र को हम चार प्रकार से समझ सकते है, मानव के तन को समझ कर, मानव के मन को समझ कर, मानव के तंत्र को समझ कर व मानव कि आत्मा को समझ कर।

04 बुध सुत्र - मानव का स्वयं से युद्ध लडना ही बुध सुत्र कि विशेषता होती है। यह आत्म ज्ञान का मुल स्त्रोत होता है। मानव जीवन के रहस्यों का पता लगाना ही बुध सुत्र का उद्देश्य होता है। बुध सुत्र मे चार अव्यव

होते है - सत्य का पता लगाना कि वास्तव मे सत्य क्या होता है। संयम को परिभाषित करना व संयम का मार्ग खोजने का प्रयास करना। परम् को परिभाषित करना व परम् का मार्ग खोजने का प्रयास करना। मोक्ष को परिभाषित करना व मोक्ष के मार्ग को खोजने का प्रयास करना। इन तीनो सुत्रो मे से हम किसी का भी प्रयोग माया के नाश के लिए कर सकते है। माया का नाश करना ही आध्यात्म का लक्ष्य होता है।

अध्याय 7

सत्य सूत्र

01 परिभाषा - वह सत्य जो कोई भी नही बदल सकता है परम् सत्य होता है। धन, ऋण, शुन्य व अनंत चार तत्व ही परम् सत्य होते है। मानव धन व ऋण की व्याख्या कर सकता है व परिमाण का पता लगा सकता है। मानव शुन्य कि व्याख्या कर सकता है परन्तु परिमाण का पता नही लगा सकता है या अस्तित्य का प्रमाण नही दे सकता है। मानव ना तो अन्नत कि व्याख्या कर सकता है ना ही अन्नत का परिमाण पता लगा सकता है। मानव ना ही अन्नत का अस्तित्व सिद्ध कर सकता है। मानव के परम् सत्य के चार प्रकार होते है - मन, तन, तंत्र व आत्मा।

02 मन - मन आत्मा का बाहरी आवरण होता है जो धन ऊर्जा व ऋण ऊर्जा को ग्रहण करता है परित्याग भी करता है। मानव का मन पुण्य से धन ऊर्जा व पाप से ऋण ऊर्जा का ग्रहण करता है। मानव किसी कि परित्याग कि गई धन व ऋण ऊर्जा को भी ग्रहण करता है। मानव को किसी कि परित्याग कि गई ऋण ऊर्जा को ग्रहण नही करना चाहिए। मानव को आवश्यकता पडने पर धन ऊर्जा का परित्याग भी करना चाहिए। मानव को ऋण ऊर्जा का परित्याग समय के अनुसार करना चाहिए ताकि आपकि ऋण ऊर्जा का प्रभाव किसी और पर ना पडे। प्रकृति भी धन व ऋण ऊर्जा का परित्याग व ग्रहण करती है।

03 आत्मा - आपके पाप व पुण्य का परिणाम आत्मा मे संग्रहित होता है, मानव कि आभा मानव कि आत्मा के पुण्य या पाप युक्त होने का संकेत देती है। मानव कि आभा धन हो व मन कि ऊर्जा ऋण या मन

कि आभा ऋण हो व मन कि ऊर्जा धन हो तो मन मे विचलन उत्पन्न होता है। मानव कि आत्मा कि ऊर्जा शुन्य होती है। आत्मा कि यह शुन्य ऊर्जा ही परम् शांति का रूप होती है, आप इसे आध्यात्म से महसुस कर सकते हो। इस शुन्य ऊर्जा का निर्माण प्रकति के द्वारा ही किया जाता है, प्रकति शुन्य ऊर्जा का निर्माण करके पुरुष कि उत्पत्ति करती है। परम् शुन्य ऊर्जा या परम् आत्मा से ही प्रकति का निर्माण होता है। इस निर्माण कि एक सीमा होती है जो मानव के संसार कि सीमा भी होती है।

मन सूत्र

आवश्यकता सूत्र

01 परिभाषा - मानव को मन पर नियंत्रण नही करना चाहिए मानव सदा स्वयं के मन पर नियंत्रण करने का प्रयास करता है। मानव मन पर नियंत्रण नही कर सकता है मानव को इस परम् सत्य को स्वीकार कर लेना चाहिए। मानव का इस सत्य को ना स्वीकार करना ही मानव के मन मे विचलन उत्पन्न करता है। मानव के मन का विचलन ही मानव के मन कि अशांति का कारण होता है। मानव को कभी भी दुसरे के मन पर नियंत्रण करने का प्रयास नही करना चाहिए। मानव हमेशा यह कौशिश करता है कि किसी अन्य मानव के मन को वह नियंत्रित कर सके।

02 समझाना - मानव के मन कि आवश्यकता आपको अन्य मानव का दास बना सकती है तथा अन्य मानव को आपका दास बना सकती है। किसी भी मानव को समझाने कि जरूरत नही होती है हर मानव के पास अपना एक मन होता है वह स्वतंत्रता को पसंद करता है मानव के मन को दास बनाना गलत होता है तथा किसी के मन का दास बनना भी गलत होता है। किसी भी मानव को समझाना मानव कि मुर्खता का सुचक होता है।

03 संयम - मानव के मन का संयम मानव कि विरासत पर निर्भर करता है मानव पाप व पुण्य दोनो करता है, मानव का नजरिया किसी भी मानव के लिए या स्वयं के लिए सिर्फ एक पक्ष वाला होता हैं। मानव

का नजरिया दोनो पक्ष वाला होना जरूरी है। मानव के पाप व पुण्य का योग यदि पाप है तो भी इसे स्वीकार पर पुण्य कि तरफ ले जाने का प्रयास करना चाहिए। संयम इस पाप व पुण्य का तालमेल होता है, मानव को इस सत्य को स्वीकार करना चाहिए हर मानव मे पाप व पुण्य दोनो विद्यामान होते है। मन कि शांति का मार्ग संयम ही है।

04 सहायता - मानव को समझाने के बजाय सहायता कि तरफ ध्यान देना चाहिए। सहायता मे आप मानव के मन को गुलाम नही बनाते हो। सहायता अर्थ व ज्ञान कि मदद से कि जा सकती है। हर मानव को सहायता कि आवश्यकता होती है।

प्रेम सूत्र

01 परिभाषा - प्रेम का जन्म विश्वास, त्याग, आचरण व सत्य से होता है। परिवार प्रेम, समाज प्रेम व प्रकृति प्रेम, प्रेम के तीन रूप होते है। प्रेम धर्म का रूप होता है तथा आकर्षण माया का रूप होता है। प्रेम अनंत है तथा माया कि सीमा होती है। प्रेम अमर है व माया नश्वर होती है। अविश्वास, स्वार्थ, आचरण व झुठ से नफरत कि उत्पत्ति होती है। परिवार नफरत, समाज नफरत व प्रकृति नफरत आदि नफरत के रूप होते है।

02 विश्वास - मानव को विश्वास करना चाहिए, वर्तमान समाज मे विश्वास कि कमी ही नफरत का कारण है। नफरत ही विभाजन का कारण बनती है। परिवार मे विश्वास परिवार मे प्रेम का सुचक होता है, समाज मे विश्वास समाज मे प्रेम का सुचक होता है व प्रकृति पर विश्वास प्रकृति से प्रेम का सुचक होता है। विश्वासघात कि माया ही अविश्वास को जन्म देती है, मानव को इस माया के प्रभाव मे नही आना चाहिए।

03 त्याग - परिवार मे त्याग का भाव प्रेम को जन्म देता है व स्वार्थ का भाव नफरत को जन्म देता है। समाज मे त्याग का भाव समाज मे प्रेम को जन्म देता है व स्वार्थ का भाव नफरत को जन्म देता है। प्रकृति के

लिए त्याग का भाव प्रकृति प्रेम का सुचक होता है तथा प्रकृति के प्रति स्वार्थ का भाव आपको प्रकृति से दुर कर देता है।

04 आचरण - परिवार मे सदाचरण व शिष्टाचार प्रेम का कारण बनते है, परिवार मे दुराचरण व भ्रष्टाचार नफरत का कारण बनते है। पुरूष का आचरण प्रकृति व समाज पर निर्भर करता है। प्रकृति के अनुसार भी पुरूष का आचरण बदलता है। मानव का तन प्रकृति के किसी रूप को नही स्वीकार कर पाता है तो मानव का आचरण प्रकृति के उस स्वरूप के समय बदल जाता है। आलोचना व गुणगान पर सत्य का प्रभाव प्रेम को उत्पन्न करता है। आलोचना व गुणगान पर झुठ का प्रभाव नफरत को उत्पन्न करता है। मानव का आचरण सत्यवादी होना चाहिए।

लक्ष्य सूत्र

01 परिभाषा - सफलता का पथ लक्ष्य को दर्शाता है, आपका लक्ष्य सफलता का पथ होना चाहिए। सफलता का बिन्दु भटकाव को दर्शाता है, आप सफलता के बिन्दु पर पहुचकर भटकाव के पथ का चयन कर सकते हो। सफलता के पथ पर सफलता के अनेक बिन्दु होते है जिनहे सफलता के बिन्दु बोला जाता है। इन बिन्दु का जुडाव भटकाव के पथ से होता है। जो मानव को असफलता के पथ पर ले जाता है। असफलता के पथ पर अनेक बिन्दु होते है जो मानव को सत्य पथ पर ले जाते है तथा मानव का सत्य पथ पर चल कर सफलता के पथ पर पहुच सकता है। सफलता व असफलता के पथ आपस मे सत्य पथ व भटकाव पथ से जुडे होते है। सत्य पथ पर चल कर असफलता को सफलता मे बदला जा सकता है व भटकाव पथ पर चलकर सफलता को असफलता मे बदला जा सकता है। सफलता व असफलता के पथ से ही आपकी विरासत का निर्माण होता है।

02 पथ - मानव पर सफलता का नशा माया के प्रभाव के कारण होता है, मानव को सफलता का आन्नद लेना चाहिए लेकिन सफलता के

आनंद कि इस माया से दुर रहना चाहिए। यह आनंद कि माया ही नशे का कारण बन बनती है। यह माया ही आपकी निराशा का कारण भी बन सकती है। सत्य का पथ धर्म से युक्त होता है व सत्य के पथ का रास्ता कठिन होता है जो आपको थकान महसुस करा सकता है, परन्तु सत्य का पथ आपकी आशा का कारण भी होता है। सत्य पथ कि पहचान करना व उस पर चलना आसान नही होता है। लक्ष्य का अन्त नही होता है लेकिन भटकाव लक्ष्य का अन्त कर देता है।

03 स्तर - सफलता के अनंत स्तर होते है जो लक्ष्य को आकाश के समान विशाल बना देता है। मानव कभी भी परम् सत्य कि खोज का लक्ष्य प्राप्त नही कर सकता है। मानव का लक्ष्य सफलता के छोटे छोटे स्तरो को पार करने का होने चाहिए। मानव अपनी क्षमता व मेहनत के अनुसार स्तरो को छलांग लगा कर पार कर सकता है। मानव यदि सफलता के उच्च स्तरो को छुना चाहता है तो छलांग आवश्यक है।

आकर्षण सूत्र

01 परिभाषा - आकर्षण के कारण ही लगाव व जलन का जन्म होता है। मोक्ष के द्वारा आकर्षण कि माया का विनाश कर लगाव व जलन को नष्ट किया जा सकता है। लगाव माया का रूप होता है तथा प्रेम वास्तविकता का रूप होता है। लगाव से सुख व दुख दोनो कि प्राप्ति होती है व प्रेम से केवल सुख कि प्राप्ति होती है। जलन माया का रूप होती है व नफरत वास्तविकता का रूप होता है, नफरत से क्रोध का जन्म होता है व क्रोध से हिंसा का जन्म होता है। जलन से दुख कि प्राप्ति होती है। जलन से अहंकार का जन्म होता है। प्रकृति लगाव व विरासत लगाव लगाव के दो प्रकार होते है प्रकृति लगाव मे मानव पंच तत्व से निर्मित वस्तु कि तरफ आकर्षित होने लग जाता है। संजीव से लगाव व निर्जीव से लगाव, मानव से लगाव, पशु - पक्षी से लगाव, पेड - पौधो से लगाव व पंच तत्वो या पंच तत्वो से निर्मित वस्तु से लगाव ही प्रकृति लगाव

कहलाता है। अर्थ से लगाव, काम से लगाव, मान से लगाव व पहचान से लगाव विरासत से लगाव कहलाता है।

02 जलन - विरासत से लगाव के कारण मानव मे जलन कि भावना उत्पन्न होती है, मानव अपनी विरासत कि तुलना किसी अन्य कि विरासत से करने लग जाता है। मानव का अपनी विरासत पर अहंकार करना भी जलन को जन्म देता है। जलन के कारण मानव स्वार्थ के रास्ते पर चलने लग जाता है साथ ही मानव अन्य के विनाश के लिए प्रार्थना करने लग जाता है या अन्य का विनाश देखकर मानव को सुख महसुस होता है। दुसरो के विनाश के सपने देखने का कारण जलन ही होता है।

03 अलगाव - मानव का किसी वस्तु या व्यक्ति से प्रतिकर्षण मानव समाज मे अलगाव का कारण बनता है। जब मानव का आकर्षण नफरत, प्रतिशोध, अहंकार, क्रोध व झुठ के प्रति अधिक हो जाता है तो मानव प्रेम, सत्य, अहिंसा, अपरिग्रह व अस्तेय से दुरी बनाने लग जाता है जो मानव मे अलगाव का भाव उत्पन्न करते है। मानव का अलगाव व जलन ही मानव समाज के विभाजन का कारण बनते है।

तन सूत्र

देखभाल सूत्र

01 परिभाषा - तन की देखभाल करना वस्तुओं के रखरखाव से ज्यादा जरूरी होती है मानव के द्वारा अपने तन कि देखभाल ना करने के कारण मानव मे कई विकार उत्पन्न हो जाते है। मानव के तन के तेज व ताकत मे भी कमी होने लग जाती है।

02 स्वच्छता - मानव का अपने आप को स्वच्छ रखना जरूरी होता है, मानव कि स्वच्छता मानव कि गंध को प्रभावित करती है, मानव को अच्छी गंध के लिए स्वच्छता का पालन करना जरूरी होता है। मानव के मन कि स्वच्छता व मानव के तन कि स्वच्छता के समान महत्व रखती है। मानव कि स्वच्छता मानव का उपचार, तेज व ताकत होती है।

03 पौषण - मानव का खान - पान मानव मे विकार का कारण बन सकता है, मानव का खान - पान मानव के तेज व ताकत को भी प्रभावित करता है। मानव का पौषण मानव के तंत्र को भी प्रभावित करता है।

04 कार्य - मानव के तन के लिए कार्य का करते रहना जरूरी होता है, मानव का कार्य ना कर आराम करना गलत है जो विकार उत्पन्न कर सकता है व मानव के तेज व ताकत को कम कर सकता है।

05 थकान - मानव का तन अधिक कार्य करने के कारण या विकार के कारण थकान महसुस करता है। मानव की थकान को आराम व उपचार

से दुर किया जा सकता है। मन कि थकान व तन कि थकान का समान महत्व होता है।

06 आकार - मानव के शरीर का आकार मानव के आकर्षण का कारण होता है व मानव का आकार मानव के विकारो का कारण भी बन सकता है, मानव का आकार मानव के कई कार्यो मे बाधा उत्पन्न कर सकता है, मानव का आकार मानव के मन के विचलन को और बढा सकता है।

07 वजन - मानव का वजन मानव का आकर्षण कम कर सकता है, मानव को कई कार्यो को करने से रोक सकता है, मानव के विकार का मुख्य कारण बन सकता है, मन के विचलन का कारण भी हो सकता है।

आवश्यकता सूत्र

01 परिभाषा - तन कि आवश्यकता का अर्थ होता है तन का समय समय पर मन को आदेश देना। यह संकेत किसी भी प्रकार का हो सकता है। संकेत का प्रभाव भी तन पर निर्भर करता है, तन के संकेत का प्रभाव जितना अधिक होगा, मन का तन पर नियंत्रण करना उतना ही कठिन होगा। तन का संकेत जितना कमजोर होगा मन का तन पर नियंत्रण करना उतना ही ज्यादा आसान होगा।

02 वस्त्र - मानव के तन को वस्त्रो कि आवश्यकता होती है, परन्तु मानव अपनी आवश्यकता से अधिक वस्त्रो को धारण करता है। मानव द्वारा धारण किए वस्त्रो का अकार, वजन व संख्या का मान आवश्यकता से ज्यादा होता है तो यह प्रकृति का दोहन कहलाता है जो कि गलत है। मानव के अधिक वस्त्र पहनने के दो कारण होते है आकर्षण व चरित्र। मानव के चरित्र कि पहचान पाप व पुण्य से नही होती है, मानव के चरित्र कि पहचान वस्त्रो से होती है, यह विचार पश्चिम एशिया का विचार है जो अब भारत मे चरित्र कि पहचान का सुचक बन चुका है। मानव को वस्त्र मानव कि आवश्यकता व आराम के आधार पर चयन करना चाहिए।

03 भोजन व मकान - मानव को आवश्यकता के अनुसार भोजन का ग्रहण करना चाहिए, मानव स्वाद के अनुसार भोजन का ग्रहण करता है। कुछ मानव अपनी भोजन कि आवश्यकता को पुरा नही कर पाते फिर भी जीवन को दुख - सुख के साथ एक आशा कि किरण के सहारे जीते है। कुछ मानव आवश्यकता से अधिक भोजन व वस्त्र होने के बाद भी जीवन से निराश होकर आत्म हत्या कर लेते है जो कि बलात्कार से भी बड़ा अपराध होता है। मानव के तन को एक स्थान कि जरूरत होती है जहां पर मानव का तन आराम कर सके तथा प्रकृति के प्रकोप से स्वयं को बचा सके। मानव का विलासिता के लिए या तन के आनंद के लिए मकान का निर्माण करना प्रकृति का शोषण होता है, मानव का मकान को आकर्षण व आराम के प्रभाव मे आकार अनावश्यक वस्तुओ से भर देना विलासिता को इंगित करता है। विलासिता माया का ही एक रूप है।

अवस्था सूत्र

01 परिभाषा - मानव का तन समय के साथ बदलता रहता है बाल्यावस्था मे मानव का शरीर कोमल होता है, किशोर अवस्था मे मजबुत व कोमल होता है, युवा अवस्था मे कठोर होता है, प्रौढ़ अवस्था मे कमजोर व कठोर होता है वृद्धावस्था मे भंगुर हो जाता है। तन का बदलना अवस्था का निर्माण करता है। बालक के तन कि कोमलता, तन कि मजबुती से तीन गुणा अधिक होती है। किशोर कि तन कि कोमलता, तन कि मजबुती से अधिक होती है। जब मानव के तन कि मजबुती, तन कि कोमलता से अधिक हो जाती है तो मानव युवावस्था मे प्रवेश कर जाता है। जब मानव के तन कि कोमलता, कठोरता मे बदलने लग जाती है, मानव के तन कि मजबुती मानव के तन कि कठोरता से अधिक हो जाती है तो मानव प्रौढ़ अवस्था मे होता है। जब मानव के तन कि मजबुती, कमजोरी मे बदलने लग जाती है। मानव के तन कि कठोरता मानव के तन कि कमजोरी से अधिक हो जाती है तो मानव वृद्धावस्था मे होता है। जब मानव के तन कि कठोरता, भंगुर बन जाती है। मानव के तन

कि कमजोरी अधिक व भंगुरता कम होती है तो मानव भंगुर अवस्था मे होता है। जब मानव के तन कि भंगुरता, मानव कि कमजोरी से अधिक हो जाती है तो इस अवस्था को गमन अवस्था कहते है।

02 क्रिया - मानव कि अवस्था को सात भाग मे बाटा जाता है, मानव को अपनी अवस्था के अनुसार ही क्रिया करना चाहिए। मानव तन की अवस्था को नजरअंदाज कर मन के प्रभाव मे आकर क्रिया करता है। मानव द्वारा कि गई यह क्रिया मानव कि तन कि अवस्था को प्रभावित कर सकती है। बालक अवस्था का किशोर अवस्था मे समय से पुर्व बदलना इसका वर्तमान उदाहरण है। मानव तन की देखभाल कर अपनी अवस्था को नीचले स्तर पर लाता है। वर्तमान भारत का युवा संसार के सभी युवाओं से ज्यादा दुखी है जिसका मुल कारण बेरोजगारी व असमानता है। भारत का वर्तमान शासक वर्ग पंथ व राष्ट्रवाद के नाम युवाओं को मुर्ख बनाने पर लगा हुआ है क्योकि युवा वर्ग को मुर्ख बनाना सबसे आसान होता है। युवाओं का अपने मन पर संयम कम होता है।

विकार सूत्र

01 परिभाषा - मानव के तन मे चार प्रकार से विकार उत्पन्न होते है आत्मा का प्रभाव मन पर पडता है, आत्मा का कमजोर होना मन के विचलन के प्रभाव को ज्यादा कम नही कर पाता है। मानव कि मजबुत आत्मा मन के विचलन के प्रभाव को शुन्य भी कर सकती है। मानव कि आत्मा का कमजोर होना मानव के तन मे विकार का कारण बनता है। मानव कि आत्मा कि मजबुती मानव कि आदत व मानव कि विरासत पर निर्भर करती है। मानव विरासत को आसानी से नही बदल सकता है लेकिन मानव अपनी आदत को आसानी से बदल सकता है। आत्मा हमेशा ऋण ऊर्जा को शुन्य मे बदलती है या आत्मा चिंता का नाश करती है। आत्मा आनंद पर कोई प्रभाव नही डालती है।

02 मन के कारण विकार - मन मानव के तन मे विकार का मुख्य कारण होता है, मन का ऋण विचलन मन मे विकार उत्पन्न करता है व मन का धन विचलन तन के उपचार का भाग होता है। मानव के मन का धन विचलन आनंद होता है व मानव के मन का ऋण विचलन चिंता होती है। इस कारण ही चिंता को चिता का कारण माना गया है। आनंद निरोगी होने कि पहचान बन चुका है।

03 तंत्र के कारण विकार - मानव के तंत्र मे विकार होने पर तन मे भी विकार उत्पन्न हो जाते है क्योकि मानव का तंत्र ही तन पर नियंत्रण करता है। मानव के तंत्र का विकार बहुत घातक होता है जो आपके प्राण भी ले सकता है। मानव के तंत्र का उपचार विकार के कारण का पता होने पर ही किया जा सकता है। मानव के तंत्र के विकार का कारण जानना आसान नही है। मानव के तंत्र का विकार मानव के तन मे अन्य विकार भी उत्पन्न कर सकता है।

04 तन के कारण विकार - मानव के तन मे विकार, मानव के तन कि क्षमता पर निर्भर करते है। किसी मानव के तन कि क्षमता कम होने पर उसमे अधिक विकार उत्पन्न होते है। मानव कि क्षमता को आदत व विरासत से बढाया जाता है।

तंत्र सूत्र

विचार सूत्र

01 परिभाषा - मानव के विचार का कारण संदेश होते है मानव तंत्र इन संदेशो कि सुचना को ग्रहण कर, उन सुचनाओ से उत्पन्न प्रश्न का कारण जानने का प्रयास करता है जिसके कारण एक नई सुचना कि उत्पत्ति होती है, इस नई सुचना से एक ओर प्रश्न कि रचना होती है तथा मानव तंत्र उस प्रश्न का कारण जानने का प्रयास करता है। यह प्रकिया चलती रहती है। इस प्रक्रिया के कारण ही मानव चिंतन कर पाता है। मानव के तंत्र का सुचना के प्रश्न का कारण स्पष्ट नही होने पर तंत्र उलझन मे पड जाता है इस उलझन के कारण ही चितंन, चिंता का रूप ले लेता है। अधिक चितंन के कारण तंत्र मे थकान उत्पन्न हो जाती है, जिसके कारण मानव तंत्र, तन पर नियंत्रण नही कर पाता है। तंत्र कि यह निराशा ही चिंतन विकार होता है।

02 विचार व सुचना मे अंतर - सुचना प्रश्न को जन्म देती है, प्रश्न कारण को जन्म देती है, कारण विचार को जन्म देता है व विचार नए प्रश्न को जन्म देता है, नया प्रश्न सुचना को जन्म देता है या नया प्रश्न कारण को जन्म देता है। सुचना का संग्रहण हो जाता है या सुचना नष्ट हो जाति है। विचार वचन, कार्य व क्रिया को जन्म देता है, कर्म सुचना को जन्म देता है। अतः कर्म ही मानव के विचार का कारण है, मानव के कर्म का भी अंत नही हो सकता जब तक तानव जीवित है ना ही विचार का अतः हो सकता है जब तक मानव जीवित है। सुचना के प्रश्न मे

ना बदलना मानव के चिंतक को रोक देता है, लेकिन तंत्र अपना सुचारू रूप से कार्य करता रहता है। मानव का चिंतन का कार्य, मानव तंत्र के नियंत्रण के कार्य को प्रभावित करता है। मानव तंत्र को कार्य के लिए ऊर्जा व आराम कि जरूरत होती है, मानव तंत्र के अलग अलग भाग अलग अलग समय पर आराम करते है, क्योकि मानव तंत्र के अलग अलग भाग अलग अलग कार्य करते है। मानव तंत्र कि उलझन थकान का कारण बन सकती है। बिना सुचना के विचारो को सृजन करना संभव नही है तथा बिना विचारो से युक्त सुचना का इस संसार मे कोई महत्व नही होता है। विचार व सुचना दोनो एक दुसरे के परजीवी है।

प्राण सूत्र

01 परिभाषा - मानव के तन से ऊर्जा कि उत्पत्ति होती है, बाहरी वातावरण के कारण ऊर्जा उत्पन्न होती है। इस ऊर्जा का पथ मानव शरीर का तंत्र होता है। इस ऊर्जा को मानव का मन ग्रहण करता है या परावर्तन कर देता है। मन का ऊर्जा को ग्रहण करना आनंद व चिंता का कारण होता है। मन का ऊर्जा को परावर्तित करना शांति का प्रतिक होता है। मन ऊर्जा को ग्रहण करके इस ऊर्जा का संदेश तंत्र को भेजता है, यह तंत्र ही आनंद व चिंता को उत्पन्न करता है। मन का ऊर्जा को ग्रहण करना ही तंत्र को प्रभावित करता है ना कि परित्याग करना। तन से भी धन व ऋण ऊर्जा कि उत्पत्ति होती है व वातावरण से भी। तंत्र मन, तन व वातावरण का केंद्र बिंदु होता है, तंत्र का महत्व इस कारण तन से ज्यादा होता है।

02 चिंता - चिंता का कारण ऋण ऊर्जा होती है, मन यदि ऋण ऊर्जा को ग्रहण कर लेता है तो, मन तंत्र को चिंता का संदेश देता है, मन का संदेश पाकर तंत्र चिंता कि उत्पत्ति के लिए प्रयास करता है। तंत्र का कमजोर होना चिंता को ओर प्रभावशाली बना देता है व तंत्र का मजबुत होना चिंता के प्रभाव को कम कर देता है।

03 आनंद - आनंद का कारण धन ऊर्जा होती है, मन यदि धन ऊर्जा ग्रहण कर लेता है तो मन तंत्र को आनंद उत्पन्न करने का संदेश भेजता है, तंत्र संदेश मिलते ही आनंद को उत्पन्न करने का प्रयास करता है। तंत्र का कमजोर होना आनंद के प्रभाव को कम कर देता है व तंत्र का मजबुत होना आनंद के प्रभाव को अधिक कर देता है।

04 शांति - मन द्वारा ऊर्जा का परावर्तन करना शांति होता है, मन कि शांति का कोई संदेश नही होता है। तंत्र के कारण मन कि शांति पर कोई प्रभाव नही पडता है। आशा व निराशा मन के भाव होते है, जो मन के द्वारा ग्रहण कि गई ऊर्जा का परिणाम होते है जिनहे मन द्वारा उत्पन्न किया जाता है। तंत्र कि शांति का अर्थ तंत्र का आराम नही होता है। मानव तंत्र कि शांति ऊर्जा कि शुन्यता कि सुचक होती है।

सूचना सूत्र

01 परिभाषा - सुचना का जन्म तन व वातावरण से जाना जाता है, तंत्र सुचना को ग्रहण करता है, सुचना का प्रसंस्करण करता है तथा संचना का संग्रहण करता है। मानव सुचना के प्रसंस्करण द्वारा सुचना के रहस्य को जानने का प्रयास करता है। रहस्य को जानने का प्रयास करना ही विचार कहलाता है। सुचना के प्रसंस्करण कि गति ही मानव कि कम विचार व अधिक विचार का कारण बनती है। मानव के तंत्र कि कम विचार कि सीमा व अधिक विचार कि सीमा हर मानव के लिए अलग अलग होती है।

02 सुचना का ग्रहण - मानव का कमजोर तंत्र अधिक सुचना को ग्रहण करता है व मानव का मजबुत तंत्र कम सुचना को ग्रहण करता है। सुचना के कम ग्रहण के कारण मानव मे अतिविचार का उत्पन्न होना कम हो जाता है। मानव के तंत्र का तन पर नियंत्रण अधिक हो जाता है। अधिक सुचना ग्रहण करने के कारण अतिविचार उत्पन्न होते है जिसके कारण मानव का तन पर नियंत्रण कम हो जाता है।

03 सुचना का प्रसंस्करण - तंत्र का मजबुत होना सुचना के प्रसंस्करण को कम कर देता है जिससे अति विचार का उत्पन्न बंद हो जाता है। तंत्र का कमजोर होना सुचना के प्रसंस्करण को बढा देता है जिससे अति विचार उत्पन्न होते है।

04 सुचना का संग्रहण - मानव का तंत्र सुचना का संग्रहण करता है, तंत्र का मजबुत होना अधिक सुचना को संग्रहित करता है। तंत्र का कमजोर होना कम सुचना को संग्रहित करता है।

05 सुचना कोश से सुचना का वितरण - मानव का तंत्र का मजबुत होना सुचना कोश से सुचना का वितरण कम करता है व मानव तंत्र का कमजोर होना मानव सुचना कोश से सुचना वितरण अधिक करता है, मानव का सुचना कोश वितरण से अप्रभावित रहता है। यह वितरण दो भाग मे बटता है, वचन के रूप मे वितरण व विचार के रूप मे वितरण, विचार के रूप मे वितरण अतिविचार का कारण बन सकता है।

नियंत्रण सूत्र

01 परिभाषा - मानव का तंत्र मानव के तन व मन पर, तंत्र संदेशो द्वारा नियंत्रण करता है। मानव का तंत्र, मानव के तन व मन के संदेशो को ग्रहण करता है। तन व मन के संदेशो का प्रसंस्करण करता है जिससे तंत्र संदेश व विचार उत्पन्न होते है। यदि अतिविचार उत्पन्न होते है तो कम तंत्र संदेश उत्पन्न होते है जिसके कारण मानव का तन व मन पर नियंत्रण कम हो जाता है। मानव मे कम विचार उत्पन्न होते है तो अधिक तंत्र संदेश उत्पन्न होते है जिसके कारण मानव का तन व मन पर नियंत्रण अधिक हो जाता है।

02 संदेश - मानव का तन मानव को दो प्रकार के संदेश देता है क्रिया संदेश व कार्य संदेश। क्रिया संदेश को मानव तंत्र तीन संदेशो मे बाट देता है सुचना संदेश, क्रिया संदेश व कार्य संदेश तथा कार्य संदेश को भी मानव तंत्र तीन संदेशो मे बांट देता है। मानव के मन से सुचना संदेश

उत्पन्न होता है, इस सुचना संदेश को मानव तंत्र तीन भाग मे बाट देता है। मन कि निराशा को तंत्र संदेश परावर्तित कर देता है, मन का निराश होना मन पर तंत्र कि पकड़ को कमजोर कर देता है। तंत्र कि पकड कमजोर होने से मन अशांत हो जाता है।

03 विकार - तन का विकार मानव तंत्र कि तन पर पकड को कमजोर कर देता है। तन का विकार तंत्र के संदेशो का परावर्तन कर देता है। तंत्र कि तन पर कमजोर पकड से तन अशांत हो जाता है तंत्र का विकार तंत्र संदेशो मे विकार उत्पन्न कर देता है जिसके कारण तन मे विकार व मन मे निराशा का भाव उत्पन्न हो जाता है।

04 बल - तंत्र का कमजोर होना तन के विकार का कारण बन सकता है, तंत्र के अतिविचार का कारण बन सकता है व मन कि निराशा का कारण बन सकता है। मानव का तंत्र स्वभोग व संभोग से कमजोर हो सकता है यदि मानव को संभोग या स्वभोग कि आदत लग जाए। वर्तमान मानव को स्वभोग कि आदत लगना आसान है क्योकि मानव को संभोग व नग्नता के चित्र व चलचित्र आसानी से उपलब्ध है।

आत्मा सूत्र

शून्य सूत्र

01 परिभाषा - मानव कि आत्मा शुन्य ऊर्जा का स्त्रोत होती है, शुन्य ऊर्जा प्रकृति के निर्माण का कारण है तथा प्रकृति भी शुन्य ऊर्जा का निर्माण करती है। शुन्य ऊर्जा अमर नही है अतः आत्मा अमर नही है, मानव का अंत आत्मा के अंत के कारण ही होता है। मानव का अंत आत्मा द्वारा मानव को त्यागने से नही होता है। आत्मा का एक शरीर से दुसरे शरीर मे गमन नही होता है। अतः भगवान व भुत मानव के तंत्र कि रचना होती है।

02 प्रकार - अलग अलग मानव मे अलग अलग शुन्य ऊर्जा होती है हर मानव कि शुन्य ऊर्जा का रंग अलग होता है। हर प्राणी कि शुन्य ऊर्जा का रूप अलग होता है। प्राणी कि शुन्य ऊर्जा का रूप प्राणी कि क्षमता का सुचक होता है। हर प्राणी कि क्षमता अलग अलग होती है। हर प्राणी अपनी क्षमता के अनुसार जीवन जीता है। हर प्राणी कि आत्मा के अनंत रंग होते है, यह रंग प्राणी विशेष के प्रभाव को दर्शाते है।

03 परम् शांति - शुन्य ऊर्जा परम् शांति का निर्माण करती है, परम् शांति का मार्ग मन कि शांति से होकर जाता है, मन आत्मा का आवरण होता है। मन कि चिंता व आनंद या आशा व निराशा आत्मा कि परम् शांति कि प्राप्ति कि बाधा होती है। आत्मा का हमेशा के लिए परम् शांति को प्राप्त कर लेना ही मोक्ष होता है। आत्मा कि परम् शांति के लिए मन कि शांति बहुत जरूरी होती है।

04 प्राण - आत्मा ही प्राण है, प्राण का अंत आत्मा का अंत होता है, प्रकृति से प्राण का निर्माण होता है मन, मानव के प्राण व शरीर का बंध है। मानव का मन आत्मा व शरीर का प्रमाण है। मानव का मन ही मानव कि चेतना है। प्रकृति के पंच तत्व आत्मा के निर्माण का प्रयास करते रहते है। प्रकृति के पंच तत्वो को प्राण के निर्माण मे सफलता कम ही प्राप्त होती है। प्रकृति द्वारा निर्मित प्राणो का जीवन काल कम होता है। प्रकृति के पंच तत्वो द्वारा अन्य वस्तुओ का निर्माण किया जाता है। प्राण भगवान विष्णु का ही अंश होते है।

संगम सूत्र

01 परिभाषा - मानव का विवाह चार प्रकार का होता है - आकर्षण विवाह, प्रेम विवाह, आत्मा विवाह व गुलाम विवाह। मानव का विवाह सबसे ज्यादा आकर्षण के कारण होता है। आकर्षण विवाह व प्रेम विवाह मे अंतर करना जरूरी होता है। प्रेम विवाह का संख्या के मामले मे दुसरे नंबर पर आता है। गुलाम विवाह संख्या के मामले मे तीसरे नंबर पर आता है। आत्मा विवाह संख्या के मामले मे चौथे नंबर पर आता है।

02 विवाह - आकर्षण विवाह के तलाक मे बदने कि संभावना अधिक होती है। आकर्षण विवाह मे महिला शौषण का शिकार अधिक होती है, परन्तु वर्तमान भारत मे महिलाओ का शौषण घट रहा है व पुरूषो का शौषण बढ रहा है। प्रेम विवाह मे तलाक कि संभावना दुसरे नंबर पर होती है। मानव का शौषण प्रेम विवाह मे आकर्षण विवाह कि तुलना मे कम होता है। मानव के आत्मा विवाह मे तलाक कि संभावना कम होती है। आत्मा विवाह मे शौषण कि संभावना बहुत कम होती है। गुलाम विवाह मे तलाक कि संभावना सबसे कम होती है व शौषण कि संभावना सबसे अधिक होती है। मानव का गुलाम विवाह करना पाप समझा जाता है।

03 साथी - संभोग साथी आपके संभोग कि आवश्यकता को पुरा करता है। प्रेम साथी आपके प्रेम व संभोग दोनो कि आवश्यकता को पुरा करता

हैं। जीवन साथी आपके आत्मा, प्रेम व संभोग कि आवश्यकता को पुरा करता है। अर्थ साथी मानव के अर्थ कि आवश्यकता को पुरा करता है। मानव का अर्थ साथी व संभोग साथी से विवाह करना गलत है। प्रेम साथी व जीवन साथी से विवाह करना सही है।

04 प्रेम - मानव का संगम अन्य मानव से प्रेम द्वारा आसानी से हो जाता है। प्रेम मानव कि मुलभुत आवश्यकता होती है। मानव को प्रेम व आकर्षण मे अंतर को समझना होगा। आकर्षण कभी भी प्रेम नही बन सकता है व प्रेम कभी भी आकर्षण नही बन सकता है। मानव का संभोग कि आवश्यकता को प्रेम समझना भी गलत है। मानव का काम व अर्थ कि आवश्यकता को प्रेम समझना भी गलत है।

आभा सूत्र

01 परिभाषा - आभा मानव कि आत्मा का प्रभाव होती है, मानव कि आत्मा का प्रभाव दो प्रकार का होता है धन प्रभाव व ऋण प्रभाव। मानव कि आत्मा का प्रभाव मानव के पाप व पुण्य का योग होता है। मानव कि आभा का मान, मानव के पाप व पुण्य के योग के मान को इंगित करता है।

02 धन आभा - मानव के पाप व पुण्य का योग, पुण्य आने पर आपकी आभा धन आभा होती है। धन आभा का मान 20 यम से अधिक होने पर मानव सत् पुरुष कहलाता है। धन आभा का मान 50 यम से 75 तक होने पर मानव देवता कहलाता है। धन आभा का मान 75 यम से 100 यम तक होने पर मानव भगवान बन जाता है। मानव सत् पुरुष, देवता व भगवान का अपमान नही कर सकता है, पाप पर आधारित आलोचना कर सकता है। पाप पर आधारित गुणगान करना गलत होता है।

03 ऋण आभा - मानव के पाप व पुण्य का योग पाप होने पर ऋण आभा उत्पन्न होती है। ऋण आभा का मान - 20 यम से - 50 यम तक होने पर मानव पापी पुरुष कहलाता है। ऋण आभा का मान - 50

यम से 75 यम तक होने पर मानव दैत्य कहलाता है। ऋण आभा का मानव 75 यम 100 यम तक होने पर मानव असुर बन जाता है। आप असुर, दैत्य व पापी पुरूष का सम्मान नही कर सकते हो परन्तु इनका अपमान किया जा सकता है। आप असुर, दैत्य व पापी पुरूष का पुण्य पर आधारित गुणगान कर सकते हो।

04 शुन्य आभा - मानव के पाप व पुण्य का योग शुन्य होने पर शुन्य आभा उत्पन्न होती है। शुन्य आभा वाले मानव को सामान्य पुरूष कहते है। सामान्य पुरूष का ना तो आप सम्मान कर सकते हो ना ही अपमान कर सकते हो। सामान्य पुरूष के पाप कि आलोचना व पुण्य का गुणगान कर सकते हो। सामान्य पुरूष कि आभा का मान - 20 यम से 20 यम तक होती है। सामान्य पुरूष कि आभा इसी अन्तराल मे विचरण करती है। भारत के वर्तमान शासक वर्ग कि आभा मुख्यत ऋणात्मक रूप वाली है।

दृष्टिकोण सूत्र

01 परिभाषा - मानव का नजरिया मानव कि आत्मा का रंग हाता है, हर मानव का नजरिया अलग अलग होता है, मानव का नजरिया मानव कि आत्मा पर निर्भर करता है। मानव का नजरिया परिवर्तनशील होता है। किसी मानव के पुराने कथन को वर्तमान नजरिया मानना गलत है। मानव का नजरिया मानव के विचार व भावना पर प्रभाव डालता है। मानव के विचार नजरिये के बदल जाने पर बदल जाते है। मानव कि भावना मे भी नजरिये के बदलने का प्रभाव पडता है। मानव कि धन आत्मा मानव के नजरिये पर सकारात्मक प्रभाव डालती है। मानव अपने पापो कि आलोचना करने लग जाता है। मानव दुसरो के पुण्यो का गुणगान करता है। मानव सत् पुरूष, देवता व भगवान को सम्मान देने लग जाता है। मानव कि ऋण आत्मा मानव के नजरिये पर नकारात्मक प्रभाव डालती है। मानव अपने पापो का गुणगान करने लगता है व दुसरो के पापो का गुणगान भी करने लगता है। मानव पापी पुरूष, दैत्य व

असुर को सम्मान देता है व सत् पुरूष, देवता व भगवान का अपमान करने लग जाता है।

02 प्रभाव - मानव सुचना से विचार उत्पन्न करता है व विचार से सुचना उत्पन्न करता है। मानव के विचार नजरिये से प्रभावित होते है। अतः नजरिये का प्रभाव भी सुचना पर पडता है। आपका नजरिया सही है तो आपकी सुचना के सही होने कि संभावना बढ जाती है। यदि आपका नजरिया गलत है तो आपकी सुचना के गलत होने कि संभावना बढ जाती है। मानव का नजरिया सही होने पर मानव कि भावना के सही होने कि संभावना बढ जाती है जिसके कारण मानव के पुण्य करने कि संभावना बढ जाती है। मानव का नजरिया गलत होने पर मानव कि भावना के गलत होने कि संभावना बढ जाती है। जिसके कारण मानव के पाप करने कि संभावना बढ जाती है। मानव के विचार तर्क का कारण बनते है व मानव कि भावना कला का कारण बनती है। दृष्टिकोण का प्रभाव समाज पर पडता है या समाज मे धर्म व अधर्म का माप करके हम समाज का दृष्टिकोण पता लगा सकते है।

अध्याय 8

बुध सूत्र

01 परिभाषा - बुद्ध सुत्र का विभाजन चार भागो मे किया गया है - परम् सुत्र, सत्य सुत्र, मोक्ष सुत्र व संयम सुत्र। ज्ञान कि प्राप्ति व योग क्रिया ही बुद्ध सुत्र का मुल सिद्धांत है।

02 मोक्ष सुत्र - कर्म का मान शुन्य होता है। शुन्य कर्म का अर्थ चक्र से होता है। शुन्य कर्म मे अनंत का स्थान नही होता है। अनंत का मान शुन्य होने से भगवान का मान भी शुन्य हो जाता है। अतः भगवान का अस्तित्व इस संसार मे नही है। कर्म का मान शुन्य होने से आत्मा का मान शुन्य हो जाता है। अतः आत्मा का अस्तित्व भी नही होता है। कर्म का चक्र रूप वास्तविक होता है। चक्र से मुक्ति ही मोक्ष होती है।

03 संयम सुत्र - संयम सुत्र मे पांच संयम होते है - सत्य संयम, अहिंसा संयम, अस्तेय संयम, अपरिग्रह संयम व नशा संयम। संयम सुत्र को ही मध्य मार्ग के रूप मे जाना जाता है। सत्य मे संयम को विचार व वचन मे संयम भी कहते है। अहिंसा मे संयम को कार्य मे संयम कहते है। नशा संयम क्रिया मे संयम को दर्शाता है। अस्तेय मे संयम का अर्थ होता है संग्रहण मे संयम। अपरिग्रह मे संयम का अर्थ होता है परित्याग मे संयम।

04 सत्य सुत्र - सत्य सुत्र मे आठ सत्य को बताया गया है जिनका आभास इच्छा के कारण उत्पन्न हुए दुख से होता है। इच्छा का नाश ज्ञान से व दुख का नाश योग से किया जाता है। दृष्टि सत्य, वचन

सत्य, विचार सत्य, क्रिया सत्य, कार्य सत्य, संकल्प सत्य, धर्म सत्य, चेतना सत्य।

05 परम् दर्शन - परम् सुत्र मे दस गुण होते है जिस मानव मे ये गुण चरम सीमा पर पहुच जाते है वह मोक्ष व धर्म दोनो कि प्राप्ति कर लेता है। परम् दान, परम् चरित्र, परम् शांति, परम् शक्ति, परम् ध्यायान, परम् चेतना, परम् तर्क, परम् संकल्प, परम् बल, परम् ज्ञान। मानव इन दस गुणो कि चरम सीमा पर पहुच कर बुद्ध बन सकता है। मानव के जीवन का लक्ष्य बुद्ध बनना ही है।

शून्य सूत्र

आत्मा सूत्र

01 परिभाषा - आत्मा का मान शुन्य होता है, शुन्य को हम परिभाषित कर सकते है परन्तु यह परिभाषा माया के धन व ऋण रूप पर निर्भर करती है। अतः शुन्य कि परिभाषा माया से प्रभावित होती है। माया से प्रभावित परिभाषा पर विश्वास नही किया जा सकता है। अतः शुन्य कि परिभाषा गलत होती है। शुन्य का कोई परिणाम नही होता है, अतः आत्मा का अस्तित्व भी माया के कारण ही प्रतित होता है। इसे माया द्वारा उत्पन्न आत्मा कहते है।

02 शुन्यता - मानव को शुन्यता का आभाष होता है यह शुन्यता ही आत्मा होती है। मानव शुन्यता का आभाष ज्ञान व ध्यान से कर सकता है। मानव को शुन्यता का आभास होना ही मोक्ष का क्षणिक रूप होता है। मानव के मन का मानव धन, ऋण व शुन्य होता है जो हर क्षण बदलता है। मानव के मन का मान शुन्य होता है इसे ही मोक्ष का क्षणिक रूप माना गया है। मन का अस्तित्व होता है परन्तु मन भी माया का ही एक रूप है। अतः शुन्यता माया के द्वारा ही उत्पन्न होती है। अतः आत्मा का वास्तविक होने का कोई प्रमाण नही है।

03 कर्म - मानव को कर्म से मुक्ति मृत्यु पर ही प्राप्त होती है, संसार का कर्म चक्रिय होता है, यह चक्र माया कि ऊर्जा से गतिमान होता है। माया कि ऊर्जा मे परिवर्तन कर्म मे परिवर्तन का सुचक होता है। कर्म का मान कभी भी शुन्य नही होता है तथा कर्म चक्र ही वास्तविक चक्र का

मायावी रूप होता है। कर्म का मान शुन्य न होना आत्मा के अस्तित्व को नकारता है।

04 धर्म - मानव किस कर्म को धर्म मानता है व किस कर्म को अधर्म मानता है। यह मानव के ज्ञान व माया कि छाया पर निर्भर करता है। मानव का ज्ञान यदि माया कि छाया को नष्ट कर दे तो वह धर्म कि पहचान कर सकता है। मानव धर्म कि पहचान कर अपने कर्म को पाप व पुण्य दो रूप मे बाट सकता है। धर्म मे आत्मा का मान शुन्य होता है, धर्म के सिर्फ दो रूप होते है धर्म के शुन्य रूप का अस्तित्व नही है।

कर्म सूत्र

01 परिभाषा - कर्म चक्र को चार भाग मे विभाजित किया जा सकता है। क्रिया चक्र, कार्य चक्र, वचन चक्र व विचार चक्र। मानव का ज्ञान व ध्यायान इन चक्रो से मुक्ति का मार्ग होते है। जब मानव कर्म चक्र कि माया कि छाया को अपने ज्ञान व ध्यायान से नष्ट कर देता है तो मानव मोक्ष कि प्राप्ति कर लेता है। पाप व पुण्य इस चक्र कि माया का रूप होते है। स्वर्ग व नरक भी इस चक्र कि माया का रूप होते है। भगवान व असुर भी इस चक्र कि माया का रूप होते है।

02 क्रिया चक्र - मानव द्वारा हर क्षण कोई ना कोई क्रिया अवश्य कि जाती है। मानव अपनी क्रिया का परित्याग नही कर सकता है ज्ञान व ध्यान भी क्रिया का ही एक रूप है। मानव कि क्रिया का संचालन माया कि ऊर्जा से किया जाता है। मानव कि मृत्यु इस माया कि ऊर्जा के नष्ट होने के कारण होती है। ज्ञान व ध्यान से माया कि ऊर्जा नष्ट हो जाति है तथा मानव को मोक्ष कि प्राप्ति हो जाती है। यह मोक्ष माया के ज्ञान व ध्यायान का रूप होता है।

03 कार्य चक्र - मानव कार्य चक्र से आराम ले सकता है, मानव के आराम के समय कार्य चक्र कि माया नष्ट हो जाती है। मानव के कार्य करने पर यह माया फिर से उत्पन्न हो जाती है। मानव का कार्य धन व

ऋण कर्म का निर्माण करता है, मानव का कार्य शुन्य कर्म का निर्माण नही करता है। अतः मानव आराम द्वारा मोक्ष कि प्राप्ति कर सकता है।

04 वचन चक्र - मानव के वचन, धन कर्म व ऋण कर्म का सुचक होते है, मानव के वचन कभी कभी उत्पन्न होते है लगभग मानव के वचन शांत ही रहते है। मानव के वचन माया का रूप होते है तथा मानव का वचनों का प्रयोग ना करना मानव के मोक्ष के क्षण का सुचक होता है। मानव का कम बोलना अधिक क्षणो तक मोक्ष कि प्राप्ति करा सकता है।

05 विचार चक्र - जागृत अवस्था मे मानव के विचार माया के रूप होते है, शयन अवस्था मे विचार का ना होना ही मोक्ष होता है। मानव तंत्र कि विचारो से मुक्ति ही मोक्ष कहलाता है।

दुःख सूत्र

01 परिभाषा - मानव का दुख ही मानव कि वास्तविकता का प्रमाण है, मानव का सुख मानव को माया के जाल मे फंसा देता है। मानव का दुख मानव कि चेतना को जागृत करता है। मानव का सुख मानव कि चेतना पर माया कि छाया डाल देता है। मानव के दुख से शांति का रास्ता ही मानव को मोक्ष प्राप्त करा सकता हैं। मानव के सुख से शांति का रास्ता मानव को शांति से दुर ले जाता है। मानव का दुख चिंता का रूप नही होता है।

02 चिंता व आनंद - मानव का दुख व सुख मानव कि आत्मा पर निर्भर करते है व मानव कि चिंता व आनन्द मन पर निर्भर करते है। मानव परम् दुख कि प्राप्ति कर मोक्ष कि प्राप्ति कर सकता है, मानव परम् सुख कि प्राप्ति कर भी मोक्ष को प्राप्त कर सकता है। परन्तु परम् सुख प्राप्त करना आसान नही होता है, माया इसके रास्ते का सबसे बडा अवरोध होती है। दुख का कारण माया होती है अतः माया दुख को गति देती है अतः परम् दुख कि प्राप्ति करना आसान होता है।

03 ईच्छा - जहां पर दुख है वहां पर ईच्छा है तथा जहां पर ईच्छा है वहां पर दुख होता है। दोनो का जन्म व मृत्यु एक साथ होती है। दोनो को अलग करना असंभव है अतः मानव ईच्छा का अतः कर के दुख का भी अतः कर सकता है। ईच्छाओ का अंत करने के लिए मानव दुख कि ताकत का प्रयोग करता है। बिना दुख कि ताकत से ईच्छाओं का अंत नही हो सकता है। ईच्छाओं का अंत करने का मार्ग कठिन होता है, इसका सबसे बडा बाधक चिंता होती है। मानव का मन दुख को चिंता मे बदल देता है, जिसके कारण मानव परम् दुख कि प्राप्ति नही कर पाता है। चिंता मानव कि चिता के समान होती है। इस कारण से मानव दुख के मार्ग पर चलना पसन्द नही करता है। मानव को सुख के मार्ग पर चलना पसन्द होता है मानव का मन मानव के सुख को आनन्द मे बदल देता है, मानव को कभी भी परम् सुख कि प्राप्ति नही हो सकती है। अतः मानव सुख से कभी भी मोक्ष कि प्राप्ति नही कर सकता है। मानव अपनी ईच्छाओं का नाश करके चिंता का नाश भी कर सकता है।

भगवान सूत्र

01 परिभाषा - अनंत का रूप ही भगवान होता है, अनंत को हम आकाश तत्व के रूप मे जानते है। आकाश को हम स्थान के रूप मे जानते है, स्थान ही भगवान है, स्थान का अस्तित्व ना होना भगवान के अस्तित्व के ना होने का प्रमाण होता हैं। अनंत एक अस्तित्व हीन परिकल्पना है, अनंत कि ना तो परिभाषा होती है ना ही कोई प्रमाण होता है। अनंत माया द्वारा रचित एक परिकल्पना का ही रूप है।

02 भक्ति व ज्ञान - वह मानव जो भगवान को मानता है वह भक्ति के द्वारा मोक्ष कि प्राप्ति कि बात करता है। वह मानव जो भगवान को नही मानता है वह ज्ञान कि बात करता है। वह मानव जो एक ही भगवान को मानता है वह बलिदान कि बात करता है। वह मानव जो स्वर्ग को मानता है वह सेवा व सहायता कि बात करता है। मानव भक्ति, ज्ञान, बलिदान व सेवा - सहायता कि बात करता है।

03 पुजा व ध्यान - मानव जो पुजा से मानव मोक्ष कि प्राप्ति की बात करता है। मानव जो ध्यान से मोक्ष कि प्राप्ति कि बात करता है। मानव जो एकता से मोक्ष कि प्राप्ति कि बात करता है। मानव जो दान व क्षमा से मोक्ष कि प्राप्ति कि बात करता है। मानव पुजा, ध्यान, एकता व दान - क्षमा से मोक्ष कि प्राप्ति कर सकता है।

04 परम्परा व बदलाव - वह मानव जो अपनी समुह कि विरासत मे बदलाव को स्वीकार नही परता है। वह मानव जो अपने समुह कि विरासत मे बदलाव को स्वीकार कर लेता है। वह मानव जो अपने समुह कि विरासत मे बदलाव को नष्ट करने का प्रयास करता है। वह मानव जो अपने समुह कि विरासत मे बदलाव का प्रयास करता है।

05 प्रथा व तर्क - प्रथा विस्वास व श्रद्धा पर निर्भर करती है। प्रथा विरोध करने के परिणाम का नकारात्मक होने से ताकत लेती है। प्रथा भावना व पहचान कि माया का रूप होती है। तर्क अविस्वास व ज्ञान का रूप होता है। तर्क निडरता का एक रूप होता है जो परिणाम कि चिंता नही करता है। तर्क भावना व पहचान कि माया को नष्ट करता है।

संयम सूत्र

अस्तेय सूत्र

01 परिभाषा - मानव का नशा संयम मानव कि क्रिया पर निर्भर करता है तथा मानव कि क्रिया मानव के स्वभाव व व्यवहार पर निर्भर करती है। मानव अपने स्वभाव व व्यवहार मे संयम स्थापित कर क्रिया मे संयम कि स्थापित कर सकता है। मानव कि क्रिया मे संयम से मानव नशे मे संयम को स्थापित कर सकता है।

02 स्वभाव मे संयम - स्वभाव मे संयम चार प्रकार से स्थापित किया जा सकता है - शांत स्वभाव, मिलनसार स्वभाव, सकारात्मक स्वभाव, मेहनती स्वभाव। मानव का स्वभाव शांत होने से मानव के स्वभाव मे संयम उत्पन्न होता है अधिक बोलना मानव के स्वभाव मे संयम कि बाधा का कार्य करता है। मानव का मिलनसार होना मानव के समाजिक बंध को मजबुत करता है जो मानव के स्वभाव मे संयम का कारण बनता है। एकांकी स्वभाव मानव के स्वभाव मे संयम कि बाधा होती है। सकारात्मक स्वभाव मानव को समाज से जोडता है जो स्वभाव मे संयम का कारण बन जाता है। नकारात्मक स्वभाव मानव के स्वभाव मे संयम कि बाधा है। मेहनती होना मानव के मित्रो कि संख्या को बढाता है जो स्वभाव मे संयम का कारण बनता है।

03 व्यवहार मे संयम - व्यवहार मे संयम चार प्रकार से स्थापित किया जा सकता है - प्रेम से, सेवा से, सहायता से व समझ से। मानव प्रेम के द्वारा व्यवहार मे संयम स्थापित कर सकता है, नफरत व्यवहार मे

संयम कि बाधा होती है। सेवा मे संयम से मानव व्यवहार मे संयम कि स्थापना कर सकता है, भोग व्यवहार मे संयम कि बाधा का कार्य करता है। सहायता करना व्यवहार मे संयम को स्थापित करता है, षडयंत्र करना व्यवहार मे संयम मे बाधा का कार्य करता है। मानव का समझदार होना मानव के स्वभाव मे संयम का कारण होता है, मानव कि नासमझी व्यवहार मे संयम को कम कर देती है। व्यवहार व स्वभाव मे संयम से मानव नशे से मुक्ति पा सकता है या नशे मे संयम को स्थापित कर सकता है। मानव का नशे से मुक्ति पाना या मानव का नशे पर नियंत्रण कि स्थापना करना ही अस्तेय कहलाता है।

अहिंसा सूत्र

01 परिभाषा - मानव अहिंसा से सफलता कि प्राप्ति कर सकता है, मानव अहिंसा से मानव अधिकारो कि रक्षा कर सकता है, मानव अहिंसा से समाज मे शोषण को रोक सकता है। मानव अहिंसा के द्वारा आजाद हो सकता है। मानव अहिंसा से स्थिर सफलता प्राप्त करता है तथा मानव अधिकारो कि लम्बे समय तक रक्षा कर सकता है, अहिंसा शोषण रहित समाज का आधार होता है, मानव अहिंसा से सभी प्रकार कि गुलामी से लम्बे समय तक आजाद हो सकता है। अहिंसा से सफलता धीरे धीरे प्राप्त कि जाती है आप चाहकर भी सफलता कि रफतार को नही बढा सकते हो। मानव के सम्पुर्ण अधिकारो कि रक्षा अहिंसा से नही कि जा सकती है, मानव को कुछ अधिकारो को त्यागना पड़ता है। मानव अहिंसा से सभी को शोषण से मुक्त नही कर सकता है जो शोषण से मुक्त होते है वह अन्य का शोषण करने लग जाते है। मानव कभी भी अहिंसा से पुर्ण आजादी नही प्राप्त कर सकता है। मानव को हिंसा व शोषण कि ताकतों से समझौता करना पडता है, भारत ने भी आजादी के समय यह समझौता किया था।

02 रूप - मानव हिंसा के द्वारा आसानी से सफलता कि प्राप्ति कर सकता है। मानव आसानी से अपने मानव अधिकारो कि रक्षा कर सकता

है जिससे मानव एक मुक्त जीवन जी सकता है। मानव आसानी से अपने को शोषण से मुक्त करा सकता है। मानव को सम्पुर्ण आजादी कि प्राप्ति हो सकती है। हिंसा से प्राप्त सफलता ज्यादा समय तक नही रहती है यह सफलता आपके प्राण भी ले सकती है। हिंसा से प्राप्त सफलता समाज के विनाश का कारण बनती है। हिंसा से आप अन्य लोगो के मानव अधिकारो कि बलि चढा देते हो, समाज के लोगो के मानव अधिकार नष्ट हो जाते है। हिंसा से शोषण कि सुरुआत होती है तथा यह शोषण धीरे धीरे विकराल रूप धारण कर लेता है। हिंसा से आजादी कि प्राप्ति वास्तविक आजादी नही होती है, मानव गुलाम ही बना रहता है। अहिंसा प्रेम, सत्य, त्याग व विकास का रूप धारण कर लेती है तथा हिंसा नफरत, झुठ, संग्रहण व विनाश का रूप धारण कर लेती है।

अपरिग्रह सूत्र

01 परिभाषा - मानव अपरिग्रह संयम को दो प्रकार से स्थापित कर सकता है - संग्रहण संयम व परित्याग संयम। जब मानव संग्रहण मे संयम व परित्याग मे संयम को स्थापित कर लेता है तो वह अपरिग्रह मे संयम को स्थापित कर लेता है।

02 संग्रहण संयम - मानव को अपनी आवश्यकता के अनुसार ही संग्रहण करना चाहिए। मानव कि आवश्यकता माया के प्रभाव मे आकार बढती जाती है। मानव का आवश्यकता से अधिक संग्रहण मानव को लालची बना देता है, मानव अपनी आवश्यकता कि पुर्ति के लिए जो कि आवश्यता नही होती है माया का रूप होती है, अन्य लोगो कि आवश्यकताओ कि बलि चढा देता है। मानव को कभी भी भ्रष्टाचार नही करना चाहिए, भ्रष्टाचार का धन कुधन होता है जो समाज के लिए घातक होता है जो समाज कि वित्तिय समानता मे बाधा का कार्य करता है। मानव को धन का लोभ पीड़ा देता है, मानव ना चाहकर भी जलन का शिकार हो जाता है।

03 परित्याग संयम - मानव को दान करना बहुत जरूरी होता है दान व परित्याग मे अंतर होता दान मे मानव अपनी आवश्यकताओ कि कुर्बानी नही देता है, मानव अपनी आवश्यकता कि पुर्ति के बाद धन का दान करता है ना कि अपना पेट काटकर दान करता है। मानव जब अपनी आवश्यता को नजरअंदाज कर दान देता है तो इस दान को परित्याग कहते है। मानव अपना पेट काट कर दान करता है तो यह दान परित्याग होता है। परित्याग से समाज मे एकता व भाईचारा बढता है। मानव को त्याग करना चाहिए ताकि मानव अपने पाप को नष्ट कर सके, मानव को परित्याग करना चाहिए ताकि तानव अपने लिए पुण्य का अर्जन कर सके। परित्याग समाज के लिए ज्यादा श्रेष्ठ होता है तथा त्याग, संग्रहण का ही विपरीत रूप है जो समाज मे उत्पन्न हुए पाप को कम करने का माध्यम होता है। दान का दिखावा करना दान नही होता संग्रहण होता है। मानव को हमेशा गुप्त दान ही करना चाहिए ताकि उस दान का आपको कोई भी फल प्राप्त ना हो सके।

सत्य सूत्र

01 परिभाषा - सत्य मे संयम कि स्थापना वचन मे संयम व विचार मे संयम से कि जा सकती हैं। मानव के वचन व विचार संयुक्त रूप से सत्य को दर्शाते है। मानव के वचन व विचार ही सत्य कि पहचान होते है।

02 वचन संयम - वचन मे संयम चार प्रकार से स्थापित किया जा सकता है। सत्य वचन बोलने का प्रयास करना, मानव सत्य वचन इस कारण नही बोलता क्योकि वह सत्य वचन के परिणाम से डरता है। मानव के सत्य वचन का परिणाम स्वयं व परिवार के लिए नकारात्मक हो सकता है लेकिन समाज के लिए इसका परिणाम सकारात्मक होता है। मानव का झूठ बोलना स्वयं व परिवार को लाभ दे सकता है परन्तु समाज के लिए हानी ही उत्पन्न करता है। मानव के वचन मधुर होने चाहिए ताकि अन्य मानव को आपके वचन से शांति मिल सके। मानव

के वचन जीतने ज्यादा शुद्ध होगे मानव के वचन उतने ही स्पष्ट होगे जो मानव के ज्ञान के विस्तार को बढ़ा सकते है। मानव के वचन जितने ज्यादा सम्मानजनक होगे अन्य मानव को उतने ही आनन्द कि प्राप्ति होगी। मानव के अपमानजनक वचन अन्य मानव को चिंता मे डाल सकते है।

03 विचार संयम - मानव के विचार चार प्रकार से संयम कि प्राप्ति कर सकते है - परोपकार, तर्क, चतुरता व कल्पना। मानव का दुसरे मानव कि सहायता करना परोपकार कहलाता है। मानव जब किसी अन्य मानव कि सहायता करता है तो मानव के विचार मे संयम उत्पन्न होता है। मानव का तर्क कौशल मानव के विचार मे संयम उत्पन्न करता है यदि आपका तर्क कौशल अच्छा नही है तो आप विचार मे संयम स्थापित नही कर सकते हो। मानव कि चतुरता मानव के विचार मे संयम स्थापित करती हैं। मानव का भोलापन मानव के विचार मे संयम मे बाधक का कार्य करता है। मानव का कल्पनाशील होना मानव मे विचार मे संयम को जन्म देता है। मानव का कल्पनाविहिन होना मानव के विचार मे संयम कि बाधा बन सकता है।

अनंत सूत्र

धर्म सूत्र

01 परिभाषा - धर्म का ना अन्त होता है ना ही प्रारम्भ होता है धर्म का अस्तित्व सदा विद्यमान रहता है। धर्म का प्रभाव समय के साथ बदलता रहता है परन्तु धर्म के प्रभाव को चरण बध कर अलग अलग काल मे बाटना गलत है। सत्य युग, त्रेता युग, द्वापर युग व कलि युग आदि को कल्प काल खण्ड मे बांटना झुठ का प्रमाण होता है या झुठ पर विश्वास करना होता है, इनका कर्म स्थान के अनुसार बदलता है ना कि समय के अनुसार बदलता हैं। राम का जन्म त्रेता युग मे हुआ व कृष्ण का जन्म द्वापर युग मे हुआ। त्रेता युग मे धर्म कि मात्रा 50 यम से 75 यम तक थी। द्वापर युग मे धर्म कि मात्रा 20 यम से 50 यम तक थी। राम के जन्म स्थान पर धर्म कि मात्रा, कृष्ण के जन्म स्थान कि तुलना मे अधिक थी, इससे यह सिद्ध नही होता कि राम का जन्म कृष्ण के जन्म से पहले हुआ था। वर्तमान भारत मे कलियुग है परन्तु वर्तमान संसार के किसी दुसरे देश मे द्वापर युग हो सकता है। मानव समाज स्वयं ही युगो का निर्माण करता है यदि वर्तमान भारत के लोग धर्म के रास्ते पर चलने लग जाए तो वर्तमान भारत सत्य युग मे स्वतः ही प्रवेश कर जाएगा। धरती के विनाश करके सत्य युग मे प्रवेश का कोई प्रमाण नही है।

02 संकल्प - मानव का प्रण लेना मानव समाज को बदल सकता है, प्राण जाय पर वचन ना जाए कि परम्परा को फिर से जगा कर हम सत्य से

युक्त समाज का निर्माण करते है। मानव कि कथनी व करनी मे अन्तर होना ही मानव समाज मे अविश्वास को उत्पन्न करता है जो कि समाज के विनाश व दुखो का कारण बनता है। मानव का संकल्प, धर्म संगत होना बहुत जरूरी होता है जिसके कि मानव को पहले धर्म कि पहचान करना जरूरी होता है। मानव का धर्म संगत संकल्प ही मानव समाज को विकास कि ओर ले जा सकता है। आदर्श समाज का निर्माण धर्म संगत संकल्प से ही होता है। अधर्म संगत संकल्प लेना मानव समाज का विनाश ही करता है, मानव समाज मे अधर्म कि जीत का कारण बनता है। संकल्प लेने से पहले धर्म का ज्ञान होना जरूरी होता है। संकल्प से डर व स्वार्थ के कारण पीछे हटना पाप कि श्रेणी मे आता है

विचार सूत्र

01 परिभाषा - वचन का सत्य होना वचन के सम्मान जनक होने से ज्यादा जरूरी होता है। कटु वचन यदि सत्य है तो वह वचन झूठ के मधुर वचन से भी ज्यादा गुणकारी होता है। सत्य वचन अस्पष्ट होना या अशुद्ध होना सही है ना कि झूठ के वचन का स्पष्ट होना या शुद्ध होना। वचन कि सत्यता विकार नही उपचार है मानव को यह सत्य स्वीकार कर लेना चाहिए। मानव सदा झूठ अपने स्वार्थ के लिए बोलता है ना कि परिवार के स्वार्थ के लिए। यदि किसी झूठ को आप बार बार बोलते हो तो वह सत्य लगने लग जाता है। यदि उसी झूठ को अलग अलग लोगो द्वारा बोला जाता है तो वह झूठ, सत्य बन जाता है तथा सत्य, झूठ का रूप धारण कर लेता है। मानव समाज ने सुचना तंत्र का विस्तार करके झूठ को सत्य मे बदलने को बहुत आसान कर दिया है। मानवो द्वारा बोले गए झूठ कि संख्या व्यक्ति विशेष द्वारा बोले गए झूठ कि संख्या व समाज मे झूठ बोलने वाले लोगो कि संख्या का गुणफल होता है। आधुनिक संचार तंत्र कलि का ही रूप है। भारत के वर्तमान सनकी व जौकर शासक वर्ग कि जीत का कारण भी झूठ के जाल का समाज

मे फेल जाना ही है। वर्तमान भारत मे सच्च झूठ बन सुका है व झूठ सच्च बन चुका है।

02 विचार - मानव के विचार भी वर्तमान भारत मे सत्य व झूठ कि पहचान नही कर पा रहे, जो मानव सत्य कि पहचान कर भी लेता है तो संचार तंत्र के प्रभाव द्वारा उस मानव कि बात को ही झुठा घोषित कर दिया जाता है। आज का मानव बहुत सारे झूठ के विचारो से घिरा हुआ है। मानव धर्म को पंथ बना चुका है, मानव कार्य को जाति का रूप दे चुका है। नस्ल को संस्कृति से जोड चुका है। विरासत व संस्कृति का भेद भुल चुका है। मानव भुतकाल को खराब मान कर वर्तमान को भी खराब करने का प्रयास कर रहा है, मानव का भुतकाल को खराब या अच्छा मानना गलत है। मानव भुतकाल से शिक्षा ग्रहण करता है, मानव का भुतकाल के कर्म का बदला वर्तमान काल मे लेना मानव को विनाश कि तरफ ले जाता है। भविष्य के लक्ष्य का बिना सफल योजना के दावा करना झूठ का ही एक रूप है। भुत व भविष्य ही भारत का विनाशक है।

कर्म सूत्र

01 परिभाषा - मानव क्रिया करता है तो उसकी प्रतिक्रिया अवश्य होती है, मानव कि क्रिया का परिणाम स्वयं पर, परिवार पर व समाज पर पडता है। मानव कि क्रिया का प्रभाव सिर्फ स्वयं पर नही पड़ता है मानव को यह बात समझना बहुत जरूर है। मानव के पुण्य का फल स्वयं को, परिवार को व समाज को किसी को भी मिल सकता है। मानव के पाप का फल स्वयं को, परिवार को व समाज को किसी को भी मिल सकता है। शासक का पाप का फल जनता को मिलता है व शासक के पुण्य का फल भी जनता को मिलता है। मानव अपनी क्रिया से मुक्ति नही पा सकता है, प्राणी को कोई ना कोई क्रिया तो अवश्य करनी पडती है, मानव मोक्ष कि प्राप्ति पर भी क्रिया से मुक्ति नही पा सकता है। मानव ही हर क्रिया का परिणाम अवश्य होता है। यह परिणाम ही भविष्य का निर्माण करता हैं। भविष्य शुन्य का रूप होता है, मानव वर्तमान का

अध्ययन कर भविष्य के बारे मे बता सकता है। भविष्य मे पहले से सब कुछ लिखा होता है के सिद्धांत को मानना मुर्खता का कारण बनता है।

02 कार्य - मानव कार्य धन कि प्राप्ति के लिए करता है ताकि मानव अपने जीवन कि आवश्यताओ कि पुर्ति कर सके, मानव कि आवश्यकता मानव के धन पर निर्भर करती है, मानव के पास जीतना अधिक धन होगा मानव कि आवश्यकता उतनी ही अधिक होगी। मानव कि मुल आवश्यकता भोजन, वस्त्र, मकान व परिवहन होती है। मानव कि प्रमुख आवश्यकता शिक्षा

स्वास्थ्य, मनोरंजन होती है। मानव कि अन्य आवश्यकता सुचना, आराम, सुन्दरता, लोकप्रियता होती है। मानव कुछ आवश्यकता कि पुर्ति धन से करता है व कुछ आवश्यकता कि पुर्ति बल से करता है। मानव को धन कि प्राप्ति का जरिया रोजगार होता है व मानव का बल कि प्राप्ति का जरिया समाज कि आवश्यकताओ कि समझ से होता है। मानव के लिए मायावी आवश्यकताओ का उत्पन्न कर बल व धन कि प्राप्ति करना गलत होता हैं। पंथ, जाति, क्षेत्र व शरीर के रूप मे मायावी आवश्यकता उत्पन्न कि जा सकती है। मानव कि आवश्यकताएं ही मानव को कार्य करने के लिए प्रेरित करती है।

चेतना सूत्र

01 परिभाषा - मानव का नजरिया मानव को सत्य कि पहचान करने मे मदद करता है, मानव का नजरिया मानव को माया कि छाया से दुर रखता है। मानव का नजरिया जैसा होगा मानव को संसार वैसा ही दिखाई देगा। आपका नजरिया माया के प्रभाव मे आकर सत्य को झुठ मे व झुठ को सत्य मे बदल देता है। मानव का नजरिया सकारात्मक होना चाहिए, जोकि मानव के मन को शांत कर सकता है। हम झुठ के शीतल पानी से मन को शांत कर सकते है, परन्तु सत्य कि आग आपके मन को अशांत कर देगी जिसे झुठ का शीतल पानी भी शांत नही कर

सकेगा। सत्य का अमृत मन को आनन्द कि अनुभूति कराता है। मानव का नजरिया नकारात्मक होना गलत होता है जो मन को अशांत कर सकता है, परन्तु सत्य का अमृत इस मन कि अशांती को स्वतः ही शांत कर देता है। झुठ कि आग इस अशांत मन को ओर अशांत का सकती है तब जब सत्य कि आग प्रकट होती है।

02 जागृति - मानव कि चेतना मानव को कर्म करने के लिए प्रेरित करती है, मानव कि चेतना का जागृत होना बहुत जरूरी होता है बिना चेतना के मानव का नजरिया प्रभावहीन होता है। मानव कि चेतना मानव का झुठ से मुकाबला करने कि क्षमता का सुचक होती है। मानव बिना चेतना के झुठ से मुकाबला नही कर सकता है। आपकि चेतना आपके शोषण कि सीमा को पार करने पर जागृत होती है तो यह गलत है। यदि आपकी चेतना आपकी असफलता के बाद भी नही जागती है तो यह आपकी फिर से असफलता का कारण बन सकती है। मानव का मोह व डर मानव कि चेतना कि जागृति मे बाधा उत्पन्न करता है। मानव कि चेतना मानव के डर व मोह के कारण शयन अवस्था मे चली जाती है। मानव का अत्याचार, अन्याय व झुठ को सहन करते रहना आपकी चेतना का शयन अवस्था मे होने का प्रमाण होता है। चेतना का शयन मानव के मरण के समान होता है। मानव विरोध व आलोचना के मार्ग पर चलकर अपनी चेतना का जागृत कर सकता है। विरोध, आलोचना मानव कि चेतना के प्राण होते है। गुणगान, चापलुसी मानव कि चेतना को नष्ट करते है।

संतोष सूत्र

तप सूत्र

01 परिभाषा - मानव का ज्ञान 6 अव्यवों पर निर्भर करता है - सुचना, तर्क, कौशल, कला, नजरिया व अनुभव। मानव इन 6 अव्यवों का परम् ज्ञान प्राप्त करके परम् ज्ञान कि प्राप्ति कर सकता है। मानव कि सुचना का पुर्ण सत्य होना परम् सुचना ज्ञान होता है, मानव के तर्क का पुर्ण रूप से सही होना परम् तर्क ज्ञान होता है। मानव के कौशल का शिखर पर होना परम् कौशल ज्ञान होता है। मानव कि कला का शिखर पर होना परम् कला ज्ञान होता है। मानव के नजरिये का सदा सत्य होना परम् नजरिया ज्ञान होता है। मानव के अनुभव का सदा सत्य होना परम् अनुभव ज्ञान होता है। मानव कि सुचना का पुर्ण रूप से झुठ होना संभव नही है। मानव के तर्क का पुर्ण रूप से गलत होना संभव नही है। मानव मे कोई भी कौशल ना होना संभव नही है। मानव मे कोई भी कला नही होना संभव नही है। मानव का नजरिया सदा असत्य होना संभव नही है। मानव का अनुभव सदा गलत होना संभव नही है।

02 परम् ध्यायान - मानव के कर्म का शुन्य होना परम् ध्यायान होता है, मानव के कर्म का शिखर पर होना संभव नही होता है। मानव के कर्म के चार तत्व होते है - वचन, विचार, क्रिया व कार्य। मानव ध्यान से वचन को शुन्य कर सकता है। मानव ध्यायान से विचार को शुन्य कर सकता है, मानव ध्यायान से कार्य को शुन्य कर सकता है परन्तु मानव तन व तंत्र कि क्रिया को शुन्य नही कर सकता है। मानव ध्यायान से मन

व आत्मा कि क्रिया को शुन्य कर सकता है। मन व आत्मा कि क्रिया को शिखर पर ले जाना संभव नही है। तन व तंत्र कि क्रिया को शिखर पर ले जाना संभव नही है। मानव का सदा बोलते रहना व लिखते रहना संभव नही है। मानव का सदा विचारवान रहना संभव नही है। मानव का सदा कार्य करते रहना संभव नही है। मानव ध्यायान के द्वारा कर्म के शुन्य मार्ग पर चल सकता है परन्तु शुन्य मार्ग के अंतिम छोर पर पहुँचना असंभव है। मानव के कर्म के शुन्य मार्ग का अंतिम छोर नही होता है। मानव ध्यायान से परम् शांति को प्राप्त कर सकता है। मानव को ध्यायान करने का अभ्यास करना चाहिए।

त्याग सूत्र

01 परिभाषा - स्वयं के द्वारा प्राप्त अर्थ का पुर्ण रूप से दान कर देना परम् दान कहलाता है। मानव अपने अर्थ का पुर्ण रूप से दान संयास को ग्रहण करके ही कर सकता है। मानव के संयास का संबंध ब्रह्मचार्य से नही होता है। मानव के पास अर्थ बल नही होना व मानव के पास अर्थ धन नही होना मानव के परम् दान को दर्शाता है। मानव के पास पुरूष बल व प्रकृति धन तो विद्यमान रहता है। मानव पुरूष बल व प्रकृति धन से अपने परिवार का पालन पोषण व रक्षा कर सकता है। मानव का ब्रह्मचारी होना संयास के लिए जरूरी नही होता है।

02 परम् रूप - मानव के चरित्र का सही व गलत होना, मानव के व्यवहार के सही व गलत होने का एक रूप होता हैं। मानव के आचरण का शिष्ट व भ्रष्ट होना मानव के के चरित्र के शिष्ट व भ्रष्ट होने का रूप होता है। मानव के व्यवहार का सही व गलत होना मानव के स्वभाव पर निर्भर करता है। मानव के चरित्र का शिष्ट व भ्रष्ट होना मानव कि ईच्छा पर निर्भर करता है। मानव का स्वाभिमान व अभिमान मानव कि पहचान पर निर्भर करता है। मानव का चरित्र पुर्ण रूप से भ्रष्ट नही हो सकता है। मानव का व्यवहार पुर्ण रूप से गलत नही हो सकता है। मानव पुर्ण रूप से अभिमानी नही बन सकता है।

03 परम् शांति - मानव के मन का मान शुन्य होने पर शांति मिलती है, मन कि शांति को आप मोक्ष के द्वारा परम् शांति मे बदल सकते हो। मानव का मन सदा के लिए शुन्य नही रहता है। मन के मान को सदा के लिए शुन्य करने का एक मार्ग है वो है परम् ज्ञान कि प्राप्ति कर के। मानव कि आत्मा का मान शुन्य होता है। परम् ज्ञान कि प्राप्ति के बाद परम् ध्यायान द्वारा परम् शांति के शिखर पर पहुचा जा सकता है। परम् ज्ञान व परम् ध्यायान ही मानव कि शांति व परम् शांति के अस्त्र होते है। परम् अशांति मानव के मन के विचलन का शिखर पर पहुँच जाने पर प्राप्त होती है। मानव मन के विचलन के शिखर पर नही पहुँच सकता है। मानव कि मृत्यु परम् शिखर से पहले ही हो जाती है। मानव त्याग के मार्ग पर चलकर शांति कि प्राप्ति कर सकता है।

तर्क सूत्र

01 परिभाषा - मानव शोषण, अन्याय व अत्याचार के विरूध जंग छेड़ कर परम् चेतना को प्राप्त कर सकता है। मानव का शोषण, अन्याय व अत्याचार को सहन करना मानव कि चेतना के क्षीण होने का परिणाम होता है। मानव का शोषण, अन्याय व अत्याचार के पक्ष मे युद्ध लडना या साथ देना भी आपकी चेतना कि जागृति का प्रमाण होता है। मानव कि चेतना 6 प्रकार कि होती है दुष्ट चेतना, राक्षस चेतना व असुर चेतना, सत् पुरूष चेतना, देव चेतना व सुर चेतना। मानव धन चेतना के शिखर पर पहुच सकता है परन्तु मानव ऋण चेतना के शिखर पर नही पहुच सकता है। मानव के पास हर प्रश्न का उत्तर होना व आपके उत्तर का शुन्य विरोध होना मानव के तर्क का परम् स्तर होता है। मानव के पास हर प्रश्न का उत्तर मिलना संभव है परन्तु हर उत्तर का प्रश्न मिलना संभव नही होता है। मानव प्रश्न का कारण नही जान सकता है, मानव का प्रश्न का कारण जानना संभव नही होता है। मानव के तर्क का विरोध होने पर मानव का क्रोध मे आना मानव के तर्क के गलत होने का प्रमाण होता है। मानव का तर्क संतोष व संयम का ही एक रूप होता है।

02 संकल्प - मानव का धर्म व सत्य के लिए संकल्प लेना तथा धर्म व सत्य कि रक्षा के लिए हर संभव प्रयास करना परम् संकल्प होता है। मानव का अधर्म व असत्य के लिए संकल्प लेना तथा अधर्म व असत्य कि रक्षा के लिए हर संभव प्रयास करना परम् संकल्प का ऋण रूप होता है। मानव कभी भी परम् संकल्प के ऋण रूप को प्राप्त नही कर सकता है। मानव का माया के प्रभाव मे आकर संकल्प का त्याग करना गलत है या तो मानव प्रण ना ले यदि मानव प्रण लेता है तो मानव को उस प्रण को पुरा करने का हर संभव प्रयास करना चाहिए। मानव का असफल होने के दो कारण होते है मानव का प्रण नही लेना व मानव का प्रण लेने के बार पुरा प्रयास नही करना। मानव कि असफलता परिस्थित पर भी निर्भर करती है परन्तु उसका नियंत्रण आपके पास नही होता है। संकल्प आपको हर सयम आशा कि किरण प्रदान करता है।

आवश्यकता सूत्र

01 परिभाषा - मानव का बल मानव के तन, मन, तंत्र व आत्मा पर निर्भर करता है। मानव के मन का कम विचलन मानव के मन के बल का सुचक होता है। मानव के तन मे विकार ना होना मानव के तन के बल का सुचक होता है। मानव के तंत्र मे विकार ना होना मानव के तंत्र के बल का सुचक होता है। मानव कि आत्मा कि आभा का प्रभावशाली होना मानव के आत्मा के बल का सुचक होता है। मानव के मन का विचलन चिंता व आनन्द का कारण बनता है। मानव के लिए मन का चिंता विचलन घातक होता है जो कि तन व तंत्र मे विकार उत्पन्न कर सकता है। मानव के मन का आनन्द विचलन स्वास्थ्य कारक व मनोरंजक होता है, जो मानव के तन व तंत्र के विकार को दुर कर सकता है। मानव कि आत्मा कि ऋण आभा घातक होती है जो समाज मे पाप का विस्तार करती है। मानव कि आत्मा कि धन आभा स्वास्थ्य कारक होती है जो समाज मे धर्म को स्थापित करती है।

02 शक्ति - मानव कि शक्ति मानव के धर्म, अर्थ, काम व मोक्ष पर निर्भर करती हैं। मानव के धर्म का बल ही मानव के धर्म कि शक्ति होती है। मानव का अधर्म का बल मानव के अधर्म कि शक्ति होती है। मानव के अर्थ का बल मानव के अर्थ कि शक्ति होती है, मानव के काम का बल मानव के काम कि शक्ति होती है। मानव के मोक्ष का बल मानव के मोक्ष कि शक्ति होती है। मानव अधर्म बल को परम् शिखर पर नही ले जा सकता है, मानव धर्म बल को परम् शिखर पर ले जा सकता है। मानव अर्थ बल को परम् शिखर पर नही ले जा सकता है, मानव अर्थ बल को शुन्य बना सकता है। मानव काम बल को परम् शिखर पर नही ले जा सकता है, मानव काम बल को शुन्य कर सकता है। मानव माया को परम् शिखर पर नही ले जा सकता है, मानव मोक्ष को परम् शिखर पर ले जा सकता है। मानव कि परम् शक्ति मानव के परम् बल, परम् मोक्ष, शुन्य अर्थ व शुन्य काम का परिणाम होती है। मानव का परम् शक्ति को प्राप्त करना असंभव होता है। मानव को परम् शक्ति के मार्ग पर चलने का प्रयास करना चाहिए।

अध्याय 9

योग सूत्र

01 परिभाषा - योग का अर्थ होता है संगम, जब दो धारा मिलकर एक धारा का निर्माण करती है तो उसे योग कहते है। प्रकृति कि धारा व आत्मा कि धारा का मिलन होकर ही पुरूष कि धारा का निर्माण होता है। योग पुरूष धारा को समझने का साधन होता है। मानव को स्वयं के अस्तित्व को समझने के लिए योग के मार्ग पर चलना पडता है। मानव अपने अस्तित्व को समझ कर अपने अस्तित्व कि रक्षा कर सकता है। योग चार प्रकार का होता है - राज योग, हठ योग, काम योग व भक्ति योग।

02 राज योग - राज योग के आठ अंग होते है - यम, नियम, आसन, प्राणायाम, प्रत्याहार, धारणा, ध्यान व समाधि। राज योग को दो समुह मे बांटा जाता है बहिरंग व अंतरंग। बहिरंग मे चार अंग होते है - यम नियम, प्राणायाम व आसन। अंतरंग के चार अंग होते है - प्रत्याहार, धारणा, ध्यान व समाधि। यम का अर्थ होता है संकल्प लेना, नियम का अर्थ होता है राज योग के नियम, प्रत्याहार का अर्थ होता है मुक्ति व धारणा का अर्थ होता है एकाग्रता।

03 हठ योग - हठ योग के चार अंग होते है - चक्र, नाड़ी, बन्ध व मुद्राएं। चक्र सात प्रकार के होते है - मुलाधार, स्वाधिष्ठान, मणिपूर, अनाहत, विशुद्ध, आज्ञा व सहस्रार। नाड़ी दस प्रकार कि होती है - ईड़ा, पिंगला, सुषुम्ना, गांधारी, हस्तिजिव्हा, पूषा, यशस्विनी, अलंबुषा, कुहू, शंखिनी। बन्ध चार प्रकार के होते है - मुल, उड़्डियान, जालन्धर व महा

04 काम योग - काम योग चार प्रकार का होता है - कामचक्र, कामबल, कामधर्म व कामक्रिया। काम योग एक ऋणात्मक योग होता है जिसमे विनाश के बाद विकास कि प्राप्ति कि जाती है। काम योग मे अशांति के मार्ग से शांति का मार्ग खोजा जाता है।

05 भक्ति योग - भक्तियोग चार प्रकार का होता है - आत्मसमर्पण भक्ति, आत्मप्रतिबिंब भक्ति, आत्मअनुशासन भक्ति व आत्मसंतोष भक्ति। मानव काम योग व भक्ति योग को योग नही मानता है जबकि काम व भक्ति संगम से उत्पन्न होती है।

राज योग सूत्र

आसन सूत्र व प्राणायाम सूत्र

01 परिभाषा - राज योग मे सबसे महत्वपूर्ण स्थान आसन व प्राणायाम का होता है क्योकिं आसन व प्राणायाम उपचार कि विधि भी होती है। मानव समाज आसन व प्राणायाम का उपयोग चिकित्सा पद्धति के रूप मे भी करता है। ये योग के प्राण कहलाते है।

02 आसन - मानव का शरीर रक्त व जल के प्रवाह पर निभर करता है, मानव के शरीर मे रक्त का प्रवाह अहम् भुमिका निभाता है। मानव के रक्त के प्रवाह को हम आसन क्रिया द्वारा संयमित कर सकते है। रक्त के प्रवाह को संयमित करने के लिए अलग अलग प्रकार के आसन क्रिया कि आवश्यकता होती है। मानव के अंग आसन कि अलग अलग क्रिया से संतुलित किये जा सकते है। मानव के तन व तंत्र मे संतुलन के लिए अलग अलग प्रकार के आसनो कि आवश्यकता होती है। आसन क्रिया राज योग का भाग है व मुद्रा क्रिया हठ योग का भाग होती है। आसन मे रक्त के प्रवाह कि दिशा को परिवर्तित किया जाता है तथा मुद्रा को रक्त के प्रवाह को स्थिर या केन्द्रित करने के लिए किया जाता है। आसन उपचार कि एक विधि है, मुद्रा तप कि एक विधि होती है।

03 प्राणायाम - प्राण का आयाम ही प्राणायाम होता है, प्राण का आयाम वायु व ध्वनि पर निभर करता है। मानव का प्राण वायु पर अधिक निभर करता है व ध्वनि का प्रभाव भी प्राण पर पडता है। मानव प्राणायाम से अपने वचन व विचार मे संयम स्थापित कर सकता है। मानव के प्राण

का तंत्र मे प्रवाह विचार उत्पन्न करता है इस प्राण को संयमित करने कि क्रिया ही प्राणायाम होती है, मानव का अलग अलग विचार उत्पन्न होना अलग अलग प्रकार के प्राणायाम होने का कारण होता है। मानव ध्वनि के माध्यम से अपने वचन मे संयम स्थापित कर सकता है। मानव के वचन ध्वनि से प्रभावित होते है, अलग अलग प्रकार कि ध्वनि वचन को अलग अलग प्रकार से प्रभावित करती है। ओम कि ध्वनि से मानव वचन मे संयम कि स्थापना कर सकता है। प्राणायाम से तंत्र व तन के विकार दुर किये जा सकते है। प्राणायाम उपचार कि एक विधि भी होती है।

प्रत्याहार सूत्र व धारणा सूत्र

01 प्रत्याहार - मानव को पांच इंद्रियो से मुक्ति पाने का प्रयास करना ही प्रत्याहार होता है ये पाच इंद्रियां है - गंध इंद्रअंग, दृष्टि इंद्रअंग, स्वाद इंद्रअंग, आवाज इंद्रअंग व स्पर्श इंद्रअंग। गंध इंद्रअंग - मानव को गंध से मुक्ति पाने का प्रयास करना होगा, मानव को गंध योग के मार्ग से भटका सकती है। मानव को गंध का आभास भी नही होना चाहिए। दृष्टि इंद्रअंग - मानव कि दृष्टि मानव को योग के मार्ग से भटका सकती है, मानव को संसार को एक दृष्टि से देखने का प्रयास करना होगा। स्वाद इंद्रअंग - मानव को स्वाद योग के मार्ग से भटका सकता है, मानव को भोजन जीवन जीने के लिए ग्रहण करना होगा ना कि स्वाद के लिए। आवाज इंद्रअंग - मानव का मन आवाज से विचलित होता है, मानव को आवाज से विचलन को शुन्य करना होगा। स्पर्श - मानव को स्पर्श के कारण उत्पन्न हुए भाव को शुन्य करने का प्रयास करना होगा। मानव अपने मन के विचलन व मन के भाव को शुन्य करने का प्रयास करता है तो यह प्रत्याहार कहलाता है।

02 धारणा - मानव का एकाग्रता को धारण करने का प्रयास ही धारणा कहलाता है। मानव का एक ही वस्तु पर अपनी सारी चेतना को लाने का प्रयास करना धारणा होता है। मानव कि चेतना का केन्द्रिकरण ही धारणा कहलाता है। मानव का किसी विषय पर अपनी सारी चेतना को

एकत्र करने का प्रयास करना भी धारणा होती है। मानव का अपनी सारी चेतना को एक मानव पर एकत्र करना भी धारणा होती है। मानव का अपने कि अंग पर सारी चेतना को एकत्र करना भी धारणा होती है। मानव का अपनी सारी ऊर्जा को एक बिंदु पर लाने का प्रयास करना भी धारणा होती है। धारणा मानव कि एकाग्रता को बढाना होता है जब तक मानव एकाग्र नही होगा तब तक वह योग से संयम नही ग्रहण कर सकता है। योग का रास्ता भटकाव को कभी भी स्वीकार नही करता है। भटकाव मतलब योग कि प्राप्ति होने मे देरी होना या कभी योग कि प्राप्ति ना कर सकना। योग दो धाराओ का संगम होता है जो एकाग्रता के बिना संभव नही है। एकाग्रता ही धारा कि दिशा निर्धारित करती है।

ध्यान सूत्र व समाधि सूत्र

01 परिभाषा - ध्यान भक्ति का रूप होता है तथा समाधि शक्ति का रूप होती है। ध्यान से आप संतोष कि प्राप्ति कर सकते हो तथा समाधि से आप संयम कि प्राप्ति कर सकते है। समाधि अनंत कि पहचान का मार्ग है। ध्यान शुन्य कि पहचान का मार्ग होता है। मानव ध्यान से धर्म कि पहचान करता है तथा समाधि से माया का नाश करता है।

02 ध्यान - धयान कि क्रिया मे ऊर्जा का महत्व होता है, ध्यान से हम ऊर्जा के प्रवाह कि दिशा को बदल सकते है। धन ऊर्जा को वातावरण से ग्रहण कर सकते है व ऋण ऊर्जा का परित्याग कर सकते है। मानव शरीर मे दस प्रकार कि नाडी़ होती है इन नाडीयों से ऊर्जा का प्रवाह होता है। तीन नाडीयां मानव शरीर के लिए सबसे महत्व पुर्ण होती है जिनका आरम्भ मुलाधार चक्र से होता है। ध्यान ऊर्जा कि दिशा मे परिवर्तन करता है तथा बंध ऊर्जा को एक जगह केन्द्रित करता है। केन्द्रन करने के बाद ध्यान के माध्यम से अपनी ईच्छा अनुसार किसी अंग मे प्रवाहित करता है। ध्यान राज योग का भाग है तथा बंध हठ योग का भाग है।

03 समाधि - मानव तप के माध्यम से तन, मन व तंत्र मे संयम उत्पन्न करने का प्रयास करता है। तप अलग अलग प्रकार का होता है, तप का

अर्थ होता है पीडा। आप पीडा को चिंता नही मान सकते हो ना ही दुख मान सकते हो। पीडा का अर्थ मानव के तन, मन व तंत्र कि सहन शक्ति कि सीमा से होता है। मानव अलग अलग प्रकार से अपने सहन शक्ति कि सीमा का विस्तार कर सकता है। मानव कि सहन शक्ति का चरम् तक पहुचना ही समाधि का वास्तविक लक्ष्य होता है। मानव के तन के तप के लिए वन स्थान उपयुक्त होता है। मानव के तंत्र के तप के लिए पांच इन्द्रियां महत्वपुर्ण होती है। मानव के मन के तप के लिए कर्म के चार तत्व महत्वपुर्ण होते है। तप से मानव को अनुभव कि प्राप्ति होती है। मानव का तप अनुभव को जन्म देता है व मानव के चक्र मानव के नजरिये को उत्पन्न करते है, तप सिद्धि द्वारा मानव अनुभव सिद्धि कि प्राप्ति करता है।

यम सूत्र व नियम सूत्र

01 यम - यम का अर्थ होता है संकल्प। मानव को योग के लिए पांच संकल्प लेने होते है सत्य संकल्प, अहिंसा संकल्प, अस्तेय संकल्प, अपरिग्रह संकल्प व ब्रह्मचार्य संकल्प। सत्य संकल्प - मानव योग के द्वारा सत्य कि खोज का प्रयास करेगा व मानवता को सत्य के रास्ते पर ले जाने का प्रयास करेगा। मानव झुठ का मुकाबला निडरता से करेगा। मानव सत्य वचन ही बोलेगा। अहिंसा संकल्प - मानव शारीरिक, मानसिक, लैंगिक हिंसा समाज से खत्म करने का प्रयास करेगा, मानव स्वयं भी इन तीनो हिंसाओ से दुर रहेगा, मानव हिंसा को रोकने का हर संभव प्रयास करेगा। अस्तेय संकल्प - मानव भ्रष्टाचार नही करेगा, मानव दान को ग्रहण नही करेगा, मानव कार्य से अधिक लाभ प्राप्त नही करेगा। अपरिग्रह संकल्प - मानव दान करेगा, मानव सहायता करेगा, मानव धन का संग्रहण नही करेगा। संयास संकल्प - मानव सुख का भोगी नही बनेगा, मानव धन व बल का लोभी नही बनेगा, मानव साधना व तप करेगा।

02 नियम - मानव को योग के लिए पांच नियमो कि पालना करना जरूरी होता है - आत्म स्वच्छता, आत्म अनुशासन, आत्म संतोष, आत्मप्रतिबिंब व आत्म समर्पण। आत्म स्वच्छता - मानव मन कि स्वच्छता को समझ कर उसे अपने जीवन का अंग बनाना होगा, मानव को तन कि स्वच्छता का महत्व समझ कर उसे अपनाना होगा। आत्म अनुशासन - मानव को अपने वचन, विचार, क्रिया व कार्य मे अनुशासन लाने का प्रयास करना होगा। आत्मसंतोष - मानव को फल कि प्राप्ति कि ईच्छा का त्याग करना होगा, मानव को जलन व लालच से स्वयं को दुर करना होगा। आत्म प्रतिबिंब - मानव को स्वयं के दोष कि पहचान करनी होगी, मानव को दुसरो के गुणो पर ध्यान देना होगा, मानव को पाप कि सजा को स्वीकार करना होगा। आत्म समर्पण - मानव को खुद को योग के लिए पुर्ण रूप से समर्पित करना होगा, मानव के पारिवारिक व सामाजिक बंध को योग कि साधना मे बाधक बनने से रोकना होगा। मानव को स्वयं के विकारों को योग कि बाधा बनने से रोकना होगा

हठ योग सूत्र

प्राण सूत्र

01 परिभाषा - वह मार्ग जहां से प्राण का प्रवाह होता है नाड़ी कहलाता है, मेरुदण्ड मे प्राण का प्रवाह सबसे महत्वपुर्ण होता है क्योकि यह चेतना का मार्ग होती है। मानव कि चेतना को जागृत करना ही नाडी योग का उद्देश्य होता है। नाडी योग का उद्देशय परम् चेतना कि जागृति होती है। नाडी योग उपचार कि एक विधि भी होती है। नाडी योग मे शरीर के 6 अंग महत्व पुर्ण भुमिका निभाते है - आँख, कान, मुख, गुदा, जननांग व मेरुदण्ड। नाडी प्राण, चेतना व बल का मार्ग होती है।

02 प्रकार - सुषुमना, ईड़ा, पिंगला, गांधारी, हस्तिजिह्वा, पूषा, यशस्विनी, अलंबुषा, कुहू, शंखिनी आदि नाडी के दस प्रकार होते है। हस्तिजिह्वा दाई आँख से व गांधारी बांई आँख से जुडी होती है। पूषा दाएं कान से व यशस्विनी बांए कान से जुडी होती है। मुख से जुडी हुई नाडी को हम कुहू कहते है व गुदा से जुडी हुई नाडी को हम शंखिनी कहते है।

03 मेरुदण्ड कि नाड़ीयां - मेरुदण्ड के नीचे मुलाधार चक्र होता है यह नाड़ीयां मुलधार चक्र से प्रारम्भ होकर सहस्रार चक्र तक जाती है। सुषुम्ना नाडी मे सभी सात चक्र विधमान होते है। सुषुम्ना नाडी मे प्राण, बल व चेतना का प्रभाव ही नाडी योग होता है। ईड़ा नाडी सुषूम्ना नाडी के बांए तरफ होती है, इस नाड़ी मे ऋण प्राण का प्रवाह होता है। चन्द्र नाडी, चेतना का अंतर्मुखी होना, थकान का कारण, निराशा का कारण भी ईड़ा नाड़ी ही होती है। पिंगला नाड़ी सुषूम्ना नाड़ी के दांए तरफ होती है।

पिंगला नाडी मे धन प्राण का प्रवाह होता है। सुर्य नाडी, चेतना बहिर्मुखी, श्रम का कारण, आशा का कारण पिंगला नाड़ी ही होती है। सुषुम्ना नाडी मे शुन्य प्राण का प्रवाह होता है। ब्रहम नाडी, चक्र नाडी सुषूम्ना नाड़ी ही होती है।

04 सिद्धी - मानव यदि अपने प्राणो के प्रवाह पर नियंत्रण स्थापित कर लेता है तो ऐसे मानव को सिद्ध पुरूष कहां जाता है। प्राणो पर नियंत्रण करने से आपके मृत्यु का भय स्वतः ही नष्ट हो जाता है। नाड़ी ज्ञान का मुख्य उद्देश्य ही प्राणो पर नियंत्रण कि स्थापना करना होता है।

ऊर्जा सूत्र

01 परिभाषा - ऊर्जा का मुलाधार चक्र से सहस्रार चक्र तक पहुचना कुण्डलिनी योग होता है। इस योग मे बंध व चक्र का योगदान होता है। बंध ऊर्जा को एक स्थान पर रोक लेते है, ऊर्जा का प्रवाह रोककर उसका सही प्रकार से वितरण करते है। चक्र का जागृत होने का अर्थ है ऊर्जा या कुण्डलिनी का उस चक्र मे प्रवेश कर जाना। कुण्डलिनी मुलाधार चक्र के नीचे होती है। कुण्डलिनी योग का उद्देश्य कुण्डलिनी को सहस्रार चक्र तक पहुचाना होता है।

02 बंध के प्रकार - मूल बंध, उड्डियाना बंध, जालंधर बंध व महा बंध चार प्रकार के बंध होते है। मूल बंध का स्थान मेरुदण्ड के नीचले छोर पर होता है, जालंधर बंध मेरुदण्ड के ऊपरी छोर पर होता है तथा उड्डियाना बंध उदर कि पीछे मेरुदण्ड पर होता है। तीनो बंधो के एक साथ होने कि क्रिया को महाबंध कहते है। ऊर्जा का प्रवाह मेरुदण्ड मे ही हो इस लिए इन बंधो कि क्रिया कि जाती है। उड्डियाना बंध ऊर्जा को मेरुदण्ड के मध्य मे रोकता है। मानव बंधो के द्वारा ऊर्जा के वितरण को रोकने का प्रयास करता है। मानव का ऊर्जा पर नियंत्रण स्थापित हो जाने के बाद मानव ऊर्जा के विभिन्न स्वरूपो को आसानी से समझ सकता है। कुण्डलिनी को माता काली का रूप माना जाता है। मां काली समय व

ऊर्जा का संयुक्त रूप होती है। मनुष्य का कुण्डलिनी को जागृत करने का प्रयास मानव कि आंतरिक ऊर्जा को पहचानने का प्रयास होता है।

03 चक्र के प्रकार - मुलाधार चक्र, स्वाधिष्ठान चक्र, मणिपूर चक्र, अनाहत चक्र, विशुद्ध चक्र, आज्ञा चक्र व सहस्रार चक्र चक्र के सात प्रकार होते है। मुलाधार चक्र का स्थान मेरुदण्ड का निचला छोर होता है। स्वाधिष्ठान चक्र जननांग के पिछे मेरुदण्ड पर होता है। मणिपूर चक्र नाभि के पीछे मेरुदण्ड पर होता है। अनाहत चक्र दिल के पीछे मेरुदण्ड पर होता है। विशुद्ध चक्र मेरुदण्ड के ऊपरी छोर पर होता है। आज्ञा चक्र कपाल के मध्य भाग के पीछे वाले दिमाग पर होता हैं। सहस्रास चक्र दिमाग के केन्द्र बिन्दु पर होता है।

वायु सूत्र

01 परिभाषा - षट्कर्म हठ योग का ही एक भाग है जो शरीर कि सफाई के लिए किया जाता है ताकि शरीर मे कोई विकार उत्पन्न ना हो। विकार होने कि अवस्था मे षट्कर्म योग नही किया जाता है। नेति, धौती, नौली, बस्ती, कपालभाति व त्राटक षट्कर्म के प्रकार होते है। षट्कर्म का उद्देश्य वायु के मार्ग के अवरोधो को दुर करना होता है।

02 नेति - नेति क्रिया के द्वारा नाक कि सफाई कि जाती है नेति दो प्रकार कि होती है जल नेति व सुत्र नेति। जल नेति मे जल का प्रयोग किया जाता है व सुत्र नेति मे धागे का प्रयोग किया जाता है।

03 धौति - धौति मे पाचन तंत्र कि सफाई कि जाती है। यह चार प्रकार कि होती है। अन्तर धोती, मुख धोती, दिल धोती व मूल शोधन धोती। अन्तर धोती के प्रकार - वस्त्रसार धोती, जलसार धोती, अग्निसार धोती, बहिष्कृत धोती। मुख धोती के प्रकार - दन्त धोती, जीभ धोती, कान धोती व संपाल रन्धरा धोती। दिल धोति के प्रकार - डंडा धोती, वामन या उलटी धोती व वस्त्र धोती।

04 नौलि - उदर की सफाई करने के लिए नौलि क्रिया कि जाती है। यह उदर कि आन्तरिक मालिस का एक रूप है।

05 बस्ती - बडी आन्त कि सफाई के लिए यह क्रिया कि जाति है। यह दो प्रकार कि होती है जल बस्ती व स्थल बस्ती। जल बस्ती मे जल का प्रयोग गुदा से किया जाता है। स्थल बस्ती मे वायु के द्वारा सफाई कि जाती है।

06 कपालभाति - कपाल कि चमक के लिए जो क्रिया कि जाती है वह कपालभाति होती हैं। यह तीन प्रकार कि होती है, वातक्रम, व्युत्क्रम व शीटक्रम। वातक्रम - यह भस्त्रिका प्राणायाम के विपरित क्रिया होती है। व्युत्क्रम - नाक से जल डालना मुख से निकालना। शीटक्रम - मुख से जल डालना व नाक से निकालना।

07 त्राटक - किसी वस्तु को ताडना, आँख व दिमाग कि सफाई कि जाती है

रक्त सूत्र

01 परिभाषा - मुद्रा हाथ कि अंगुलियो का विभिन्न प्रकार से मिलन को दर्शाता है, मानव कि अंगुलिया प्रकृति के पांच तत्वो कि सुचक होती है। अंगुठा आग का सुचक होता है, तर्जनी वायु कि सुचक होती है। मध्यमा आकाश कि सुचक होती है, अनामिका धरती कि सुचक होती है व कनिष्ठा पानी कि सुचक होती है। मानव विभिन्न मुद्राओं के द्वारा मानव शरीर मे प्रवाहित होने वाले रक्त पर नियंत्रण कि स्थापना कर सकता है।

02 हस्त मुद्रा - चिन या ज्ञान मुद्रा मे तर्जनी व अंगुठे के छोरो का मिलन होता है। चिन्मय या जागरूकता मुद्रा मे तर्जनी व अंगुठे के छोरो का मिलन होता है तथा अन्य तीन अंगुलियो के छोरो का हथेली से मिलन होता है। वायु मुद्रा मे अंगुठे का प्रथम फलक व तर्जनी के

द्वितीय फलक का मिलन होता है। अग्नि मुद्रा मे अंगुठे के प्रथम फलक का अनामिका के द्वितीय फलक से व अगुठे के द्वितीय फलक का अनामिका के प्रथम फलक से मिलन होता है। वरूण मुद्रा मे अंगुठे के छोर का कनिष्ठा के छोर से मिलन होता है। प्राण मुद्रा मे अंगुठे के छोर का कनिष्ठा व अनामिका के छोरो से मिलन होता है। शुन्य मुद्रा मे अंगुठे के प्रथम फलक का मध्यमा के द्वितीय फलक से मिलन होता है। सुर्य मुद्रा मे अंगुठे के प्रथम फलक का अनामिका के प्रथम फलक से मिलन होता है। पृथ्वी मुद्रा मे अंगुठे के छोर का अनामिका के छोर से मिलन होता है। आदि मुद्रा मे अंगुठे का चार अंगुलियो से अंतः मिलन होता है। हृदय मुद्रा, योनि मुद्रा व भैरव मुद्रा हस्त मुद्रा के अन्य प्रकार है।

03 प्रकार - मन मुद्राओं मे होठ, नाक, काम, आँख व जिह्वा का प्रयोग किया जाता है। शाम्भवी, नासिकाग्र, आकाशी, भुजंगिनी, षण्मुखी, उन्मनी, भुचरी, खेचरी, काकी मन मुद्रा के प्रकार है। काया मुद्राओं मे श्वसन व एकाग्रता पर ध्यान दिया जाता है। विपरीतकरणी, पाशिनी, योग, प्राण, माण्डुकी, तड़ागी काया मुद्रा के प्रकार है। मुद्रा व बंध के योग से बंध मुद्राओं का सृजन होता है। महा, महाभेद, महावेध बन्ध मुद्रा के प्रकार है। काम मुद्राएं मानव के काम पर नियंत्रण स्थापित करती है। अश्विनी मुद्रा मे गुदा का प्रयोग होता है, वज्रोली व सहजोली मुद्राओं मे लिंग व योनि का प्रयोग।

काम योग सूत्र

चक्र सूत्र

01 परिभाषा - कामचक्र या कामयुद्ध का अर्थ काम के मायाजाल से होता है। जो मानव एक बार काम के माया जाल मे फंस जाता है वह मानव चाह कर भी उस माया जाल से नही निकल पाता है। यह एक चक्र कि तरह होता है, एक बार आप ने इस मे प्रवेश कर लिया तो आप अभिमन्यु कि तरह वापस बाहर नही आ सकते, आपका अन्त कौरवों कि माया द्वारा कर दिया जाएगा। यह एक युद्ध कि तरह होता है जिसका आगाज आप करते हो जिसका अंत माया के द्वारा किया जाता है। आप यह युद्ध छोडकर भाग नही सकते हो।

02 परकाम - मानव के द्वारा परकाम का भाव रखना या मानव का परकाम कि क्रिया मे लिपत होना गलत है या सही इस प्रश्न का उत्तर देना काफी असमंझस से भरा है। परकाम मे सहमती का होना व्यक्तिगत नजरिये से सही होता है परन्तु परकाम मे सहमती का होना पारिवारिक व सामाजिक नजरिये से गलत हो सकता है यह मानव के उदारवाद पर निर्भर करता है। मानव का उदारवादी होना मानव के परिवारिक व सामाजिक बंध पर परकाम के कारण पडने वाले नकारात्मक प्रभाव को कम कर सकता है। मानव का रूढीवादी होना मानव के बंध को कमजोर ही करता है। आज का मानव स्वयं के परकाम पर तो उदारवादी बन जाता है परन्तु दुसरे के परकाम पर स्वयं को परम् रूढीवादी बना लेता है। परकाम मे सहमती का ना होना मानव के द्वारा किया जाने वाला

सबसे बडा अपराध होता है मानव के इस अपराध को क्षमा कर देना भी एक अपराध होता है। मानव का परकाम जो सहमती पर आधारीत होता है वह धर्म के आधार पर अपराध नही होता है परन्तु सहमती के आधार पर भी परकाम आपके सामाजिक व पारिवारिक बंध को कमजोर करने का कार्य करता है।

03 रोजगार - मानव का काम को ही रोजगार बना देना भी परकाम कि श्रेणी मे आता है। मानव को अपने जीवन के मार्ग को आसान बनाने के लिए रोजगार कि आवश्यकता होती है, मानव का परकाम से रोजगार प्राप्त करना किसी भी प्रकार से गलत नही होता है।

धर्म सूत्र

01 परिभाषा - जिस प्रकार अर्थ से काम के मार्ग को खोजना व काम के मार्ग पर चलना आसान होता है उसी प्रकार धर्म से मोक्ष के मार्ग को खोजना व मोक्ष के मार्ग पर चलना आसान होता है। इस कारण ही काम योग के द्वारा मोक्ष को प्राप्त करना कामधर्म को समझने को अनिवार्य कर देता है। मोक्ष को समझने का रास्ता कामधर्म से होकर गुजरता है। काम धर्म को समझना बहुत जरूरी होता है नही तो आप काम माया के प्रभाव मे आकर कामचक्र के जाल मे फंस सकते हो जो कि आपको काम योग के नकारात्मक प्रभाव को उजागर कर के आपको कामयोग से कही दुर ले जा सकता है। हर क्रिया कि प्रतिक्रिया धन व ऋण दोनो रूप वाली होती है। परन्तु मानव उसे धन या ऋण रूप मे देखता है जिस कारण ही मानव आज काम योग को योग मानने से ही ईंकार करता है। काम भी एक योग है क्योकि इस मे भी दो धाराओं के संगम से एक धारा का निर्माण होता है।

02 वस्त्र - मानव का वस्त्र को कामधर्म का हिस्सा मानना गलत है वस्त्र ना ही काम धर्म है ना ही यह काम माया होती है, मानव कि विभिन्न सभ्यताओं मे इसे अलग अलग रूप से देखा जाता है, मानव के द्वारा

वस्त्र को कामधर्म व काममाया का रूप मान कर मानव का चरित्र मानव के वस्त्र द्वारा निर्धारित किया जाता है, मानव का चरित्र मानव के वस्त्र पर ना निर्भर करके मानव के कर्म पर निर्भर करता है। मानव का वस्त्र मानव के सम्मान व अपमान का कारण बनता है जो कि मानव को काम योग से दुर ले जाने का कारण है।

03 ब्रह्मचार्य - तप के लिए ब्रह्मचार्य के मार्ग को उत्तम मानना गलत है, मानव का ब्रह्मचार्य को ग्रहण करना कामयोग के नकारात्मक प्रभाव कि ओर मानव का ध्यान खींचता है। मानव कभी भी ब्रह्मचार्य को ग्रहण करके मानव सभ्यता को विकास कि तरफ नही ले जा सकता है। मानव का ब्रह्मचार्य को ग्रहण करके मोक्ष कि प्राप्ति करना भी स्वयं को ही नष्ट करने के समान होता है। भारत कि ऋषि व मुनि परम्परा मे ब्रह्मचार्य को कभी भी ज्यादा महत्व नही दिया गया।

बल सूत्र

01 परिभाषा - कामबल काम कि ऊर्जा को निरूपित करता है, काम कि ऊर्जा धन व ऋण दोनो मे से एक हो सकती है। काम कि ऊर्जा का प्रभाव पहले धन तथा फिर ऋण या पहले ऋण तथा बाद मे धन हो सकता है। काम कि ऊर्जा का प्रभाव परिवर्तनशील होता है। काम कि ऊर्जा का प्रभाव तन, तंत्र व मन पर पडता है तथा परकाम कि ऊर्जा का प्रभाव आत्मा पर भी पडता है जो आत्मा मे दुख कि उत्पत्ति का कारण भी बनता है व आपकी आत्मा कि आभा को नकारात्मक रूप से भी प्रभावित करता है। काम बल के मन पर पडने वाले प्रभाव को हम चिंता व आनन्द के रूप मे जानते है। काम बल का तंत्र व तन पर पडने वाले प्रभाव को हम पिड़ा व आराम के रूप मे जानते है, काम बल के कारण तन व तंत्र मे विकार उत्पन्न हो सकता है जिसका कारण मन कि चिंता होती है। काम बल से तन व तंत्र का उपचार भी किया जाता है जो मन के आनन्द से संभव है।

02 तन व तंत्र पर प्रभाव - काम बल से तन व तंत्र मे पीड़ा उत्पन्न होती है जो काम बल के एक सीमा से अधिक मान पर उत्पन्न होती है, यह पीड़ा मानव को मोक्ष के रास्ते पर ले जाने का काम करती है। कामबल का मान अधिक होने पर मोक्ष प्राप्त करना आसान होता है मानव को बस उस पीड़ा को महसुस करना होगा। कामबल का एक सीमा से अधिक धन मान आराम को उत्पन्न करता है आराम माया का एक रूप होता है जो मानव को माया कि ओर ले जाने का कार्य करता है। मानव कि काम पीड़ा को हम मानव के कामतप से भी परिभाषित कर सकते है।

03 मन पर प्रभाव - कामबल का एक सीमा से अधिक ऋण मान चिंता को दर्शाता है। कामबल का एक सीमा से अधिक धन मान आनन्द को दर्शाता है। मानव कामयोग से परम् आनन्द कि प्राप्ति कर सकता है जो कि मानव को मोक्ष कि ओर ले जाने का कार्य करती है मानव परम् आनन्द कि प्राप्ति के बाद परम् शुन्य कि प्राप्ति आसानी से कर सकता है। मानव कभी भी परम् चिंता कि प्राप्ति नही कर सकता है। मानव की मृत्यु परम् चिंता से पहले ही हो जाती है। ▢

क्रिया सूत्र

01 परिभाषा - काम परम् आनन्द कि प्राप्ति का मार्ग होता है काम आनन्द कि प्राप्ति के अनेक मार्ग होते है जो कामक्रिया को अनेक रूप प्रदान करते है। काम क्रिया मुख्य रूप से दो प्रकार कि होती है - स्वभोग व सम्भोग। काम क्रिया मानव के आकर्षण व आवश्यकता की सुचक होती है। काम क्रिया मानव के प्रेम व आत्म संगम की सुचक होती है वर्तमान समय मे काम क्रिया मानव के आकर्षण व आवश्यकता की सुचक बन कर रह गई है। जो मानव को काम योग से दुर ले जाने का कार्य करती है या कामयोग कि नकारात्मक छवी को प्रस्तुत करती है। काम क्रिया घर्षण व स्थिती पर निर्भर करती है परन्तु कुछ काम क्रियाएं समय पर भी निर्भर करती है। आपके काम आनन्द का मान काम समय,

काम घर्षण, काम स्थिती व काम अवधि पर निर्भर करता है। काम अवधि का काम आनन्द पर प्रभाव सबसे अधिक होता है।

02 आकर्षण - मानव को काम क्रिया आकर्षित करती है, मानव का आकर्षण काम साहित्य, काम स्वरूप, कामचित्र व काम चलचित्र द्वारा प्रभावित होता है। मानव पर काम आकर्षण का प्रभाव काम चलचित्र सबसे अधिक डालते है सबसे कम प्रभाव काम साहित्य डालता है। कामस्वरूप का प्रभाव तीसरे नम्बर पर होता है। काम चित्र का प्रभाव दुसरे नम्बर पर होता है। काम चित्र व काम चलचित्र मानव के काम आकर्षण का आज मुख्य स्त्रोत बन चुके है। काम साहित्य व काम स्वरूप मानव के पुरातन काल मे काम आकर्षण के मुख्य स्त्रोत हुआ करते थें।

03 आवश्यकता - काम आवश्यकता आज के समाज कि सबसे प्रमुख विशेषता बन चुकि है। मानव अपने काम आवश्यकता कि पुर्ति के किए परकाम के मार्ग पर चलने को भी त्यार हो जाता है। काम आवश्यकता ने ही नयन काम कि उत्पत्ति को बल दिया है। स्पर्श काम मुख्य आवश्यकता बना चुका है। मानव का स्तन व नितंब पर ज्यादा ध्यान देना व इनहें छुने का प्रयास करना भी काम आवश्यकता का सुचक बन चुका है। मानव का श्रृंगार आज इन दोनो अंगो कि विशालता व द्रव्यमान का प्रतिक बन चुका है।।

भक्ति योग सूत्र

विश्वास सूत्र

01 परिभाषा - भगवान पर विश्वास करना व भगवान कि पुजा करना दोनो अलग अलग होते है। आपका भगवान पर विश्वास आपका, भगवान के कर्म व धर्म मार्ग पर विश्वास का सुचक होता है। भगवान पर विश्वास ही भगवान कि भक्ति का भी सुचक होता है। भगवान कि पुजा, आपकी ईच्छा, आपकी पहचान व आपकी भावना का सुचक होती है। भगवान कि पुजा माया का ही एक रूप होता है व भगवान कि भक्ति मोक्ष का एक रूप होता है। अब यह आप पर है कि आप भगवान कि पुजा करते हो या आप भगवान कि भक्ति करते है। भगवान कि पुजा मानव के अर्थ व काम से संबधं होती है व भगवान कि भक्ति मानव के धर्म व मोक्ष से संबधं होती है। भगवान कि पुजा करने वाले को मानव समाज पंडित के रूप मे जानता है व भगवान कि भक्ति करने वाले को मानव संत के रूप मे जानता है। संत परम्परा भी योग परम्परा का ही एक रूप होती है व पंडित परम्परा माया परम्परा का एक रूप है। कलियुग कि पहचान पंडित परम्परा से होती है ना कि संत परम्परा से। वर्तमान भारत मे पंडित परम्परा का विकास व संत परम्परा का हास भी कलियुग का ही सुचक है।

02 अंधविश्वास - मानव का भगवान कि पहचान को लेकर लडाई करना, किसी भगवान को अपने पंथ कि सम्पत्ति बताने का प्रयास करना, भगवान के नाम पर समाज मे हिंसा व नफरत फैलाना व समाज को

विभाजित करने वाली राजनीति कर के अपना स्वार्थ पुरा करना तथा जनता का इस राजनीति को स्वीकार करना अंधविश्वास होता है। मानव का अर्थ व काम कि कामना के लिए भगवान पर विश्वास करना व अर्थ व काम के खोने के डर से भगवान पर विश्वास करना अंधविश्वास होता है। भगवान के प्रति आकर्षण के कारण भगवान कि भक्ति ना कर, स्वयं के आकर्षण कि आवश्यकता कि पूर्ति के लिए भगवान पर विश्वास करना अंधविश्वास होता है। अन्य लोगो कि भावनाओं का अपमान कर के स्वयं के मन को शांति देना भी अंधविश्वास होता है। पंडित वर्ग अंधविश्वास का प्रचारक व रक्षक होता है तथा विश्वास का भक्षक होता है।

प्रेम सूत्र

01 परिभाषा - हिंसा, नफरत, जलन, प्रतिशोध, क्रोध, निराशा, शंका प्रेम के शत्रु होते है जहां इन 7 तत्वो का निवाश होता है वहां पर प्रेम का निवाश नही होता है जहां पर प्रेम नही होता है वहां पर भक्ति नही होती है। जो मानव समाज व परिवार मे हिंसा, नफरत, जलन, प्रतिशोध, क्रोध, निराशा या झुठि आशा व शंका का प्रचारक व रक्षक होता है वह मानव ना तो देश भक्त होता है और ना ही भगवान भक्त होता है। वह मानव ही वास्तविक देशद्रोही व भगवान द्रोही होता है। राष्ट्रवाद के कारण देशद्रोही मानव देशभक्त बन जाता है व देशभक्त मानव देशद्रोही बन जाता है। देश कि आलोचना करने वाला मानव देश भक्त होता है व देश का गुणगान करने वाला मानव देशद्रोही होता है। राष्ट्रवाद के कारण देश कि आलोचना करना अपमान बन जाता है व गुणगान करना सम्मान बन जाता है। गुणगान झुठ का प्रतिक होता है व आलोचना करना सच्च का प्रतिक होता है। पत्रकार वर्ग का देश का गुणगान करना झुठ का प्रतिक है व पत्रकार वर्ग का देश कि आलोचना करना सत्य का प्रतिक होता है। वर्तमान भारत का पत्रकार वर्ग भारत का सबसे बडा देशद्रोही वर्ग है। भारत मे विनाश, शोषण, अत्याचार व अन्याय का प्रचारक व रक्षक भारत का पत्रकार वर्ग ही है।

02 प्रेम गीत व गुणगान गीत - प्रेम गीत का आधार सत्य होता है व गुणगान गीत का आधार माया होती है। प्रेम गीत का रस भक्ति रस होता है गुणगान गीत का रस पुजा रस होता है। प्रेम गीत का गायन संत द्वारा किया जाता है व गुणगान गीत का गायन पंडित द्वारा किया जाता है। प्रेम गीत के गायन का कोई समय नही होता है व गुणगान गीत समय कि माया का गुलाम होता है। प्रेम गीत मे आस्था का भाव होता है व गुणगान गीत मे गुण का भाव होता है।

भक्ति व शक्ति - प्रेम गीत कि शक्ति परिवार व समाज मे निहित होती है व गुणगान गीत कि शक्ति पुरूष मे निहित होती है। पुरूष शक्ति के लिए पुजा कि जाती है तथा परिवार व समाज शक्ति के लिए भक्ति कि जाति है। भक्ति कि शक्ति अमर होती है।

त्याग सूत्र

01 परिभाषा - कर्म के चार रूप व चार प्रकार होते है, कर्म के चार प्रकार क्रिया, कार्य, वचन व विचार होते है तथा कर्म के चार रूप धर्म, अर्थ, काम व मोक्ष होते है। धर्म का विलोम अधर्म, अर्थ का विलोम आवश्यकता, काम का विलोम आकर्षण व मोक्ष का विलोम माया होती है। धर्म का संबंध तंत्र से होता है, अर्थ का संबंध तन से होता है, काम का संबंध मन से होता है व मोक्ष का संबंध आत्मा से होता है। अधर्म, आवश्यकता, आकर्षण व माया का त्याग ही वास्तविक त्याग होता है। इन चार तत्वो का ग्रहण करना आसान होता है व इन चार तत्वो का त्याग करना असम्भव होता है।

02 अधर्म त्याग - अधर्म के त्याग के लिए मानव को झुठ का त्याग करना होगा। झुठ का त्याग करने के लिए मानव को सत्य कि सफलता पर विश्वास करना होगा। पाप का त्याग मानव पाप को स्वीकार कर व पाप के अपराध कि सजा को ग्रहण कर के कर सकता है।

03 आवश्यकता का त्याग - आवश्यकता का त्याग मानव संतोष को ग्रहण करके कर सकता है। पुरूष वर्ग कि मित्रता का प्रमाण आवश्यकता का त्याग ही होता है। महिला वर्ग के स्वार्थ का कारण आवश्यकता से लगाव होता है। पुरूष वर्ग कि कमजोरी काम होती है व महिला वर्ग कि कमजोरी अर्थ होती है।

04 आकर्षण का त्याग - मानव संयम के द्वारा आकर्षण का त्याग कर सकता है। मानव संयम का ग्रहण तप द्वारा करता है। महिला वर्ग कि सेवा का प्रमाण आकर्षण पर महिलाआ वर्ग का संयम ही होता है। पुरूष वर्ग के भोग का कारण आकार्षण से पुरूष वर्ग का लगाव होता है। पुरूष वर्ग कि ताकत अर्थ होता है व महिला वर्ग कि ताकत काम होता है।

05 माया का त्याग - संबंध व बंध माया के त्याग मे सबसे बडा अवरोध उत्पन्न करते है। संबंध परिवार का सुचक होता है व बंध समाज व प्रकृति का सुचक होता है। मोक्ष आत्मज्ञान का सुचक होता है। मानव का आत्मज्ञान मानव को मोक्ष के रास्ते पर ले जाता है।

तप सूत्र

01 परिभाषा - तप मानव कि सहन शक्ति का सुचक होता है, तप मानव के परिश्रम का सुचक होता है, तप मानव के अभ्यास का सुचक होता है। सहनशक्ति से मानव अनुभव व आत्मज्ञान कि प्राप्ति करता है। परिश्रम से मानव सुचना कि प्राप्ति करता है व अभ्यास से मानव कला, कौशल व तर्क कि प्राप्ति करता है। तप से मानव ज्ञान कि प्राप्ति करता है, जहां तप होता है वही ज्ञान होता है। तपस्वी व ज्ञानी पुरूष एक ही होते है। तपस्या का अर्थ भी शिक्षा ही होता है। बिना शिक्षा मानव धर्म व मोक्ष कि प्राप्ति नही कर सकता है। बिना तप के मानव भगवान कि प्राप्ति भी नही कर सकता है। मानव का तप भक्ति का रूप होता है। मानव का जप पुजा का रूप होता है। तप संत परम्परा का भाग होता है व जप

पंडित परम्परा का भाग होता है। तप का ज्ञान तर्क से युक्त होता है व जप का ज्ञान भावना से युक्त होता है।

02 सहनशक्ति तप - मानव सहनशील होकर अज्ञान को नष्ट कर सकता है। मानव कि सहनशीलता मानव मे सहिष्णुता, सदाचार, सौम्यता, सरलता, स्वीकारयता, सहअस्तित्व, सहायता, सकारात्मकता आदि गुणो का विकास करती है। सहनशील मानव का आत्मज्ञान व अनुभव उच्च होता है। वर्तमान भारत मे सहनशीलता का लोप होता जा रहा जो मानव मे क्रोध व प्रतिशोध कि उत्पत्ति का मुख्य कारण बन चुका है। मानव अपनी विरासत का अंत भी इसकी कमी के कारण ही करना चाहता है।

03 परिश्रम तप - मानव परिश्रम के द्वारा विभिन्न प्रकार कि सुचनाओ का संग्रहण करता है। बिना परिश्रम के सुचनाओ का संग्रहण करना संभव नही होता है। पत्रकारिता सुचना व तर्क पर निर्भर करती है, वर्तमान भारत कि पत्रकारिता मे सुचना कि खोज करना लगभग असंभव हो गया, भारत कि पत्रकारिता मे सुचना का स्थान आज आनन्द व आकर्षण ले चुके है जो कि भारत कि पत्रकारिता के पतन का सुचक बन चुके है। तर्क, कौशल व कला का विकास व विस्तार अभ्यास के बिना संभव नही होता है। असफलता ही मानव कि सफलता होती है।

भाग - 4

समाज भगवान सूत्र

01 परिभाषा - भगवान मानव के द्वारा रचित माया का परिणाम है, जब तक मानव समाज है तब तक भगवान का अस्तित्व संसार मे विद्यमान है, मानव समाज का अन्त भगवान कि परिकल्पना को भी नष्ट कर देगा। भगवान कि परिकल्पना मानव समाज मे धर्म तथा शांति कि स्थापना के लिए कि गई है। पश्चिम एशिया मे भगवान कि परम्परा समाज कि एकता के लिए कि गई थी। मानव का स्वार्थ, डर तथा अज्ञानता भगवान कि परिकल्पना के मुख्य तीन स्तंभ होते है। संसार से डर, स्वार्थ तथा अज्ञानता का नाश भगवान कि परिकल्पना को भी नष्ट कर देता है। जो समाज स्वार्थ, डर तथा अज्ञानता के दोषो को धारण करता है वह समाज एक सीमा से अधिक भगवान मे विश्वास करता है। भगवान मे विश्वास धर्म, शांति, आनंद तथा सफलता के लिए किया जाता है परन्तु भगवान मे एक सीमा से अधिक विश्वास समाज मे अधर्म, अशांति, पीड़ा, असफलता के बीज ही बोता है। वर्तमान भारत का समाज भगवान मे अधिक विश्वास का शिकार हो चुका है जो सिर्फ शासक वर्ग के स्वार्थ को ओर अधिक मजबुत करता है तथा जनता के डर व मुर्खता का प्रतिक बन चुका है। भगवान, धर्म तथा राष्ट्रवाद जनता के विरोध तथा आलोचना को कुचलने का प्रमुख मार्ग बन चुके है। भगवान आज पहचान बन चुका है जो कभी मानव को हर पहचान से मुक्त कराने का मार्ग हुआ करता है। धर्म समाज मे अहिंसा, सत्य, प्रेम, तप तथा त्याग का प्रतिक हुआ करता था तथा वर्तमान मे धर्म हिंसा, असत्य, नफरत, प्रतिशोध तथा घृणा का प्रतिक बन चुका है। राष्ट्रवाद

कभी विरोध, स्वतंत्रता तथा आलोचना का प्रतिक हुआ करता था तथा वर्तमान मे राष्ट्रवाद चाटुकारिता, गुलामी तथा गुणगान का प्रतिक बन चुका है। राष्ट्रवाद मे पहले कर्म कि प्रधानता हुआ करती थी वर्तमान मे राष्ट्रवाद मे भावनो कि प्रधानता ने कर्म कि प्रधानता का स्थान ले लिया है। प्रकृति, पुरुष तथा आत्मा के लक्षण के आधार पर भगवान को तीन भागो मे विभाजन किया जाता है। शिव भगवान प्रकृति के गुण - दोषो का प्रतिनिधित्व करते है, विष्णु भगवान पुरुष के गुण - दोषो का प्रतिनिधित्व करते है तथा ब्रह्म आत्मा के गुण - दोषो का प्रतिनिधित्व करते है।

अध्याय 10

शिव सूत्र

01 परिभाषा - समाज मे पंच तत्वो का महत्व अधिक होता है तो समाज मे शिव का महत्व भी अधिक होता है। संसार का निर्माण पंच तत्वो से ही हुआ है जो निम्न है - आकाश, धरा, वायु, जल तथा अग्नि। वर्तमान समय मे शुद्ध वायु व जल का मिलना अंसभव सा प्रतित होता है। गरीब मानव ने हवा व जल को अशुद्ध नही किया है फिर भी गरीब मानव को ही हवा व जल कि अशुद्धि का प्रकोप सहन करना पड़ता है। अमीर मानव ने तो अपने लिए हवा व जल शुद्ध करने कि तकनीक को खरीद कर अपने आप को इनके प्रकोप से बचा लिया है। अमीर वर्ग ही हवा व जल कि अशुद्धि का मुख्य कारण है। जिस देश मे असमानता अधिक होती है उस देश मे हवा व जल स्वतः ही अशुद्ध हो जाता है। अमीर वर्ग के पाप का जहर गरीब वर्ग को ना चाहते हुए भी ग्रहण करना पड़ रहा है। व्यापारी वर्ग अपने स्वार्थ के लिए हवा तथा जल को दुषित करते है साथ ही सुबह - सुबह स्वयं को शिव भक्त दिखाने का हर संभव प्रयास करते है। व्यापारी वर्ग का यह दोगला पन ही उन्हे पापी बनाता है। व्यापारी वर्ग को अपने स्वार्थ को त्याग कर हवा व जल कि शुद्धता के खिलवाड से बचने का प्रयास करना चाहिए। धवनि प्रदुषण भी व्यापारी वर्ग द्वारा ही किया जाता है। जो व्यापारी स्वार्थी होता है वह व्यापारी शिव भक्त नही होता है तथा व्यापारी वर्ग अपने स्वार्थ के पैसो का प्रयोग भगवान कि पुजा व भक्ति मे करता है जो व्यापारी वर्ग को अहंकार का स्वामी बना देता है। धरा के दोहन, भोजन का जहर तथा वातावरण का ताप सब व्यापारी वर्ग कि ही देन है। व्यापारी वर्ग अपने स्वार्थ के लिए एक

विशाल जंगल को भी बिना डकार लिए खा सकता है, संसार के जंगल के नष्ट होने का मुख्य कारण व्यापारी वर्ग ही है। व्यापारी को हम विकास का देवता मानते है वास्तव मे व्यापारी विनाश का देवता होता है। व्यापारी वर्ग ने ही अपने स्वार्थ के लिए भोजन मे जहर डाल दिया है तथा व्यापारी वर्ग ने ही अपने स्वार्थ के लिए वातावरण के तापमान को चरम सीमा पर पहुंचा दिया है। गंगा को अपवित्र करने का श्रेय भी व्यापारी वर्ग को ही जाता है, सभी नदियां व्यापारी वर्ग के स्वार्थ का शिकार हो चुकी है।

आकाश सूत्र

ग्रह सूत्र

01 परिभाषा - प्राणी के घर को या ऐसा स्थान जिसे प्राणी भविष्य मे अपना घर बना सके ग्रह कहलाता है। मानव के घर को पृथ्वी के नाम से जाना जाता है। मानव भविष्य मे नौ ग्रहो को अपना स्थान बना सकता है अतः इन नौ ग्रहो को भी मानव के घर के रूप मे जाना जाता है। सुर्य इन नव ग्रहो के प्रकाश का स्त्रोत है। चंद्रमा को पृथ्वी का सहायक ग्रह या उपग्रह भी कहते है। चंद्रमा का पृथ्वी से अलग अस्तित्व विद्यमान नही होता है। चंद्रमा मानव के भविष्य का विश्राम ग्रह बन सकता है।

02 नवग्रह - मानव का भविष्य इन नवग्रहो के भविष्य पर निर्भर करता है। मानव नस्ल या मानव नस्ल कि सहायक नस्लों का मुल निवास यही नव ग्रह है। भविष्य मे मानव इन नवग्रह के बाहर के ग्रहों मे भी अपना विकास व विस्तार कर सकता है। इन नवग्रहो का पर्यावरण परिवर्तनशील होता है। मानव को अपने अस्तित्व कि रक्षा के लिए इन ग्रहो के पर्यावरण को अपने अनुकुल बनाएं रखना होगा या फिर इन नवग्रहो से बाहर अपने लिए निवास स्थान को खोजना होगा। इन निवास स्थानो का पर्यावरण मानव नस्ल के अनुरूप होना बहुत आवश्यक होता है।

03 प्राणी ग्रह - पृथ्वी एक प्राणी ग्रह है मानव नवग्रहों व उनके सहायक ग्रहो को भी प्राणी ग्रह बना सकता है। अन्य नस्ल के प्राणी ग्रहो का भी इस संसार मे अस्तित्व विद्यमान होता है। आकाशगंगा मे अन्य प्राणी ग्रहो का अस्तित्व हो सकता है यदि आकाश गंगा मे अन्य प्राणी ग्रहो का

अस्तित्व है तथा उन ग्रहो पर रहने वाली नस्ल मानव नस्ल से ज्यादा विकसित है तो यह मानव नस्ल के लिए भविष्य का खतरा बन सकता है मानव भविष्य मे उस नस्ल का गुलाम बन सकता है। अपने ब्रहम अण्ड मे अन्य प्राणी नस्ल के विद्यमान होने कि संभावना अधिक है। अन्य ब्रहम अण्ड मे प्राणी नस्ल के ग्रह का पता लगाना आसान नही है तथा उस ग्रह तक पहुँचना तो लगभग ना मुमकिन है। मानव को अपने ग्रह पृथ्वी कि रक्षा के लिए अन्य प्राणी ग्रहों कि खोज को रफतार देनी होगी तथा उन प्राणी ग्रहो तक पहुँचने का मार्ग भी खोजना होगा।

तारामंडल सूत्र

01 परिभाषा - तारो का समुह जो मानव के रात्रि मे विचरण का मुख्य स्त्रोत होता है ताकि मानव के रात्रि मे विचरण से भटकाव को रोक सके। तारामंडल ऐसे तारो का समुह होता है जिनका तेज अधिक होता है तथा जो किसी वास्तविक या काल्पनिक स्वरूप को धारण करते है। मानव इन स्वरूपो का अध्ययन करके रात्रि मे लम्बी दुरी का सफर कर सकता है। तारामंडल एक ब्रहम अण्ड के भाग होते है जो कि एक ब्रहम अण्ड के विभिन्न नदों मे विद्यमान रहते है मानव इन तारामंडलो का अध्ययन करके अन्य प्राणी ग्रहो कें मार्गा को आसानी से खोज सकता है।

02 राशिचक्र - मानव राशिचक्र का प्रयोग खगोलशास्त्र के साथ साथ ज्योतिष के लिए भी करता है। राशिचक्र भी तारामंडल के ही भाग होते है। मानव के राशिचक्र बारह प्रकार के होते है जो 30 डिग्री के अन्तराल पर विद्यमान रहते है। खगोलिय विषुवत, पृथ्वी के भुमध्य रेखा के ठीक ऊपर होता है। सुर्य क्रांतिवृत्त पर भ्रमण करता है तथा यह क्रांतिवृत्त खगोलिय गोले पर विद्यमान रहता है। सुर्य के एक राशि से दुसरी राशि मे प्रवेश को संक्रांति कहा जाता है। मकर संक्रांति का महत्व हिंदु समाज मे बहुत अधिक होता है। मकर राशि मे सुर्य के प्रवेश को शुभ माना जाता है। राशिचक्र मे बारह राशि विद्यमान होती है।

03 तारापुंज - तारामंडल का एक महत्वपूर्ण हिस्सा तारापुंज कहलाता है। हिंदु समाज मे सप्तऋर्षि तारापुंज बहुत महत्वपूर्ण स्थान रखता है। खगोल गोला पृथ्वी के गोले से सकेंद्रित गोला होता है जिस प्रकार से पृथ्वी का विभाजन दो अर्द्ध गोलो के रूप मे किया जाता है उसी प्रकार खगोल के गोले को भी दो अर्द्ध गोलो मे विभाजित किया जा सकता है। तारामंडल कि आकृति किसी देश कि आकृति कि सुचक होती है तथा तारा मंडल के तारे उस देश के विभिन्न शहरो को सुचित करते है उसी प्रकार तारापुंज उस देश के महत्वपूर्ण शहरो का पुंज होता है। मानव खगोल गोले पर विभिन्न तारामंडल कि स्थिती व दुरी का मापन कर सकता है।

नक्षत्र सूत्र

01 परिभाषा - किसी भी ग्रह कि तथा किसी भी प्राणी नस्ल कि ऊर्जा का स्त्रोत नक्षत्र होते है। माना जाता है कि नक्षत्र कि ऊर्जा मानव नस्ल व पृथ्वी को प्रभावित करती है। सुर्य एक ऐसा नक्षत्र है जिसकी ऊर्जा मानव नस्ल व पृथ्वी को सबसे अधिक प्रभावित करती है। मानव नक्षत्र कि ऊर्जा का अध्ययन करके अपने भविष्य मे आने वाले खतरो से बच सकता है। मानव द्वारा नक्षत्रो कि ऊर्जा का अध्ययन व उस ऊर्जा का मानव जीवन मे पडने वाले प्रभावो का अध्ययन विषय ही ज्योतिष कहलाती है। मानव कि हस्त रेखाओं तथा मानव कि कपाल रेखाएं मानव के भविष्य कि ओर ईशारा करती है। मानव कि हस्त रेखाएं मानव के अभ्यास कि सुचक होती है तथा मानव कि कपाल रेखाएं मानव के अनुभव कि सुचक होती है। मानव कि आँख मानव के नजरिएं कि सुचक होती है। मानव द्वारा अन्य मानव कि आँख, कपाल व हस्त का अध्ययन करके उस मानव के भविष्य के बारे मे पुर्वानुमान लगाया जा सकता है।

02 कक्ष - नक्षत्र समय के अनुसार विभिन्न प्रकार कि ऊर्जाओं का उत्सर्जन करते है। नक्षत्र कि अलग अलग प्रकार कि ऊर्जाओं को ही नक्षत्र के कक्ष कहते है। कुछ कक्ष मानव नस्ल के लिए लाभ दायक होते है

तथा कुछ कक्ष मानव नस्ल के लिए खतरा बन सकते है। नक्षत्र कि ऊर्जा का प्रभाव मानव नस्ल पर संयुक्त रूप से पड़ता है, मानव का नक्षत्र कि ऊर्जा के प्रभाव को व्यक्ति विशेष पर मानना गलत है। मानव नक्षत्र के कक्षों का अध्ययन करके संपूर्ण मानव नस्ल पर पड़ने वाले प्रभाव का अध्ययन करता है।

03 ज्योतिष - ज्योतिष का संबंध मानव के चरित्र, समाज के कर्म, मानव के कर्म व नक्षत्र से होता है। मानव नक्षत्रो का अध्ययन करके ही किसी मानव के भविष्य कि परिकल्पना नही कर सकता है। ज्योतिष विद्या मे हमेशा भविष्य के मान को शुन्य माना जाता है। यदि कोई मानव भविष्य को शुन्य नही मानता है तो वह मानव कभी भी भविष्य का सही अनुमान नही लगा सकता है। समाज व परिवार के कर्म पर आपका भविष्य आपके चरित्र व नक्षत्रों से अधिक निर्भर होता है।

आकाशगंगा सूत्र

परिभाषा - आकाश मे विभिन्न प्रकार के नद विद्यमान होते है, उन नदों को हम विभिन्न नामो से जानते है। उनमे से एक नद का नाम आकाश गंगा भी है। इन सभी नदों या कुछ नदों को छोड़कर सभी का संगम एक विशाल समुंद्र मे होता है। ये नद जिस धरातल पर विद्यमान होते है उस धरातल को हम बह्म अण्ड के रूप मे जानते है। ये संसार विभिन्न ब्रह्म अण्ड व आकाश समुद्र का सम्मिलित रूप होता है। इस दिव्य समुंद्र को ही बैकुंठ कहा जाता है जिसमे भगवान विष्णु का निवास होता है। इन ब्रह्म अण्डो व दिव्य समुंद्र का निर्माण जिस शक्ति से हुआ है उस शक्ति को ही हम आदि शक्ति कहते है। आदिशक्ति का संबंध महाकाल से होता है बिना महाकाल के आदिशक्ति अपनी शक्ति का प्रयोग संसार के निर्माण के लिए नही कर सकती है। आदिशक्ति व महाकाल का अस्तित्व सदा के लिए इस संसार मे विद्यमान रहता है। काल के विनाशक स्वरूप को भैरव के नाम से जाना जाता है तथा शक्ति के विनाशक स्वरूप को काली के रूप से जाना जाता है। काल के विकास

स्वरूप को शिव के नाम से जाना जाता है तथा शक्ति के विकास स्वरूप को दुर्गा के नाम से जाना जाता है।

02 प्रकार - नद तीन प्रकार के होते है हिंम नद, वर्षा नद व संगम नद। हिंम नद के स्त्रोत का पता करके हम हिम नद कि रक्षा कर सकते है, वर्षा नद के स्त्रोत का पता होने पर भी वर्षा नद कि रक्षा करना आसान नही होता है। संगम नद का स्थायीत्व अधिक होता है मानव जिस नद मे निवास करता है वह संगम नद का एक प्रकार हैं।

03 नद संगम - एक बहम अण्ड के कुछ नदो का संगम हो होकर एक नए नद का निर्माण होता है। हमारी आकाश गंगा भी अनेक नदो के संगम से निर्मित एक विशाल नद है। हम हमारी आकाशगंगा कि सहायता से उन नंदो मे विचरण कर सकते है। हम अपने ब्रह्म अण्ड कि सहायता से अपने ब्रह्मअण्ड के विभिन्न नदो मे विचरण कर सकते है। स्वयं के ब्रह्म अण्ड के नदों मे विचरण करना आसान होता है। अन्य बहम अण्ड के नदों मे विचरण के लिए दिव्य समुंद्र को पार करना पड़ता है।

पृथ्वी सूत्र

पशुपति सूत्र

01 परिभाषा - मानव नस्ल कि सहायक नस्ल को पशु नस्ल कहा जाता है। पशु नस्ल का अस्तित्व मानव नस्ल के अस्तित्व के लिए बहुत आवश्यक होता है। आज मानव नस्ल अपनी संख्या के विस्तार तथा स्वयं के स्वार्थ ने पशु नस्ल को संकट मे डाल दिया है। मानव ने कुछ नस्लो कि संख्या मे एक सीमा से अधिक वृद्धि अपने स्वार्थ के लिए कर दी तथा कुछ नस्लो का अंत अपने स्वार्थ के लिए कर दिया। मानव नस्ल कभी भी पशु नस्ल कि रक्षक नही हो सकती है मानव नस्ल केवल पशुनस्ल कि भक्षक बन सकती है जो पशु प्रेमी खुद को पशु रक्षक कहता है वर्तमान मे वही मनुष्य ही अपने स्वार्थ के लिए पशु नस्ल कि स्वतंत्रता छीन कर उनको नष्ट करने के लिए प्रयासरत है। भगवान शिव को वास्तविक पशु रक्षक कहा जाता है जिन्होने कभी भी पशुओ को गुलाम बना कर उनके विकास मे अवरोध उत्पन्न नही किया। भगवान शिव ने सदा पशु वर्ग के मित्र के रूप मे कार्य किया है। दुख कि बात यह है कि शिव भक्त भी वर्तमान समय मे पशुओ को गुलाम बनाने का प्रयास कर रहे है। जो मानव पशु को गुलाम बनाने का प्रयास करता है वह मानव कभी भी शिव भक्त नही हो सकता है।

शहरी समाज - शहरी मानव ने अपनी एकाकी को दुर करने के लिए पशु को गुलाम बनाना प्रारम्भ कर दिया है। मानव पशु को घर व खाना देकर उसको अपना गुलाम बना चुका है शहरी मानव भुल चुका है पशु

स्वयं भी अपने भोजन व घर कि व्यवस्था कर सकते है। मानव ने दुध व ऊन के लिए पशु वर्ग को गुलाम बनाया है, परन्तु पशु वर्ग को अपनी एकाकी के लिए गुलाम बनाना मानव हत्या से भी बड़ा अपराध होता है। शहरी मानव ने पशु व पक्षी के निवास स्थान पर अपना निवास स्थान बना लिया तथा पशु के भोजन को अपना भोजन बना लिया फिर स्वयं के पशु प्रेमी होने का झुठा ढोंग करता फिरता है। ऐसे शहरी दोगले मानव को ही अज्ञानी पुरूष कि संज्ञा दी जा सकती है। ग्रामीण समाज मे पशु को दुध व ऊन के लिए गुलाम बनाना कुछ हद तक उचित है। अपने भोजन के लिए पशु हत्या करना पाप होता है।

वनदेवी सूत्र

01 परिभाषा - पेड व पौधो को संयुक्त रूप से वनस्पति कहा जाता है। वनस्पति कि वन कि देवी के रूप मे पुजा कि जाती है। तुलसी कि पहचान औषधि देवी के रूप मे होती है। पीपल कि पहचान ज्ञान के देवता के रूप मे होती है। वट वृक्ष कि पहचान आराम व विशालता के देव के रूप मे होती है। बिल के पेड़ कि पहचान सोमदेव के पुत्र के रूप मे होती है। अशोक के पेड़ कि पहचान कामदेव के पुत्र के रूप मे होती है। आम के पेड़ कि पहचान प्रेम के देवता के रूप मे होती है। नीम के पेड़ कि पहचान औषधि के देवता के रूप मे होती है। केले के पेड़ कि पहचान पवित्रता के देवता के रूप मे होती है। नारयल के पेड़ कि पहचान सफलता के देवता के रूप मे होती है। कमल के फुल कि पहचान विकास कि देवी के रूप मे होती है। चंदन के पेड़ कि पहचान शुगंध के देवता के रूप मे होती है। कुंदा के फुल कि पहचान सुन्दरता कि देवी के रूप मे होती है। कंदम्ब के फुल गंधर्व वर्ग के सुचक होते है। चम्पा के फुल कि पहचान चमक के देवता के रूप मे होती है। पारिजात के फुल कि पहचान धर्म के देवता के रूप मे होती है।

02 घर - पेड़ पशु - पक्षियों का घर होते है, पेड़ मानव के लिए विश्राम स्थल का कार्य करते है। मानव ने पेड़ो को काटकर पश - पक्षियों को

बेघर कर दिया है। मानव अपने घर कि सुन्दरता के लिए लिए भी पेड़ो को नष्ट करता है। मानव पेड़ो को बचाने कि बात उसी स्थान पर करता है जहां पर कुछ साल पहले तक जंगल हुआ करता था। मानव ऐसे ही जंगलो का नाश करके पेड़ो कि रक्षा कि बात करता रहेगा। मानव कभी भी अपनी आवश्यकताओं का नाश कर के पेड़ो कि रक्षा कि बात नही करेगा। मानव भोगी होकर योगी बनने का दिखावा करता है ये दिखावा ही मानव के विनाश का कारण बनेगा।

03 दोहन - मानव वनस्पति का अधिक दोहन करता है फिर मानव कि शिकायत होती है यह पृथ्वी का वातावरण कैसे बदल रहा है मानव को या तो शिकायत बंद कर देनी चाहिए या मानव को फिर पृथ्वी के दोहन को बंद कर देना चाहिए।

नरपशु सूत्र

01 परिभाषा - नरपशु का सृजन नर व पशु के संगम से होता है, नरपशु का सृजन भगवान ब्रह्म के द्वारा नही किया जा सकता है नरपशु के सृजन का अधिकार सिर्फ भगवान शिव को ही है इसी कारण भगवान शिव को नरपशु के सृजन करता कहा जाता है। नर पशु दो प्रकार के होते है नाग नरपशु तथा गन्धर्व नरपशु। गंधर्व नरपशु शिव कि धन शक्ति से उत्पन्न होते है तथा नाग नर पशु शिव कि ऋण शक्ति से उत्पन्न होते है। गंधर्व कला का स्त्रोत होते है तो नाग जहर का स्त्रोत होते है, गंधर्व अमृत कि रक्षा करते है तथा नाग रत्न व स्वर्ण आभुषणो कि रक्षा करते है। गंधर्व का निवास स्थान स्वर्ग होता है तथा नागों का निवास स्थान पाताल लोक होता है।

02 नाग - नागों के राजा को वासुकि कहते है जो भगवान शिव के गले मे विराजमान है तथा जिसने समुंद्र मंथन मे एक रस्सी का कार्य किया था, वासुकि ही नाग मणि को धारण करते है। शेषनाग को नागों का प्रथम राजा माना जाता है जो कि क्षीरसागर मे विधमान है इस क्षीरसागर के

ऊपर ही ब्रह्म अण्ड विराजमान होता है। तक्षक नाग का निवास स्थान खाण्डव वन था, तक्षक के जहर से ही राजा परीक्षित कि मृत्यु हुई थी। कर्कोटक नाग निषाद राज्य मे रहता था जिसने निषाद राजा नल को डंक मारा था। कालिया नाग रमण द्वीप पर रहता था जो गरुड के डर से यमुना मे निवास के लिए आ गया था। मनसा माता के पति का नाम जरत्कारु था। मनसा माता के पुत्र का नाम आस्तीक था जिसने जनमेजय के यज्ञ को रोक कर नाग वंश कि रक्षा कि थी। उलूपी नाग अर्जुन कि पत्नी थी। इरावती भी एक नाग राजकुमारी थी।

03 गंधर्व - अपसराएं गंधर्वा कि पत्नी होती है, गंधर्व रोमरस के रक्षक व मनोरजंन के देवता होते है। तुम्बुरु घोडे के मुख वाला गंधर्व है, चित्रांगद ने शांतनू व सत्यवती के पुत्र चित्रांगद कि हत्या कि थी। चित्रसेन ने कौरवों तथा पांडवो से युद्ध किया था। चंदावेगा जिसने पुरंजन शहर पर आक्रमण किया था। गंधर्वा को गांधार का निवासी माना जाता है।

धरा सूत्र

01 परिभाषा - पृथ्वी प्राणी के रहने के लिए उपयुक्त है यह पृथ्वी का सबसे महत्वपूर्ण लक्षण है जो पृथ्वी को अन्य नवग्रहो से विशेष बनाता है। पृथ्वी कि यह विशेषता पृथ्वी के लिए वरदान भी है तो यह पृथ्वी के लिए अभिशाप भी। पृथ्वी का एक सीमा से अधिक दोहन पृथ्वी का अभिशाप होता है तथा पृथ्वी का सीमा के अर्न्तगत दोहन पृथ्वी के लिए वरदान होता है। मानव अन्य नवग्रहों का दोहन भी पृथ्वी के विकास के लिए कर सकता है जो पृथ्वी के लिए वरदान का कार्य करेगा। जिस प्रकार माता संतान को जन्म देती है उसी प्रकार पृथ्वी ने भी प्राणी को जन्म दिया है अतः पृथ्वी प्राणी कि माता कहलाती है तथा सुर्य प्राणी का पिता कहलाते है।

02 वतावरण - पृथ्वी का वातावरण मानव के विचारों को प्रभावित करता है। पृथ्वी का वातावरण मानव कि क्षमता को प्रभावित करता है। पृथ्वी

का वातावरण नई खोजो के लिए मानव कि एक आशा रूपी जवाला के रूप मे कार्य करता है। हर नस्ल एक विशेष प्रकार के वातावरण मे आरामदायक महसुस करती है अन्य वातावरण उस नस्ल को पीड़ा पहुँचा सकता है। कुछ वातावरण ऐसे होते है जो हर नस्ल के लिए आरामदायक होते है। मानव नस्ल को हर प्रकार के वातावरण मे जीने का प्रयास करना चाहिए तभी मानव सभ्यता का लम्बे समय तक धरती पर अस्तित्व विद्यमान रह सकता है। वर्तमान मानव ने पृथ्वी के वातावरण को अपने आराम के अनुसार परिर्वतित करने का प्रयास किया है ना कि वातावरण के अनुसार स्वयं को परिर्वतित करने का प्रयास किया है।

03 धरातल - पृथ्वी का धरातल सबसे महत्वपूर्ण होता है, पहाड़, मैदान, पढार, गर्त आदि पृथ्वी के धरातल कि प्रमुख विशेषताएं होती है। मैदान मानव के निवास का मुल स्थान होता है, मानव के अस्तित्व के लिए ऊर्जा कि आसानी से प्राप्ति मैदानो से ही होती है। पहाड़ी ईलाका मानव कि शरण स्थली कहलाती है जब भी मानव के अस्तित्व को खतरा महसुस होता है मानव पहाड़ो का रूख कर लेता है। पढ़ार मानव कि रक्षा के साथ मानव के विकास मे भी सहायक होते है।

वायु सूत्र

मरुत सूत्र

01 परिभाषा - मरुत को तूफान के देवता के रूप मे जानते है, मरुत के अस्त्र व शस्त्र स्वर्ण धातु से निर्मित होते हैं। मरुत के साथ वर्षा के देवता का भी कभी कभी आगमन होता है। मरुत कि पत्नी का नाम रोदसी है जो कि बिजली के देवी कही जाती है। मरुत का आना रोदसी के आने का सुचक होता है। मरुत के स्वर्ण वस्त्र अपने पिता रुद्र के प्रभाव मे आकर काले रंग को ग्रहण कर लेते है।

02 रोदसी - बिजली का भयावह स्वरूप रोदसी कहलाता है, बिना मरुत के रोदसी का आगमन नही होता है, जब मरुत का प्रभाव चरम् पर होता है तो रोदसी का प्रभाव भी चरम् पर होता है। रोदसी इंद्र कि पुत्री के रूप मे जानी जाती है। रोदसी के पास अपने पिता इंद्र देव का वज्र होता है जिससे रोदसी शत्रुओ पर वज्रपात करती है। मरुत शत्रु कि आँखो को अपने स्वर्ण अस्त्र व शस्त्रो से कुछ समय के लिए प्रभाव हीन कर देता है। मरुत अपने वेग द्वारा शत्रु कि गति को बहुत कम कर देते है ताकि शत्रु को आसानी से हराया जा सके। इन्द्र देव शत्रु कि ताकत के कम हो जाने पर उसका वध कर देते है इन्द्र देव ने वृत्तासुर का वध मरुतो कि सहायता से ही किया था जिसमे इन्द्र का साथ इन्द्र कि पुत्री ने दिया था।

03 क्रोध - मरुत क्रोध के सुचक होते है जब मानव क्रोध मे होता है तो मानव कि बात को नजरअंदाज कर देना चाहिए यदि आपने ऐसा नही किया तो वहां पर रोदसी प्रकृट हो सकती है जो आप पर वज्रपात करके

आप को नष्ट भी कर सकती है। मानव को अपने क्रोध को शांत रख कर रोदसी के प्रभाव से बचने का प्रयास करना चाहिए। मरुत का रोद्र रूप शांत हो जाने पर वह शिव रूपी वरदानी रूप को धारण कर लेता है अतः शांत मरुत मानव जाति के लिए लाभ दायक होता है। मरुत के शांत रूप को हम हवा के रूप मे जानते है, हवा का शीतल रूप मानव के तन व मन को आनंद देता है। क्रोध कि आग से हवा के गर्म रूप का जन्म होता है जो मानव के मन को अशांत कर सकता है तथा मानव के तन को पीड़ा दे सकता है।

रुद्र सूत्र

01 परिभाषा - रुद्र का अर्थ होता है शत्रु का नाश करने वाला, भैरव का अर्थ होता है पाप का नाश करने वाला। रुद्र का वाहन नंदि होता है तथा इंद्र का वाहन ऐरावत हाथी होता है। रुद्र को इन्द्र का महासेनापति माना जाता है। रुद्र वायु का ही अंश होता है जिसकी पत्नी का नाम रुद्राणी है। रुद्र को समस्या को जड से समाप्त करने के लिए जाना जाता है। राजतंत्र का एक मुल सिद्धांत होता है कि कभी भी अपने शत्रु को माफ नही करना चाहिए, शत्रु को माफ एक ही शर्त पर किया जा सकता है जब शत्रु आपके आधिपत्य को स्वीकार कर लें। शत्रु का जड़ से नाश रुद्र कि स्तुति करके ही किया जा सकता है। रुद्र को शिकार का देवता भी कहते है जिसकी दहाड़ सिंह के समान होती है। रुद्र को प्रतिशोध का स्वरूप भी माना जाता है।

02 संबंध - मरुत को रुद्र कि संतान माना जाता है क्योकि प्रतिशोध से ही क्रोध कि उत्पत्ति होती है। रुद्र कि दहाड तथा मरुत के वेग मे भी बहुत गहरा संबंध होता है रुद्र कि दहाड पतिशोध कि होती है तथा मरुत का वेग क्रोध का स्वरूप होता है। मरुत सेनापति के रूप मे कार्य करते है तथा रुद्र महासेनापति के रूप मे इंद्र कि सहायता करते है। रुद्र व भैरव मे सिर्फ शत्रु व पाप का अंतर होता है रुद्र शत्रु का नाश करते है तथा भैरव पाप का नाश करते है।

03 औषधि - महासेनापति का कार्य करते हुए रुद्र सेनिकों के उपचार का भी विशेष ध्यान रखते है। यदि सेना घायल हो जाती है या सेना निराश हो जाती है तो रुद्र उनका ईलाज तथा उनका उत्साह वर्धन करते है। रुद्र जीत का ही एक रूप होते है जो सिर्फ जीत के लिए युद्ध लड़ते है पाप व पुण्य कि स्थापना के लिए युद्ध नही लडते है। पाप व पुण्य कि स्थापना का कार्य राजा इन्द्र द्वारा किया जाता है। यदि कोई सेनापति अपने सेनिको को मैदान मे छोडकर भाग जाता है या घायल सेनिको कि मदद नही करता है तो वह मानव कभी भी रुद्र का भक्त नही हो सकता है। हारती हुई सेना का मनोबल ना गिरने देने वाला सेनापति ही वास्तविक रुद्र भक्त होता है।

अग्नि सूत्र

01 परिभाषा - अग्नि पांचभूत तत्वो मे से एक तत्व होती है जो कि परम् अग्नि कहलाती है। परम् अग्नि व परम् शक्ति एक ही है। परम् शक्ति के रूप मे अग्नि का महत्व बहुत बडा होता है। अग्नि को वायु देव कि पुत्री के रूप मे भी जाना जाता है। अग्नि वायु देव कि पुत्री के रूप मे मानव द्वारा देवताओं को दिए गए प्रसाद को ग्रहण करती है। अग्नि का महत्व वायु देव कि पुत्री के रूप मे बहुत कम हो गया है। इस रूप में यह मानव समाज के 16 संस्कारो का भाग बन चुकी है तथा हिन्दु त्योहारो मे सत्य कि असत्य पर जीत का प्रतिक बन चुकी है। अग्नि देव का वाहन जंगली भेड़ होती है, जिस प्रकार भेड़ कि ऊन हमारे शरीर को गर्म करती है उसी प्रकार अग्नि भी हमारे शरीर को गर्म करती है। अग्नि कि पत्नी का नाम स्वाहा है जो कि हवन क्रिया के प्रसाद के ग्रहण को स्वीकार करती है।

02 अग्नि के स्वरूप - संसार मे 9 रंग तथा 9 रस होते है जैसे लाल, नारंगी, पीला, हरा, नीला, जामुनी, बैंगनी, सफेद तथा काला 9 रंग होते है। श्रृंगार, हास्य, अद्भुत, करूण, वीर, भयानक, वीभत्स, शांत तथा रोद्र 9 रस होते है। इन रंगो व रसो के संगम से विभिन्न प्रकार के स्वरूपो

का निर्माण होता है। इन सभी स्वरूपो कों अग्नि के स्वरूप ही कहते है। अग्नि के मुल रूप से 72 स्वरूप होते है परन्तु वास्तव मे अग्नि के स्वरूपों कि संख्या अनंत होती है।

03 दिक्पाल - अग्नि दक्षिण पूर्व दिशा कि रक्षक होती है, वरूण देव पश्चिम दिशा के रक्षक होते है, इन्द्र देव पूर्व दिशा के रक्षक होते है, कुबैर उतर दिशा के रक्षक होते है, यम दक्षिण दिशा के रक्षक होते है, ईशान उतर - पूर्व दिशा के रक्षक होते है, वायु देव पश्चिम - उतर दिशा के रक्षक होते है तथा निऋति पश्चिम - दक्षिण दिशा के रक्षक होते है।

04 संस्कार - हवन व यज्ञ कि क्रिया मे अग्नि देव का आह्वान किया जाता है। सप्तपदी का संस्कार भी अग्नि देव के आह्वान पर ही होता है जो कि आत्मा के संगम का कार्य करती है।

मंत्र सूत्र

01 परिभाषा - मंत्र का जप आध्यात्म व अलौकिक शक्ति कि प्राप्ति के लिए किया जाता है। आध्यात्म मे मंत्र के प्रयोग द्वारा ध्यायान कि प्राप्ति का प्रयास किया जाता है। मंत्र आपको अन्य विचारो से मुक्त कर एक ही विचार पर आपका ध्यान केंद्रित करने का कार्य करते है। मंत्र मे मन कि शांति को आसानी से प्राप्त किया जा सकता है, मन कि शांति आध्यात्म कि दिशा मे प्रथम चरण होता है। मंत्र विद्या व यंत्र विद्या के संगम से तंत्र विद्या का सृजन होता है। मंत्र का आयाम, आवृति तथा तरंगदैर्ध्य तंत्र विद्या मे विशेष महत्व रखता है। मंत्र का अर्थ आध्यात्म मे विशेष महत्व रखता है। हर मंत्र का अर्थ हो यह जरूरी नही है परन्तु मंत्र का आयाम, आवृति तथा तरंगदैध्य का गणितीय रूप मे होना आवश्यक होता है। मंत्र का अर्थ नही होने पर आप अन्य विचारो को पुर्ण रूप से नष्ट नही कर सकते हो जिससे कि आपकी साधना मे समय के साथ बाधा उत्पन्न हो सकती है।

02 प्रकार - प्रणव मंत्र मे ॐ के शब्द का महत्व होता है जो परम् शब्द का सुचक होता है इस शब्द कि तरंग के आयाम, तरंगदैर्ध्य व आवृति मे परिवर्तन से ही सृष्टि का सृजन होता है। गायत्री मंत्र मे दिव्य प्रकाश का ध्यायान किया जाता है जिससे कि मानव के ज्ञान व बौद्धिक क्षमता का विकास हो सके। पवमान मंत्र का अर्थ अवास्तविक, अंधकार तथा मृत्यु से वास्तविकता, प्रकाश तथा अमरता कि तरफ गमन होता है। शांति मंत्र का अर्थ होता है शिक्षा से दिव्य प्रकाश को उत्पन्न करना जो संसार के सारे द्वेषो को नष्ट कर दे।

03 उद्देश्य - मंत्र का उद्देश्य सत्य, वास्तविकता, प्रकाश, अमरता, शांति, प्रेम, ज्ञान तथा धर्म आधारित कर्म का समाज व संसार मे विस्तार हो सके। वर्तमान समय मे मंत्र का प्रयोग करके अपने पापो कों पुण्य मे बदलने का प्रयास किया जा रहा है, जो कि कर्म काण्ड कि उत्पत्ति का मुख्य कारण है। भाषा का भी विशेष महत्व होता है, समान अर्थ वाले मंत्र कि अलग अलग भाषा होने के कारण प्रभाव भी अलग अलग होता है। आवाज का वेग भी मंत्र के भाव को प्रभावित करता है।

जल सूत्र

इंद्र सूत्र

01 परिभाषा - इन्द्र को वर्षा व बिजली का देवता कहा जाता है। इन्द्र को युद्ध का देवता कहा जाता है। इन्द्र को दुनिया का सबसे अच्छा प्रशासक कहां जाता है। वर्षा मानव जीवन के लिए बहुत महत्व रखती है जिस प्रकार सरकार हर साल बजट लेकर आती है उसी प्रकार इन्द्र देव भी मानव समाज के लिए वर्षा के रूप मे अपना बजट लेकर आते है। वर्षा के द्वारा इन्द्र देव मानव समाज कि असमानता को दुर करने का प्रयास करते है। बिजली के रूप मे इन्द्र देव मानव समाज के अपराधी वर्ग को दण्ड देने का कार्य करते है।

02 भोजन - मानव समाज के लिए आवश्यक भोजन व जल कि आवश्यकता वर्षा के द्वारा ही पुरी होती है। वर्षा कि अनियमितता मानव समाज पर भोजन व जल का संकट उत्पन्न कर सकती है। इन्द्र देव कि पुजा भी इस कारण से ही मानव समाज के द्वारा कि जाती है। वर्तमान समाज मे इन्द्र देव के महत्व के कम होने का प्रमाण है कि वर्तमान मानव वर्षा के महत्व को भुलता जा रहा है। मानव समाज का युद्ध से डरने का भी यही कारण है जो कि मानव समाज को लगातार कायरता कि तरफ ले जा रहा है। मानव कि कायरता के कारण ही मानव गलत का विरोध नही कर पाता है, मानव समाज के शोषण को भी अपनी कायरता के कारण स्वीकार कर लेता हैं। वर्तमान प्रशासन का उत्तरदायी

नही होना तथा सदा अपने स्वार्थ के अनुकूल फैसले लेना भी भगवान इन्द्र मे विश्वास कि कमी को दर्शाता है।

03 बिजली - जिस प्रकार जल पुण्य करने वालो के लिए अमृत का काम करता है उसी प्रकार इन्द्र देव कि बिजली मानव समाज मे पाप करने वालो के लिए जहर का प्रतिक होती है। इन्द्र देव समाज मे अधर्म करने वालो तथा अधर्म कि मित्र मंडली का विनाश इसी बिजली द्वारा करते है। इन्द्र देव समाज मे धर्म करने वालो तथा धर्म कि मित्र मंडली कि रक्षा अपनी वर्षा स्वरूपी तलवार से करते है। जिस प्रकार जल से बिजली का निर्माण होता है उसी प्रकार ही धर्म से अधर्म का निर्माण होता है परन्तु अधर्म से धर्म का निर्माण नही हो सकता है।

वरुण सूत्र

01 परिभाषा - वरुण देव को समुंद्र के देवता के रूप मे जाना जाता है। वरूण देव खगोलिय सागर के पुत्र कहे जाते है अतः वरूण देव के पिता को बैकुण्ठ तथा माता को वैतरणी कहा जाता है। वरूण देव का मानव समाज मे बहुत महत्व होता है वरूण देव ने अकुत सम्पत्ति के भण्डार को अपने मे समा रखा है। सरोवर के किनारे पर भी बहुत सी सभ्यताओं का विकास हुआ है। सरोवर को वरूण देव का पुत्र माना जाता है।

02 बैकुण्ठ - भगवान विष्णु का निवास स्थान बैकुण्ठ कहलाता है, सभी ब्रह्म अण्ड का आधार बैकुण्ठ ही होता है। मानव एक बह्म अण्ड से दुसरे ब्रह्म अण्ड मे प्रवेश बैकुण्ठ के द्वारा ही कर सकता है। वैतरणी नदी को पार करके बैकुण्ठ मे जाया जा सकता है। वैतरणी नदी को पार करना आसान नही होता है। वैतरणी नदी ब्रह्म अण्ड कि दरारो मे प्रवाहित होती है इन दरारो को पार कर मानव बैकुण्ड पहुँच सकता है।

03 सरोवर - मान सरोवर को सभी सरोवरो के राजा के रूप मे जाना जाता है। मान सरोवर के पास ही भगवान शिव कि कैलाश नगरी विद्यमान है जो कि सरोवरो के मानव समाज मे महत्व कि तरफ ईशारा

करती है। सरोवर मानव के भोजन, जल व परिवहन का मुख्य स्त्रोत होते है। वर्तमान समय मे सरोवरों के नष्ट हो जाने से मानव समाज से पशुपति व वन देवी दोनो नाराज है जिनकी नाराजगी का प्रकोप मानव समाज हर रोज महसुस करता है।

04 समुंद्र मंथन - मंदार पर्वत व वासुकि नाग के सहयोग से किया गया जिसका आधार भगवान विष्णु का कुर्म अवतार बना। सबसे पहले हलाहल विष निकला जिसको भगवान शिव ने अपने कंठ मे ग्रहण किया। लक्ष्मी, अपसराएं, वरुणी, ज्येष्ठा तथा निंद्रादेवी नामक पांच महिलाएं निकली। औषधि, रत्न व आभुषण निकले, 14 रत्न निकले तथा कौस्तुभ आभुषण निकला। अमृत तथा पांचजन्य द्रव्य निकले। शारंग व छतरी निकली, कल्पवृक्ष व कामधेनु निकली, ऐरावत व उच्चैःश्रवा निकले, चंद्र व धनवंतरी निकलें।

गंगा सूत्र

01 परिभाषा - गंगा को सभी नदियों कि माता के नाम से जाना जाता है। गंगा को धर्म कि देवी या पुण्य कि देवी के नाम से जाना जाता है। मान्यता के अनुसार गंगा मे स्नान करने से आप अपने पापो का वितरण समाज व परिवार मे कर सकते हों। गंगा मे स्नान से आप समाज व परिवार के पुण्य को ग्रहण कर सकते हो। पाप व पुण्य आपके कर्म का परिणाम होते है इन्हें ग्रहण या परित्याग किया जाता है इनको नष्ट नही किया जा सकता है। मानव के पुण्य से अमृत का निर्माण होता है तथा मानव के पाप से जहर का निर्माण होता है। गंगा को मोक्ष दात्री भी कहां जाता है गंगा मे स्नान से आप सभी प्रकार कि माया का त्याग कर सकते हों। वर्तमान समय मे गंगा अपवित्र लोगो के स्नान से अपवित्र होती जा रही है जिसके परिणाम स्वरूप जो भी मानव गंगा मे स्नान करता है वह ओर अधिक माया के जाल मे फंस जाता है।

02 पवित्रता - गंगा कि तरह ही पृथ्वी की हर नदी पवित्र होती है नदी कि पवित्रता नदी कि मानव समाज को आवश्यकता पर निर्भर करती है जब

तक मानव समाज को नदियों कि आवश्यकता होगी तब तक ही नदियों को पवित्र मानकर उनकि रक्षा करने का प्रयास किया जाएगा। वर्तमान समाज मे नदियों के नष्ट होने का मुख्य कारण नदियों कि प्रत्यक्ष आवश्यकता मानव समाज को बहुत कम हो चुकी है। नदियां मानव समाज कि आध्यात्मिक आवश्यकताओं कि पुर्ति भी करती है परन्तु वर्तमान मानव का आध्यात्म से दुर जाने से नदियो कि आवश्यकता प्रभावित हुई है।

03 सभ्यताएं - मानव के सभी सभ्यताओं का जन्म स्थल पहाड़ी व पढ़ारी भाग को माना जाता है। मानव कि सभी सभ्यताओं का विकास स्थल नदियों को माना जाता है। नदियां मानव कि मुख्य आवश्यकता भोजन कि उपलब्धता आसानी से करा देती है। मानव के रहने के लिए घरो का निर्माण भी नदियों कि सहायता से आसानी से होता है क्योकि मानव के घर के लिए आवश्यक मिट्टी व लकड़ी नदियों के किनारो से आसानी से प्राप्त हो जाती है। नदियां जंगली जन्तुओं से मानव कि रक्षा के लिए एक प्राकृतिक रक्षक का कार्य करती है।

प्रलय सूत्र

01 परिभाषा - विकास के बाद विनाश होता है तथा विनाश के बाद ही विकास होता है। प्रलय व सृजन एक चक्रीय प्रक्रिया के दो भाग होते है। प्रलय की रफतार सृजन कि रफतार से हजार गुणा अधिक होती है। मानव किसी भी समाज को विनाश के मार्ग पर आसानी से ले जा सकता है परन्तु मानव के द्वारा किसी समाज को विकास के मार्ग पर ले जाना आसान नही होता हैं मानव असुर तो आसानी से बन सकता है परन्तु मानव का भगवान बनना असंभव होता है। धर्म के बाद अधर्म आता है तथा अधर्म के बाद धर्म कि स्थापना होती है। धर्म से अधर्म कि उत्पत्ति हो सकती है परन्तु अधर्म से धर्म कि उत्पत्ति नही हो सकती है। इसी कारण से अधर्म का नाश करना आवश्यक हो जाता है। अधर्म के नाश

के लिए ही भगवान शिव भैरव का अवतार धारण करते है ताकि प्रलय के द्वारा अधर्म का नाश किया जा सके।

02 जल - जल के द्वारा प्रलय लाना सबसे आसान होता है मानव जल के प्रकोप को सहन नही कर सकता है। भगवान भैरव भी जल के द्वारा ही प्रलय लाने का कार्य करते है। आप प्रलय ऊर्जा के द्वारा भी ला सकते हो परन्तु ऊर्जा कि प्रलय के बाद सृजन कि रफतार एक लाख गुणा कम हो जाती है जो कि मानव समाज के लिए कभी भी सही नही हो सकती है। जल से प्राणी समाज का सृजन भी होता है परन्तु इसकी रफतार प्रलय कि रफतार से हजार गुणा धीरे होती है। अतः मानव समाज को प्रलय का विचार करने से पहले सृजन कि रफतार पर भी विशेष ध्यान देना चाहिए।

03 भैरव - जल के द्वारा प्रलय लाने का कार्य भगवान भैरव द्वारा किया जाता है तथा ऊर्जा के द्वारा प्रलय लाने का कार्य माता काली के द्वारा किया जाता है। माता काली का प्रकोप भगवान भैरव से 100 गुणा अधिक होता है। माता काली का रोद्र स्वरूप भगवान भैरव से 100 गुणा अधिक होता है। माता काली काल व ऊर्जा दोनो को दर्शाती है, माता काली कि ऊर्जा का स्वरूप विनाश का होने के कारण ही माता काली को काले रंग कि देवी के रूप मे पुजा जाता है।

अध्याय 11

विष्णु सूत्र

01 परिभाषा - विष्णु को कर्म के देवता माना जाता है तथा विष्णु को माया का देवता भी माना जाता है। विष्णु धर्म - अधर्म को सृजन करने वाले देवता के रुप मे भी जान जाते है। जिस देश मे ढोंगी योगी का रूप धारण करके सत्ता कि प्राप्ति कर ले तथा सत्ता को योग से जोड़ दे जो कि सदा से भोग से जुड़ी हुई है उस देश का अंत निकट ही होता है। इसके कारण लोग वास्तविक योगी को भी भोगी समझ के पीटने लग जाते है जो आज के भारत कि विशेष पहचान बन चुका है। साधु - संतो पर अत्याचार आज के भारत कि पहचान बन चुका है, साधु संतो का अपमान आज के भारत कि पहचान बन चुका है क्योकि जो बुधु है वह आज साधु बन चुका है जो प्रपंच करता है वह आज संत बन चुका है। आज बुधु लोगो ने साधु का वेश धारण कर लिया है जो सदा अपने स्वार्थ के लिए नफरत तथा हिंसा कि बात करते है। बुधु लोग मानव को मुर्ख बना कर मानव कि समस्या को अधिक विकराल कर देते है उस समस्या से परेशान होकर मानव वास्तविक साधु पर भी वार करने से नही डरता है। भगवान कि भक्ति का प्रपंच करने वाल प्रपंचु आज संत बन कर भगवान के प्रभाव को धीरे - धीरे नष्ट करते जा रहे है लोगो का नास्तिकता कि तरफ झुकाव इन्ही प्रपंचु के कारण ही हुआ है तथा नास्तिक लोग वास्तविक संत का अपमान करने से नही डरते है। आज का मान भ्रम मे फंस चुका है कि कौन साधु है तथा कौन बुधु है, कौन संत है तथा कौन प्रपंचु है। मानव का भ्रम ही साधु व संतो के अपमान तथा उन पर हिंसक प्रहार का कारण होता है। वर्तमान भारत मे बुधु तथा

प्रपंचु के जाल मे भारत कि जंनता पूर्ण रूप से फस चुकी है। वर्तमान भारत के नेता असुर होकर भी खुद को देवता दिखाने का प्रयास करते रहते है। जब से भारत मे ज्ञान का लोप हुआ है तब से भारत मे ऋषि परम्परा का लोप भी हो सुचा है। आज तो भारत मे माया का प्रकोप है जिसका प्रतिनिधित्व पंडित वर्ग करता है। भारत मे पंडिंतो कि संख्या दिन - प्रतिदिन बढती जा रही है जो केवल भारत के विनाश का सुचक है। आज भारत के लोगो ने तप का त्याग कर दिया है अतः वर्तमान मे कोई भी प्राणी मुनि नही बनता है।

साधु सूत्र

श्रमण सूत्र

01 परिभाषा - श्रम से बना है श्रमण तथा ब्रह्म से बना है ब्राह्मण। श्रम से ज्ञान कि प्राप्ति करने वालो को श्रावक कहते है तथा वेदो से ज्ञान कि प्राप्ति करने वालो को ब्राह्मण कहते है। भारत मे सात श्रमण संप्रदाय पाये जाते थे जिनमे से वर्तमान मे दो श्रमण संप्रदाय ही अपना अस्तित्व बचा पाए है। श्रमण विचारधाराओं के लोप से भारत मे लगातार धर्म का भी लोप होता जा रहा है। अनैतिकवाद, भाग्यवाद, भौतिकवाद, शाश्वतवाद, अज्ञानवाद, अनेकान्तवाद व संयमवाद तथा प्रतीत्यसमुत्पाद व शुन्यवाद सात प्रकार के श्रमण सिद्धांत होते है।

02 दर्शन - अनैतिकवाद का सिद्धांत पूर्ण कश्यप ने प्रतिपादित किया था, भौतिकवाद का सिद्धांत अजित केशकंबली ने प्रतिपादित किया था, शाश्वतवाद का सिद्धांत पाकुधा कात्यायन ने प्रतिपादित किया था, अज्ञानवाद का सिद्धांत संजय बेलाथिपुत्र ने प्रतिपादित किया था।

03 आजीवक - आजीवको का प्रमुख स्थान श्रावस्ती हुआ करता था, कर्म का मान होता है परन्तु संसार के कर्म के मान के सामने मानव के कर्म का मान शुन्य हो जाता है, मानव चाह कर भी अपने कर्म से संसार के कर्म को परिवर्तित नही कर सकता है अतः मानव को कर्म से उत्पन्न धर्म व अधर्म पर ध्यान नही देना चाहिए क्योकि मानव के धर्म व अधर्म का संसार पर कोई प्रभाव नही पडता है। पाप व पुण्य सिर्फ माया के ही रूप होते है अतः मानव को पाप व पुण्य के मायाजाल मे फँसने का

प्रयास नही करना चाहिए। समदर्श शुद्धि से ही मानव मोक्ष कि प्राप्ति कर सकता है।

04 जैन व बौध - बौध सुत्र तथा जैन अंग इन श्रमण विचारधाराओं के मुख्य स्त्रोत है। बौध सुत्र के अनुसार संसार दुख से भरा है, संसार नश्वर होता है तथा संसार मे आत्मा का कोई अस्तित्व नही है। कर्म से मुक्ति प्राप्त करके हम संसार से मुक्ति प्राप्त कर सकते है, कर्म से मुक्ति का मार्ग मध्यमार्ग होता है। जैन अंगों के अनुसार कर्म से मुक्ति का मार्ग संयम होता है, संसार अनेकान्त ज्ञान वाला समुंद्र होता है।

चार्वाक सूत्र

01 परिभाषा - बृहस्पति सुत्र कि रचना चार्वाक ने कि थी, बृहस्पति सुत्र को विज्ञान कि प्रथम पुस्तक के रूप मे जाना जाता है। चार्वाक ने सत्य के प्रमाण के छः स्वरूप यथा अनुभूति, अनुमान, शब्द, संकल्पना, अनुपलब्धि तथा उपमान मे से केवल अनुभूति को ही सही माना है, अनुभूति मे भी उस अनुभूति को सही माना है जिस अनुभूति का आधार तर्क हो। अवलोकन के आधार पर मान अपने तर्क को सही सिद्ध कर सकता है। चार्वाक ने भगवान, संसार, कर्म, कर्तव्य, नैतिकता तथा धर्म को नकारते हुए इन सब को माया का ही रूप माना है। मानव को संसार कि गुप्त शक्तियो को पहचान कर अपने जीवन को सुख तथा आनंद से भरने का प्रयास करना चाहिए। मानव अनुमान के आधार पर संसार कि गुप्त शक्तियो कि पहचान नही कर सकता है।

02 संदेहवाद - मानव का संदेह ही विज्ञान का जनक होता है मानव के द्वारा विरोध करना ही क्रांति को जन्म देता है। विश्वास से अज्ञानता का विस्तार होता है, मानव को किसी भी विचार को बिना अनुभूति के स्वीकार नही करना चाहिए। मानव के विश्वास का मानव के विकास पर गहरा प्रभाव पडता है मानव का विश्वास ही मानव पर विश्वासघात का प्रहार करता है। विश्वास आपको गुलाम बनाता है, विश्वास आपको मुर्ख बनाता है। विश्वास आपकी चतुरता का नाश करता है।

03 चेतना - मानव कि चेतना मानव को दुख तथा सुख का आभास कराती है। मानव कि चेतना मानव को आनंद व पीडा का आभास कराती है। मानव कि चेतना मानव के मन को शांति व अशांति का आभास करती है। मानव के द्वारा दुख, पीडा तथा अशांति को नष्ट करने का प्रयास ही मानव का भगवान मे विश्वास का सुचक होता है। इन तीन तत्वो के प्रभाव मे आकर ही मानव संसार कि काल्पनिक परिकल्पना करने लग जाता है। मानव आत्मा जैसे तत्वो मे विश्वास करने लग जाता है जबकि मानव कभी भी आत्मा कि अनुभूति नही कर सकता है। मानव कि चेतना ही मानव को कर्म के धर्म का महत्व समझाती जिससे मानव के कर्म कि रफतार कम हो जाती है तथा मानव असफल होता है।

नानक सूत्र

01 परिभाषा - मानव को सभी विचारधारो का स्वीकार करना चाहिए किसी भी विचारधारा को बलपूर्वक नष्ट करने का प्रयास नही करना चाहिए। हर विचारधारा मे गुण तथा दोष विद्यमान होते है, मानव जिस विचारधारा का पालन करता है मानव को उस विचारधारा के दोषो को संसार के सामने लाने का प्रयास करना चाहिए। मानव को अन्य विचारधारों के गुणो को संसार के सामने लाने का प्रयास करना चाहिए। मानव अपनी विचारधारा के दोष तथा अन्य विचारधारा के गुण वाद - विवाद परम्परा के आधार पर ही पता लगा सकता है इसके लिए मानव को अहंकार का मार्ग छोडकर भ्रमण के मार्ग को अपनाने का प्रयास करना चाहिए। भगवान एक होता है मानव ना तो भगवान का अवतार होता है नाहि मानव भगवान का दुत मानव तो केवल भगवान के विचार को जनता तक पहुँचाने वाला एक गुरू होता है। नानक ने भारत मे गुरू परम्परा कि फिर से स्थापना कि थी।

02 जीवन - मानव को सक्रिय, रचनात्मक तथा व्यवहारिक जीवन जीने का प्रयास करना चाहिए। मानव एक आदर्श जीवन सत्यता, सत्यनिष्ठा,

ईमानदारी तथा पवित्रता के साथ जी सकता है। मानव सहायता तथा जप को अपने जीवन कि पहचान बना कर एक आदर्श जीवन जी सकता है।

03 पंचभूत - समानता, भाईचारा, अच्छाई, प्रेम तथा नैतिकता जैसे पंचभूत तत्वो के महत्व को समझ कर अपने जीवन मे अपनाने का प्रयास करना चाहिए। ये पंचभूत तत्व ही किसी भी समाज कि एकता का सुचक होते है मानव इन पंच भूत तत्वो को अपने जीवन मे अपना कर अपने सामाजिक बन्धो को मजबुत कर सकता है।

04 सामाजिक न्याय - मानव सहायता तथा सहयोग के भाव से समाज मे सामाजिक न्याय कि स्थापना कर सकता है। सिख विचारो का मुख्य उद्देश्य समाज मे सामाजिक न्याय कि स्थापना करना ही है। मानव त्याग व ईमानदारी से सामाजिक न्याय कि स्थापना कर सकता है

कबीर सूत्र

01 परिभाषा - कबीर संयुक्त विरासत है एकता तथा विविधता के संगम कि, ना तो मानव का सिर्फ एकता के द्वारा विकास हो सकता है ना ही मानव का सिर्फ विविधता के द्वारा विकास हो सकता है। विविधता मे एकता का सिद्धांत कबीर द्वारा दिया गया था। मानव के मन कि शांति का कारण भी भगवान है मानव के मन कि अशांति का कारण भी भगवान ही है। हम हर मानव मे भगवान का स्वरूप देखते है तो हमारे मन से मै का भाव स्वतः ही नष्ट हो जाता है तथा हम सब के भाव को ग्रहण कर लेते है। किसी भी भगवान पर किसी का भी एकाधिकार नही होता है अतः भगवान को पंथ तथा विचारधारा के आधार पर बाटना गलत होता है। भगवान का कोई स्थान नही होता है तथा भगवान कि भक्ति का कोई एक तरीका ही उचित नही होता है, मानव को भगवान कि भक्ति भगवान का रूप, स्थान, विधि देखकर करना उचित नही है। भगवान का नाम लेकर अपने राजनीतिक तथा आर्थिक स्वार्थ कि पूर्ति करना पाप माना जाता है।

02 रहस्यवाद - संसार का रहस्य ना तो गुरू ज्ञान से जाना जा सकता है ना ही पुस्तक ज्ञान से जाना जा सकता है। संसार का रहस्य को केवल आत्मज्ञान से जाना जा सकता है। गुरू ज्ञान व पुस्तक ज्ञान आपके अज्ञान कि सिढि का कार्य करते है तथा आत्म ज्ञान आपके ज्ञान कि सिढि का कार्य करता है। मानव को अज्ञान कि सिढि का त्याग करके ज्ञान कि सिढि को ग्रहण करना चाहिए। मानव का ज्ञान टंकण लेख, हस्त लेख तथा वाक पहचान पर आधारित होता है। वर्तमान मे वाक् पहचान पर आधारित ज्ञान के कारण ही संसार अज्ञानता के मार्ग पर चलता जा रहा है।

03 समन्वयवाद - मानव कि विचारधारा मानव कि विरासत का निर्माण करती है, मानव कभी भी किसी विचारधारा को नष्ट नही कर सकता है, यदि मानव किसी विचारधारा को नष्ट करता है तो मानव उस विचारधारा कि माया का स्वतः ही शिकार हो जाता है। संघ परिवार भी आज ईस्लाम कि माया का शिकार हो चुका है।

मुनि सूत्र

कणाद सूत्र

01 परिभाषा - कणाद ने भौतिक दृष्टि से संसार को देखना प्रारम्भ किया। कणाद कश्यप पर आजीवक सम्प्रदाय के विचारो का गहरा प्रभाव था। कणाद ने प्रमाण के केवल दो सिद्धांतो को ही स्वीकार किया - प्रत्यक्ष व अनुमान तथा उपमान, शब्द, अभिधारणा, अनुपलब्धि को नकार दिया। हरिभद्र सुरी तथा प्रशस्तपाद ने वैशेषिक सुत्र पर भाष्य लिखे है। शिव भक्त वैशेषिक दर्शन मे गहरा विश्वास रखते है क्योकि शिव प्रकृति को ही निरुपित करते है।

02 परमाणु - दो परमाणु के संगम से अणु का निर्माण होता है, तीन अणुओ के संगम से महत का निर्माण होता है। महत को समझ कर हम संसार को समझ सकते है। हम महत को अपने पंचतत्वो से पहचान सकते है तथा मन के द्वारा महत का आभास कर सकते है। हम अवलोकन व अनुमान के द्वारा परमाणु कि व्याख्या कर सकते है।

03 प्रदार्थ - प्रदार्थ को छ भागो मे बांटा जाता है - द्रव्य, गुण, कर्म, सामान्य, विशेष तथा संयोजन। संसार मे 9 प्रकार के द्रव्य पाये जाते है - पृथ्वी, आकाश, वायु, अग्नि, जल, आत्मा, मन, काल तथा दिक्। आत्मा, मन, काल तथा दिक् को सहायक द्रव्य कहते है जो मुल द्रव्यो के संगम मे सहायता करते है। प्रदार्थ के 24 गुण होते है जिनमे से 17 गुण मुख्य तथा 7 सहायक गुण होते है। मुख्य गुण - रूप, रस, गंध, स्पर्श, संख्या, परिमाण, प्रथकत्व, संयोग, विभाग, परत्व, अपरत्व, बुद्धि, सुख,

दुख, ईच्छा, द्वेष तथा प्रयत्न। सहायक गुण - गुरुत्व, द्रवत्व, श्यानता, धर्म, अधर्म, शब्द तथा संस्कार। गुण एक स्थिर तत्व होता है तथा कर्म एक परिवर्तनशील तत्व होता है। कर्म आकाश, आत्मा, काल तथा दिक् से अप्रभावित रहता है। कर्म का प्रभाव पृथ्वी, वायु, जल, अग्नि तथा मन पर पडता है। सामान्य, प्रदार्थ के गुणो कि समानता का सुचक होता है। विशेष, प्रदार्थ कि विभिन्नता का सुचक होता है। समान्य व विशेष के आधार पर प्रदार्थ का विभाजन किया जाता है। संयोजन, किसी प्रदार्थ मे कुछ गुण एक दुसरे से जुडे होते है एक गुण के नष्ट हो जाने पर दुसरा गुण स्वतः ही नष्ट हो जाता है।

गौतम सूत्र

01 परिभाषा - कारण व तर्क के संगम से न्याय का निर्माण होता है हर प्रश्न का एक कारण व तर्क होता है। जिस तत्व का प्रमाण होता है वह तत्व ही सत्य होता है। प्रमाण, प्रमेय, समस्या, प्रयोजन, दृष्टांत, सिद्धांत, अव्यव, तर्क, निर्णय, वाद, जालप, वितंडा, हेत्वभाषा, छल, जाति, निग्रहस्थान के आधार पर वास्तविक ज्ञान कि पहचान कि जा सकती है। न्याय सुत्र को पांच भागों मे बांटा गया है तथा हर भाग मे दो अध्याय है इस प्रकार न्याय सुत्र मे कुल 10 अध्याय है।

02 चारतत्व - प्रत्यक्ष, अनुमान, उपमान तथा शब्द न्याय सुत्र के चार मुख्य तत्व है जिनके आधार पर हम सत्य कि पहचान कर सकते है। प्रत्यक्ष पंचतत्वो पर निर्भर करता है जो वस्तु हमे पंचतत्वो से नजर आती है वह वस्तु वास्तविक होती है इस आधार पर भगवान के अस्तित्व को नकारा जा सकता है। भगवान को हम पंच तत्वो कि सहायता से नही देख सकते है। अनुमान मन कि शक्ति का एक रूप होता है, मानव अनुमान के आधार पर भगवान के अस्तित्व को सही मानता है लेकिन मानव का अनुमान माया के द्वारा प्रभावित रहता है। माया ही भगवान के अस्तित्व को वास्तविक स्वरूप देती है। उपमान का अर्थ तुलना से होता है हम उपमान के आधार पर वर्तमान भारत के शासक वर्ग के झुठ

का पता लगा सकते है, यदि हम 2014 के पहले के भारत और आज के भारत कि तुलना करे तो हमे सत्य स्वतः ही नजर आने लग जाएगा कि वर्तमान भारत के शासक वर्ग ने अबतक कितने झुठ के पहाड खडे किए है। शब्द के द्वारा भी हम सत्य कि पहचान कर सकते है, शब्द को वर्तमान समय मे सुचना बोला जाता है मानव के पास अधिक सुचना होगी तो मानव उतनी ही आसानी से सत्य कि खोज कर सकेगा।

03 चारलक्षण - परिकल्पना, हेतु, उदाहरण, उपयोग तथा निष्कर्ष पर तर्क आधारित होता है। अनियमित, असंगत, अप्रमाणित, प्रतिभार तथा असामयिक पर झुठ आधारित होता है। भौतिक, गैर अंतर्निहित, कुशल तीन प्रकार के कारण होते है। संशय न्याय शास्त्र के चार लक्षणो मे से एक होता है, संशय का अर्थ असत्य नही होता है।

जैमिनि सूत्र

01 परिभाषा - मीमांसा का अर्थ जांच करना होता है मीमांसा मे संहिताओं व ब्राह्मणों कि जांच कि जाती है तो इसे पूर्व मीमांसा कहा जाता है। मीमांसा मे जब आरण्यक तथा उपनिषदों कि जांच कि जाती है तो इसे उतर मीमांसा कहा जाता है। उतर मीमांसा को ही वेदांत भी कहा जाता है। जैमिनि ने मीमांसा सुत्र कि रचना कि थी तथा शबराचार्य, कुमारिल भट्ट, प्रभाकर व आपदेव द्वारा मीमांसा भाष्यों कि रचना कि गई। ज्ञान मीमांसा के छ तत्व होते है - प्रत्यक्ष, अनुमान, उपमान, शब्द, अभिधारणा तथा अनुपलब्धि। तत्व मीमांसा के दो तत्व होते है - मंत्र तथा धर्म।

02 ज्ञान मीमांसा - व्यवहार संस्कार का प्रत्यक्ष रूप होता है, मानव के जिस प्रकार के संस्कार होगे मानव का व्यवहार भी वैसा ही होगा। मानव के व्यवहार को बदला जा सकता है परन्तु यह बदलाव बलपूर्वक लाया जाए तो मानव का मन घुटन महसुस करने लग जाता है। धर्म से युक्त संस्कारो का अनुमान लगाना आसान नही होता है। संस्कारो कि तुलना

करके, संस्कारो से समाज पर पडने वाले प्रभाव का अध्ययन करके हम अच्छे संस्कारो कि पहचान कर सकते है। विरासत के आधार पर भी हम संस्कारो के अच्छे होने का प्रमाण लगा सकते है जिसे शब्द प्रमाण कहा जाता है। हम परिकल्पना द्वारा भी अच्छे संस्कारो का पता लगा सकते है इसे अभिधारणा प्रमाण कहते है। हम असफलता के परिणाम से भी संस्कारो के अपवित्र या पवित्र होने का पता लगा सकते है।

03 तत्व मीमांसा - मंत्र का सही ज्ञान मन को शुद्ध व शांत करता है, मंत्र मानव के ज्ञान का स्त्रोत होते है, मंत्र मानव के आध्यात्म का स्त्रोत होते है। मंत्र के साथ यज्ञ व हवन के संगम से मंत्र का मन पर प्रभाव ओर अधिक हो जाता है। हम पुजा या प्रार्थना भी मंत्र के मन पर पडने वाले प्रभाव को ओर प्रभावशाली बनाने के लिए करते है। धर्म को समझना लगभग नामुमकिन होता है क्योकि धर्म समय तथा स्थान के अनुसार बदलता रहता है। पुराने भारत मे बहुविवाह प्रचलित थी तथा इसे धर्म संगत माना जाता था परन्तु वर्तमान मे अधर्म का रूप ले चुकी है। मांसाहार का सेवन स्थान विशेष पर निर्भर करता है।

बादरायण सूत्र

01 परिभाषा - बादरायण को व्यास के नाम से भी जाना जाता है क्योकि इन्होने ब्रह्म सुत्र का संग्रह किया था। ब्रह्म सुत्र, उपनिषद् तथा गीता के संयुक्त रूप को ही वेदांत दर्शन के नाम से जाना जाता है। बादरायण के शिष्य का नाम जैमिनि था जिन्होने मीमांसा दर्शन कि रचना कि थी। ब्रह्म सुत्र मे 555 छंद है जिनको 189 अधिकरण मे विभाजित किया गया है। 189 अधिकरणो को 16 पदो मे विभाजित किया गया है तथा 16 पदो को 4 अध्यायों मे विभाजित किया गया है। ब्रह्म सुत्र मे विद्या तथा उपासना को ज्ञान कि प्राप्ति का मार्ग बताया गया है। ज्ञान कि प्राप्ति कर मानव परमात्मा के रहस्य को जान सकता है। ब्रह्म सुत्र भेद - अभेद के सिद्धांत का पालन करता है जहां आत्मा व परमात्मा मे अंतर होते हुए भी अंतर का भाव गौण होता है।

02 उपनिषद् - मान्यता के अनुसार संसार मे 108 उपनिषद् है परन्तु 13 उपनिषद् ही मुख्य उपनिषद् माने जाते है। ईशा, केन, कथा, प्रश्न, मुण्डक, मांडूक्य, तैत्तिरीय, ऐतरेय, छान्दोग्य, बृहदारण्यक, श्वेताश्वतरा, कौषीतकि तथा मैत्रायणीय मुख्य उपनिषद् कहे जाते है। माध्वाचार्य व शंकराचार्य ने इन उपनिषदो पर भाष्य लिखे है। रामानुज द्वारा लिखित श्री भाष्य मे भी इन उपनिषदो पर प्रकाश डाला गया है।

03 ब्रह्म तर्क - बादरायण ने पांच चरणो के द्वारा अपने तर्का को सही सिद्ध करने का प्रयास किया था। विषय, विस्मय, पूर्वपक्ष, सिद्धांत तथा संगति ब्रह्म तर्क के पांच चरण कहलाते है इन चरणो का पालन करके आप परमात्मा व आत्म के भेद को जान सकते हो तथा माया द्वारा उत्पन्न इस भेद कि व्याख्या कर सकते हो।

04 वेदांत दर्शन - द्वेताद्वेत का सिद्धांत निम्बार्क आचार्य ने दिया था, अचिन्त्य भेदाभेद का सिद्धांत चैतन्य महाप्रभु ने दिया था, अद्वैत का सिद्धांत शंकराचार्य ने दिया था, विशिष्टाद्वैत का सिद्धांत रामानुजाचार्य ने दिया था, अक्षर पुरूषोत्तम का सिद्धांत स्वामी नारायण ने दिया था, द्वैत का सिद्धांत माध्वाचार्य तथा शुद्धाद्वैत का सिद्धांत बल्लभाचार्य ने दिया था।

संत सूत्र

शंकराचार्य सूत्र

01 परिभाषा - ज्ञान योग का सुत्रपात शंकाराचार्य ने किया था, ज्ञान योग का मुख्य कार्य आपके ज्ञान का सर्वसम्मत होना होता है। आपके ज्ञान का विरोध होना आपके ज्ञान मे त्रुटि का सुचक होता है। मानव के ज्ञान का विरोध होने पर मानव को विरोध को दबाने के बजाय मानव को अपने ज्ञान के विरोध कि चुनोति को स्वीकार करना चाहिए ताकि यदि आपके ज्ञान मे कोई कमी होतो वो आपको पता चल सके। भगवान ही वास्तविक है प्रकृति तथा पुरूष भगवान कि माया के रूप होते है, मानव जब तक भगवान के द्वारा रचित भगवान कि माया को नष्ट नही कर देता तब तक मानव भगवान के रहस्य को नही जान सकता है। आत्मा, परमात्मा तथा प्रकृति तीनो का केंद्र एक ही है वह केंद्र ही माया का केंद्र भी है। मानव को उस केंद्र मे जाने के लिए माया के रास्ते से गुजरना पडता है, मानव माया के प्रभाव मे आकर कभी भी उस केंद्र तक नही पहुँच पाता है तथा भगवान कि वास्तविकता को नही पहचान पाता है।

02 माया - माया के द्वारा ही हमे आत्मा - परमात्मा, आत्मा - प्रकृति, प्रकृति - परमात्मा अलग नजर आते है। परमात्मा के द्वारा प्रकृति का सृजन किया जाता है तथा प्रकृति फिर आत्मा का सृजन करती है अतः आत्मा का परमात्मा मे मिलन हो जाता है। आत्मा तथा प्रकृति के मिलन से पुरूष का निर्माण होता है पुरूष को ही परमात्मा कि माया कहते है।

माया का नाश करने के लिए मानव को प्रकृति तथा आत्मा कि अलग अलग तत्व के रूप मे पहचान करनी होगी।

03 महावाक्य - अद्वैत सिद्धांत को चार महावाक्यो के द्वारा आसानी से समझा जा सकता है। तत् त्वम् असि - परमात्मा ही आत्मा होती है, आपके अन्दर कि आत्मा, परमात्मा का अंश है। अहम् ब्रह्म अस्मि - मै ही ब्रह्म हुँ यानी मेरा अस्तित्व तथा ब्रह्म का अस्तित्व समान है। प्र ज्ञान ब्रह्म - परम् ज्ञान से ब्रह्म के रहस्य को जाना जा सकता है, परम् ज्ञान का मार्ग ही आपको ब्रह्म तक ले जा सकता है। अयम् आत्मा ब्रह्म - यह आत्मा ही ब्रह्म यानी ब्रह्म कि खोज के लिए आपको किसी मंत्र तंत्र कि आवश्यकता नही होती है वो तो आपमे ही विद्यमान होते है।

रामानुज सूत्र

01 परिभाषा - रामानुज ने भक्ति योग का सुत्रपात किया था, शंकराचार्य ने ज्ञान योग का सुत्रपात किया था तथा माध्वाचार्य ने कर्म योग का सुत्रपात किया था। भगवान का स्वरूप होता है जो प्रकृति के स्वरूप के समान ही होता है या प्रकृति का हर स्वरूप भगवान का ही स्वरूप होता है। मानव को प्रकृति के हर तत्व से प्रेम करके आनंद कि प्राप्ति का प्रयास करना चाहिए। आत्मा तथा परमात्मा कि आभा एक होती है, मानव आत्मा कि आभा को पहचान कर परमात्मा कि आभा कि पहचान कर सकता है। परमात्मा का स्वरूप प्रकृति का रूप धारण करता है तथा परमात्मा कि आभा आत्मा का रूप धारण करती है। इस संस्कार मे कोई भी तत्व माया द्वारा सृजित नही है, संसार का हर तत्व वास्तविक है।

02 अनुभववाद - मानव परमात्मा तथा आत्मा का अनुभव प्रत्यक्ष, अनुमान तथा शब्द के द्वारा कर सकता है। मानव का अनुभव माया के द्वारा सृजित नही होता है मानव का अनुभव वास्तविक होता है। मानव प्रेम तथा विश्वास के द्वारा परम् आनंद के अनुभव कि प्राप्ति कर सकता है। परम् आनंद कि अवस्था मे मानव को संसार कि हर वस्तु भगवान

स्वरूपी नजर आने लग जाती है। मानव को आत्मा तथा परमात्मा कि विभिन्ना तथा समानता का अनुभव होता है परन्तु मानव भक्ति के द्वारा विभिन्नता के अनुभव को नष्ट कर सकता है।

03 भक्ति योग - मानव परमात्मा कि भक्ति के द्वारा अपनी आत्मा कि मुक्ति का द्वार खोल सकता है। मानव विष्णु कि साकार रूप मे भक्ति करके ही परम्आनंद कि प्राप्ति कर सकता है, मानव यदि संसार को माया या निराकार मान लेगा तो मानव कभी भी परम् आनंद कि प्राप्ति नही कर सकता है। संसार का रूप साकार है, संसार वास्तविक है अतः परम् आनंद वास्तविक है तथा परम् शांति एक काल्पनिक परिकल्पना होती है। हर मानव कि आभा अलग होती है परन्तु जब आत्मा का परमात्मा मे मिलन होता है तो यह आत्मा का भेद स्वतः ही नष्ट हो जाता है। मानव के आत्मा कि आभा का भेद खत्म होने पर मानव को मोक्ष कि प्राप्ति होती है। इस अवस्था मे आभा का मान शुन्य होता है।

वेदांत सूत्र

01 निम्बार्काचार्य - निम्बार्काचार्य ने मानव को भगवान का रूप माना है। मानव तथा भगवान मे भेद होते हुए भी कोई भेद नही होता है। मानव भक्ति के द्वारा मानव तथा भगवान का भेद का अन्त कर सकता है। जैसे जैसे मानव भगवान से दुर जाने लगता है भगवान उसे मानव से अलग तत्व नजर आने लगता है। मानव भगवान कि भक्ति मे खो कर भागवान तथा मानव के भेद को नष्ट करता है। कृष्ण तथा राधा प्रेम का ही प्रतिरूप है तथा प्रेम से ही भक्ति को ऊर्जा मिलती है अतः भगवान कि भक्ति के लिए सबसे उचित राधा कृष्ण कि भक्ति ही होती है।

02 वल्लभाचार्य - मानव को भक्ति शुद्ध भाव के साथ करना बहुत जरूरी होता है। मानव को भगवान कि भक्ति धर्म तथा मोक्ष के लिए करनी चाहिए ना कि अर्थ तथा काम के लिए। मानव को भक्ति कि मर्यादा का पालन करना चाहिए। मानव को कभी भी भगवान के नाम का प्रयोग

अपने राजनीतिक, सामाजिक तथा आर्थिक लाभ लिए नही करना चाहिए। मानव कि भक्ति मे सेवा भाव का होना भी बहुत आवश्यक है। मानव स्वयं को भगवान का दास मान कर पूर्ण श्रद्धा के साथ भक्ति कर सकता है। भगवान श्रीकृष्ण को मर्यादा का रक्षक कहां जाता है तथा भक्ति मे मर्यादा के पालन के लिए परमात्मा को कृष्ण का रूप मानकर भगवान कृष्ण कि भक्ति करनी चाहिए।

03 चैतन्य महाप्रभु - मानव चिंतन के द्वारा भगवान से मानव का भेद या भगवान से मानव के अभेद का पता नही लगा सकता है। भगवान या मानव के संबंध का पता लगाना तथा दोनो के संबंध कि व्याख्या करना असंभव है। मानव को भेद - अभेद के विचार मे समय नष्ट नही करना चाहिए, मानव को अपने समय का उपयोग भगवान कृष्ण कि भक्ति के लिए करना चाहिए। भगवान कृष्ण के द्वारा दिया गया गीता का ज्ञान ही मानव व भगवान के संबंध को स्पष्ट करने के लिए प्रयाप्त होता है।

04 स्वामीनारायण - पुरूषोत्तम यानी भगवान कृष्ण कि भक्ति के द्वारा मानव परमात्मा कि प्राप्ति कर सकता है।

माधवाचार्य सूत्र

01 परिशाषा - परमात्मा ने ही प्रकृति तथा आत्मा का सृजन किया है इसी कारण से प्रकृति तथा आत्मा अपने स्वरूप तथा आभा के लिए परमात्मा पर निर्भर होते है। परमात्मा का सृजन किसी ने नही किया है ना ही परमात्मा का विनाश कोई कर सकता है परमात्मा हर प्रकार से स्वतंत्र है तथा परमात्मा हर बंध से मुक्त है। मुक्ति मानव कि आवश्यकता है ना कि परमात्मा कि आवश्यकता है। मानव अपने ज्ञान तथा संस्कारो से मुक्ति कि प्राप्ति कर सकता है। विष्णु ही परमात्मा होता है मानव विष्णु कि भक्ति से परम् आनंद कि प्राप्ति करके संसार के जीवन चक्र से मुक्ति पा सकता है। जिस प्रकार प्रकृति अनेक रूपो वाली होती है उसी प्रकार आत्मा भी अनेक रूपो वाली होती है जिस प्रकार

प्रकृति के हर तत्व कि अपनी एक अलग आभा होती है उस प्रकार अलग अलग आत्मा कि आभा भी अलग अलग होती है।

02 ज्ञानमीमांसा - प्रमाण दो प्रकार के होते है यथा तत्वप्रमाण तथा अनुप्रमाण। मानव अनुभूति, अनुमान तथा शब्द के द्वारा परम् सत्य का पता लगा सकता है। मानव सत्य कि पहचान संस्कार व ज्ञान दोने के द्वारा कर सकता है क्योंकि जहां पर ज्ञान होता है वही पर संस्कार होते है तथा जहां पर संस्कार होते है वही पर ज्ञान भी होता है मानव को इन दोनो मे समन्वय स्थापित करने का प्रयास करना चाहिए। दुख तथा पाप का संबंध सिर्फ आत्मा से होता है प्रकृति तथा परमात्मा से दुख का कोई संबंध नही होता है। परमात्मा शक्तिशाली होते हुए भी आत्मा के दुख तथा पाप का नाश नही करते है क्योंकि परमात्मा सभी बंधो से मुक्त होते है।

03 तत्वमीमांसा - आत्मा संवेदनशील होती है परमात्मा व प्रकृति का संवेदन से कोई संबंध नही होता है। आत्मा तथा प्रकृति का हर तत्व अद्वितीय होता है उस तत्व के जैसा तत्व संसार मे विद्यमान होना संभव नही है। हर मानव के लिए मोक्ष तथा परम् आनंद का मान अलग अलग होता है। वासुदेव, प्रद्युम्न, अनिरुद्ध तथा संकर्षण का संबंध क्रमशः मुक्ति, सृजन, संचालन तथा विनाश से होता है।

ऋषि सूत्र

याज्ञवल्क्य सूत्र

01 परिभाषा - याज्ञवल्क्य ने बृहदारण्यक उपनिषद कि रचना कि थी, याज्ञवल्क्य के गुरू का नाम उद्दालक आरुणि था, मैत्रेयी व कात्यायनी याज्ञवल्क्य कि ही पत्नीयां थी। मैत्रेयी ने वेदांत का प्रेम का सिद्धांत प्रतिपादित किया था तथा याज्ञवल्क्य ने वेदांत का येति येति सिद्धांत का प्रतिपादन किया था। आरुणि ने संसार कि रचना तीन तत्वो के द्वारा मानी थी। श्वेतकेतु, आरुणि का पुत्र था जिसने पुनर्जन्म के सिद्धांत को सबसे पहले प्रतिपादित किया था। श्वेतकेतु के अनुसार पुनर्जन्म का सिद्धांत क्षत्रियो के द्वारा रचित है ताकि क्षत्रिय बलिदान द्वारा सत्ता कि प्राप्ति कर सके। आरुणि के अनुसार संसार के तीन तत्व अग्नि, जल तथा भोजन है। सृजन कि ईच्छा अग्नि को जन्म देती है, अग्नि कि ईच्छा जल का सृजन करती है तथा जल कि ईच्छा के परिणाम स्वरूप भोजन का सृजन होता है। जीवन का एक तत्व अन्य दो तत्वो का सुचक होता है जहां पर अग्नि विद्यमान होती है वहां पर जल व भोजन का मिलना स्वाभाविक होता है। उद्दालक आरुणि को ही वेदांत के सिद्वांत का प्रतिपादक भी कहा जाता है।

02 येति - येति - अस्वीकार से स्वीकार तक का मार्ग, झुठ से सत्य तक का मार्ग तथा अधर्म से धर्म तक का मार्ग ही येति - येति होता है। मानव पाप के द्वारा पुण्य को समझ सकता है। मानव झुठ कि खोज करके सत्य कि खोज कर सकता है। मानव अधर्म के मार्ग पर चलकर

धर्म के मार्ग के प्रकाश को महसुस कर सकता है। मानव अविश्वास के नकारात्मक परिणाम विश्वास से सकारात्मक परिणाम कि आभा को महसुस कर सकता है। एक अपराधी ही अपराध को पूर्ण रूप से समझ सकता है।

03 प्रेम वेदांत - मानव प्रेम के द्वारा जीवात्मा तथा परमात्मा के भेद को नष्ट कर सकता है, मानव कि नफरत इस भेद को ओर गहरा कर सकती है। प्रेम के द्वारा मानव जीवन के वास्तविक उद्देश्य कि पहचान कर सकता है तथा प्रेम आपकी अनावश्यक आवश्यकताओं के नष्ट करने मे भी सहायता कर सकता है। प्रेम के द्वारा मानव परम् आनंद कि प्राप्ति करता है जिससे उसे परमात्मा का आभास होने लग जाता है।

अगस्त्य सूत्र

01 परिभाषा - आर्य तथा द्रविड समाज कि एकता को मजबुत करने वाले ऋषि के रूप मे अगस्त्य ऋषि को जाना जाता है। भगवान राम तथा अगस्त्य ऋषि द्वारा स्थापित आर्य तथा द्रविड समाज का बंध बहुत मजबुत है जिसे कोई भी अस्त्र शस्त्र नही तोड सकता है। अगस्त्य ने ही सिद्ध चिकित्या पद्धति का प्रतिपादन किया था तथा सिलम्बम युद्ध तकनीक कि खोज कि थी। इसी के कारण ही अगस्त्य को सिद्धर कहा जाता है। मर्म विद्या कि खोज का श्रेय भी अगस्त्य ऋषि को ही जाता है जिसमे शरीर के विभिन्न बिन्दुओं पर दबाव डालकर उपचार किया जाता है। अगत्तियम कि रचना का श्रेय भी अगस्त्य को ही जाता है, अगत्तियम एक तमिल व्याकरण है जिस प्रकार अष्टाध्यायी एक संस्कृत व्याकरण पुस्तक है। अगस्त्य ऋषि के पिता का नाम पुलस्त्य ऋषि था तथा भाई का नाम विश्रवा ऋषि था। पुलस्त्य ऋषि को प्रजापति के रूप मे भी जाना जाता है। अगस्त्य ऋषि को सप्तर्षि कि संज्ञा द्वारा संबोधित किया जाता है।

02 लोपामुद्रा - लोपामुद्रा अगस्त्य ऋषि कि पत्नी तथा विदर्भ कि राजकुमारी थी। अगस्त्य तथा लोपामुद्रा का निवास स्थान दण्डकारण्य

वन था। संसारिक तथा संयासी जीवन मे तुलना का श्रेय लोपामुद्रा को ही जाता है। पति व पत्नी के संबंधो कि तुलना लोपामुद्रा ने देवी रति से कि थी। शंका ही पति व पत्नी के संबंधो मे दरार काम मुख्य कारण होता है।

03 इन्द्र - रुद्र - अगस्त्य ऋषि ने आर्य समाज तथा दास समाज के मध्य सत्ता के संघर्ष को खत्म करने का प्रयास किया था ताकि दोनो समाज मिलकर एक नए समाज का निर्माण कर सके जिसमे दास समाज तथा आर्य समाज दोनो के गुण विद्यमान हों। दोनो कि संस्कृतियों के संगम से एक संस्कृति का निर्माण हो सके जिसमे आर्यन भगवान तथा दास भगवान दोनो कि संयुक्त भक्ति का प्रावधान हो जो मिलकर आदिवासी वर्ग या राक्षस वर्ग का नाश कर सके। दास समाज के मुख्य देवता रुद्र थे तथा आर्य समाज के मुख्य देवता इन्द्र थे।

प्रजापति प्रथम सूत्र

01 अथर्वन् ऋषि - अथर्ववेद कि रचना अथर्वन् ऋषि तथा अंगिरा ऋषि दोनो के संयुक्त प्रयासो से हुई थी। यज्ञ कि सुरुआत का श्रेय भी अथर्वन् को ही दिया जाता है। दधीचि, अथर्वन् के ही पुत्र थे जिन्होंने अपने प्राणो का बलिदान दिया ताकि इन्द्र देव वृत्तासुर का वध कर सकें। इन्द्र का वज्र दधीचि कि हड्डीयों से ही निर्मित है। पिप्पलाद, दधीचि के पुत्र थे जिन्होने प्रश्न उपनिषद् कि रचना कि थी।

02 अंगिरा ऋषि - अंगिरा ऋषि ने आर्य समाज को अग्नि का महत्व समझाया तथा अग्नि देव को भगवान तथा मानव के मध्य माध्यम बनाने का कार्य किया। देवताओं के पुरोहित बृहस्पति देव अंगिरा ऋषि के ही पुत्र थे। केसरी, भारद्वाज तथा कच बृहस्पति देव के तीन पुत्र थें। भगवान हनुमान केसरी के पुत्र थे। द्रोण, गर्ग भारद्वाज के दो पुत्र थे तथा इडविडा नाम एक पुत्री थी। अश्वत्थामा द्रोण का पुत्र था तथा इडविडा ने विश्रवा ऋषि से विवाह किया था तथा दोनो का पुत्र कुबेर था।

03 भृगु - भृगु का जन्म ब्रह्मवर्त मे हुआ था, दृषद्वती नदी के आस - पास कि जगह को ब्रह्मवर्त कहा जाता है। भृगु संहिता एक ज्योतिष ग्रंथ है जिसकी रचना भृगु ने कि थी। मनु स्मृति कि रचना मे महर्षि भृगु का योगदान है। काव्यमाता, ख्याति, पुलोमा भृगु कि तीन पत्नीयां थी। ख्याती से विधाता, धाता तथा माता लक्ष्मी का जन्म हुआ। काव्यमाता से शुक्राचार्य का जन्म हुआ तथा पुलोमा से च्यवन ऋषि का जन्म हुआ। च्यवन ऋषि ने च्यवनप्रास का निमार्ण किया। च्यवन ऋषि के और्व ऋषि का जन्म हुआ तथा और्व ऋषि के रिचिका ऋषि का जन्म हुआ, जमदग्नि रिचिका ऋषि के ही पुत्र थे तथा जमदग्नि ऋषि के परशुराम का जन्म हुआ। शुक्राचार्य को नवग्रह के सदस्य के रूप मे जाने जाते है। शृक्राचार्य को असुरो के गुरू के मे भी जाना जाता है। देवयानी शुक्राचार्य कि पुत्री थी जिसने ययाति से विवाह किया था। ययाति अत्रि ऋषि से सृजन हुए वंश का एक राजा था। अत्रि वंश का विभाजन चंद्र वंश मे हुआ, फिर कुरु और यदु वंश मे विभाजन हुआ।

प्रजापति द्वितीय सूत्र

01 अत्रि - अत्रि कि पत्नी का नाम अनसूया था। चंद्र, दुर्वासा तथा दत्तात्रेय अत्रि तथा अनसुया के तीन पुत्र थे। दत्तात्रेय को त्रिमूर्ति का अवतार माना जाता है। चंद्र को नवग्रहो मे स्थान प्राप्त है, चंद्र के ही पुत्र बुध है। बुध को भी नवग्रहो मे सामिल किया है। चंद्र से ही चंद्र वंश कि स्थापना हुई थी। बुध के एक पुत्र था जिसना नाम पुरूरवा था जिसने अपसरा उर्वशी से विवाह किया था। आयुष, पुरूरवा तथा उर्वशी कि संतान का नाम था। नहुष, आयुष कि संतान थी। नहुष ने इन्द्र को अपदस्त करके तीनो लोको पर राज किया था। नहुष ने अशोकसुन्दरी से विवाह किया था, अशोकसुन्दरी शिव व पार्वती कि पुत्री थी। ययाती नहुष का ही पुत्र था। कुरु तथा यदु ययाति कि ही संतान थी जिनसे यादव व कुरु कुल का प्रारम्भ हुआ। शर्मिष्ठा से कुरु कुल का प्रारम्भ हुआ तथा देवयानी से यदु कुल का प्रारम्भ हुआ।

02 वसिष्ठ - वसिष्ठ अरुन्धती के पति थे तथा अरुन्धती को सप्तऋर्षि तारापुंज मे स्थान दिया है। अरुन्धती को एक आदर्श पत्नी के रूप मे जाना जाता है। वसिष्ठ तथा अरुन्धती के पुत्र का नाम शक्ति महर्षि था। पराशर ऋषि शक्ति महर्षि के पुत्र थे। पराशर ऋषि तथा सत्यवती कि एक संतान थी जिसका नाम कृष्णद्वेपायन था जिसे व्यास के नाम से भी जाना जाता है। कृष्णद्वेपायन ने ही महाभारत ग्रंथ कि रचना कि थी।

03 विश्वामित्र - विश्वामित्र के पिता का नाम गाधि था जो महोदयापुर के राजा थें। गाधि के पिता का नाम कुशनाभ था जिन्होने महोदय या कन्नौज शहर को बसाया था, कुशनाम अमावशु वंश के राजा थे जो कि एक चंद्र वंश है। अमावंशु के पिता पुरूरवा तथा माता उर्वशी थी। शुनःशेप, मधुच्छंद, सुश्रुत विश्वामित्र के तीन पुत्र थे तथा शकुन्तला विश्वामित्र कि पुत्री थी जिसने राजा दुष्यंत से विवाह किया था। दुष्यंत तथा शकुन्तला के पुत्र का नाम भरत था। सुश्रुत ने सुश्रुत संहिता कि रचना कि थी जो आर्युवेद का मुख्य ग्रंथ है। चरक संहिता तथा अष्टांगहृदय संहिता दो अन्य आर्युवेद के मुख्य ग्रंथ है। अष्टांगहृदय संहिता कि रचना वाग्भट ने कि थी। आत्रेय ऋषि से ही आर्युवेद का प्रारम्भ माना जाता है।

अध्याय 12

ब्रह्म सूत्र

01 परिभाषा - समाज मे सुर तथा असुर दोनो प्रकार के मानव निवास करते है। जो मानव धर्म के पथ पर चलता है वह मानव सुर कहलाता है तथा जो मानव अधर्म के पथ पर चलता है असुर कहलाता है। वर्तमान भारत के समाज मे धर्म पर चलने वाले को लोग असुर मान कर उसका अपमान करते है तथा अधर्म के रास्ते पर चलने वाले को सुर मानकर उसका सम्मान करते हैं। वर्तमान भारत मे भ्रष्टाचार करने वाले देशभक्त बन चुके है तथा ईमानदार मानव देशद्रोही बन चुके है। माता पिता भी अपने बच्चो को भ्रष्टाचार कि शिक्षा देकर अपने बच्चो को देश भक्त बनाना चाहते है। जो मानव झुठ बोलता है वह मानव राजा बन जाता है जो मानव सत्य बोलता है वह मानव बेरोजगार बन जाता है। जो मानव अपराध करता है वह मानव महापुरुष बन जाता है जो मानव सेवा करता है वह मानच तुच्छ पुरुष बन जाता है। पुर्वजो का अपमान करने वाला मानव सभ्य बन जाता है तथा पुर्वजो का सम्मान करने वाला मानव असभ्य बन जाता है। नौटंकी तथा तमाशा करने वाला मानव समझदार बन जाता है तथा स्पष्ट बोलने वाला मानव पप्पु बन जाता है। अज्ञानी मानव को पुरस्कार मिलता है तथा ज्ञानी मानव को जेल कि सजा हो जाती है। कला तथा कल्पना भी ब्रह्म का ही रूप होती है। कला का अभाव वाला मानव कलाकार बन जाता है, कला मे संपुर्ण मानव कि हालत वीरान मकान कि तरह हो जाति है जिसकी तरफ देखना लोग जरुरी भी नही समझते है। कला का अभाव होकर भी कलाकार कहलाने वाला मानव जलध ही अहंकार का शिकार हो जाता है। भारत मे कला

के विस्तार का अवरोध मुख्य रूप से यही अभाव युक्त कलाकार है। जो कल्पना मानव समाज को गलत रास्ते पर ले जाती है आज उसी कल्पना कि तरफ समाज आकर्षित होता है उस कल्पना कि तरफ समाज आकर्षित नही होता है जो समाज को सही आईना दिखाने का कार्य करती है। वही कहानी आज आकर्षित है जिसमे मुस्लिम समुदाय को असभ्य, अपराधी दिखाने का प्रयास किया जाता है। वही कहानी आज आकर्षित है जिसमे पाकिस्तान को असभ्य, अपराधी तथा कमजोर दिखाने का प्रयास किया जाता है।

असुर सूत्र

दैत्य सूत्र

01 परिभाषा - दैत्य तथा दानवों को ऊर्जा अधर्म से मिलती है। आदित्यों को ऊर्जा धर्म से मिलती है। इन्द्र, सुर्य, भग, वरुण, अर्यमान, मित्र आदि को आदित्य कहा जाता है। दानवो या दैत्यो को असभ्य भी कहा गया है जो कि एक गलत धारणा है। सभ्य मानव भी दैत्य हो सकता है, मधुर भाषी मानव भी दैत्य हो सकता है, सफेद चोगा धारी मानव भी दानव हो सकता है। दैत्यों को दानव का बडा भाई होने के कारण ज्यादा शक्तिशाली बताया गया है। दैत्य अपनी पुत्री का विवाह दानवो से कर देते थे जैसे होलिका ने विप्रचित्ति से विवाह किया था। दानव, दैत्य, आदित्य सभी कश्यप ऋषि कि संतान माने जाते है। दिति से दैत्यो कि उत्पत्ति हुई, दनु से दानवो कि उत्पत्ति हुई तथा अदिति से आदित्यों कि उत्पत्ति हुई।

02 दैत्य - कश्यप ऋषि कि पत्नी दिति से दैत्य कुल का सृजन हुआ, दिति से हिरण्याक्ष तथा हिरण्यकश्यप नाम दो पुत्रो का जन्म हुआ तथा होलिका नामक एक पुत्री का जन्म हुआ। हिरण्याक्ष का वध वराह भगवान ने किया तथा हिरण्यकश्यप का वध नरसिंह भगवान ने किया। होलिका का वध अग्नि देव ने किया। अंधक तथा नरकासुर हिरण्याक्ष के ही पुत्र थे। अन्धक के आडि नाम एक पुत्र हुआ। हिरण्यकश्यप के प्रहलाद नाम पुत्र हुआ तथा प्रहाद के विरोचन, कुंभ तथा निकुंभ नामक तीन पुत्र हुए। विरोचन के महाबली नामक एक पुत्र हुआ जो कि सुतल लोक के राजा

है। महाबली के बाणासुर नाम एक पुत्र हुआ तथा बाणासुर के उषा नामक एक पुत्री हुई। उषा तथा अनिरुद्ध का विवाह हुआ। अनिरुद्ध प्रद्युम्न का पुत्र था तथा प्रद्युम्न भगवान कृष्ण का पुत्र था।

03 दानव - पुलोमन दानवो का राजा था, पुलोमन कि हत्या कर इन्द्र ने पुलोमन कि पुत्री शची से विवाह कर लिया था। पुलोमन कि मृत्यु के बाद पुलोमन का भाई विप्रचित्ति राजा बना, विप्रचित्ति होलिका का पति था। दोनो के स्वरभानु नामक एक पुत्र हुआ जिसे राहु यानी सुर्य ग्रहण तथा केतु यानी चन्द्र ग्रहण भी कहते है। प्रभा इसकी पुत्री थी। स्वरभानु ने अमृत कि कुछ बुंदो को ग्रहण कर लिया था।

राक्षस सूत्र

01 परिभाषा - आदिवासी समाज को राक्षस समाज कि संज्ञा दि गई है इसी कारण से राक्षस देव भी हो सकते है साथ ही राक्षस दानव भी हो सकते हैं। राक्षस पापी पुरूष भी हो सकते है साथ ही राक्षस सत् पुरूष भी हो सकते है। राक्षस धर्म के साथ भी खडे होते है तो धर्म के विरोध मे भी खडे होते है। राक्षस और यक्ष दोनो का गहरा संबंध होता है। राक्षसो कि आत्माओ को ही यक्ष कहा जाता है जिस प्रकार राक्षस बुरे तथा अच्छे दोनो प्रकार के होते है उसी प्रकार यक्ष भी बुरे तथा अच्छे दोनो प्रकार के होते है। जल, जंगल तथा जमीन से राक्षसो का गहरा लगाव होता है। राक्षस वर्ग ने ही आर्य समाज या शासन के विस्तार का सबसे ज्यादा विरोध किया था। आर्य समाज ने दास नस्ल या समाज को आसानी से हरा दिया परन्तु वे राक्षस समाज को हराने मे नाकाम होने के फलस्वरूप उन्होने उन्हे असभ्य तथा अपवित्र दिखाने का प्रयास करने लगे। उनकी मृत्यु के बाद उनहें यक्षो कि संज्ञा देकर उनकी बहादुरी का बखान करने लगे।

02 रामायण - रामायण मे दो राक्षस परिवारो का वर्णन हुआ है कैकशी परिवार तथा ताड़का परिवार। भगवान राम ने विश्वामित्र के आग्रह पर

ताड़का तथा ताड़का के पुत्र सुबाहु का वध किया। मारीच भी ताडका का पुत्र था जो रावण कि शरण मे चला गया था। सुकेतु यक्ष कि पुत्री का नाम ताड़का था। सुकेश तथा गंधर्व पुत्री देववती के दो पुत्र हुए माली तथा सुमाली। सुमाली की पुत्री कैकशी से रावन, कुंभकर्ण, विभिषण तथा सूपर्णखा नाम तीन संतान हुई। सुमाली कि पुत्री राका से दो पुत्र खर - दूषण नाम दो पुत्र हुए जिनका राज दण्डकारण्य वन मे था तथा जिसकी राजधानी नासिक थी। अहिरावन पाताल लोक का स्वामी था।

03 महाभारत - महाभारत मे हिडिम्ब परिवार, जटासुर परिवार दो मुख्य राक्षस परिवर थैं। हिडिम्बा तथा बाली का पुत्र घटोत्कच था। घटोत्कच तथा अहिलावती का पुत्र बर्बरीक था। जटासुर का पुत्र अलम्बुष था, जटासुर कि हत्या भीम ने कि थी इसी कारण से अलम्बुष ने महाभारत के युद्ध मे दुर्योधन का साथ दिया था।

यक्ष सूत्र

01 परिभाषा - आदिवासीयों के पितृ या आदिवासियों के देवता के रूप मे यक्षो को जाना जाता है। कुबेर को यक्षो का राजा कहा जाता है, भगवान कुबेर का वाहन नेवला होता है जो सांप का विरोधी जीव होता है। नाग तथा यक्षो कि भक्ति आर्य समाज मे आदिवासी समाज कि ताकत का सुचक है। साप या यक्षो कि भक्ति आर्य समाज के विस्तार वाद की भी सुचक है। दास समाज को अपना गुलाम बनाने के बाद जो कि नदियों के किनारे रहते थे आर्य समाज ने अपना विस्तार जंगलो कि तरफ किया जहां उनका सामना आदिवासी समाज से हुआ। आदिवासी समाज को आर्य लोगो ने राक्षस कि संज्ञा दी। आर्य समाज के लोगो को अपने ज्ञान तथा संस्कारो पर बहुत अंहकार था इसी के परिणाम स्परूप द्रविड समाज को आर्य समाज ने रीछ व वानर कि संज्ञा देकर संबोधित किया। कश्मीर के दार्दी भाषा बोलने वालो को पिशाच कि संज्ञा देकर उनको बदनाम करने का प्रयास किया।

02 कुबेर - जल, जंगल तथा जमीन का रक्षक तथा धन - दौलत के स्वामी को कुबेर कहा जाता है। कुबेर इडविडा तथा ऋषि विश्रवा का पुत्र था। इडविडा ऋषि भारद्वाज कि पुत्री थी। इडविडा के दो भाई द्रोण तथा गर्ग थें। रावण ऋषि विश्रवा का पुत्र था, कुबेर रावण का बडा भाई था। कुबेर के तीन पुत्र थे नलकुबेर, मणिभद्र तथा मयुराज तथा एक पुत्री मिनाक्षी थी। नलकुबेर को ईच्छा का देवता कहा जाता है, रम्भा नलकुबेर कि पत्नी थी। रावण ने रम्भा का बलात्कार करने का प्रयास किया था। नलकुबेर के श्राप के कारण कि रावण माता सीता से अभ्रता नही कर सकता था। मणिभद्र को संपत्ति का देवता कहा जाता है।

03 मुर्तिकला - मुर्तिकला का प्रारम्भ भी यक्ष तथा यक्षिणी कि मुर्ति निर्माण से ही जाना जाता है। इसी कारण आदिवासी समाज को मुर्तिकला का जनक भी कहां जाता है। हिन्दु समाज मे मुर्ति पुजा का प्रारम्भ आदिवासी समाज ने किया था। आर्य समाज ने आदिवासी समाज से मुर्तिकला कि शिक्षा ग्रहण कि तथा यज्ञ के स्थान पर मुर्तिपुजा करना प्रारम्भ कर दिया। पुजा पद्धति भी आदिवासी समाज कि ही देन है।

भैरव सूत्र

01 वेताल - वेतालों को शांतादुर्गा के भाई के रूप मे जाना जाता है। वेताल भविष्य को जानने वाली आत्माएं होती है। वेताल आपके भविष्य को जानते हुए आपसे सवाल करते है यदि आपने झुठ बोला या उनकी चापलुसी करने का प्रयास किया तो वो आपको सजा भी देते है। वेताल चापलुसी, झुठ तथा गुणगान से नफरत करते है तथा आपके द्वारा सत्य, आलोचना व विरोध करने पर वह आपका एक समय बाद पीछा छोड देते है। इसी कारण से ही शांतादुर्गा के साथ वेतालो कि भी पुजा कि जाती है। एक प्रकार से वेताल मानव कि अग्नि परीक्षा लेने का कार्य करते है जो इस अग्नि परीक्षा मे असफल हो जाता है उसे वेताल सजा भी देते है।

02 पिशाच - पिशाच को माँस भक्षक होते है, पिशाच माँस का सेवन क्रोध के फलस्वरूप करते है। पिशाचो के द्वारा बोले जाने वाली भाषा

को पैशाची भाषा कहा जाता है जो कि दार्दी भाषा के ही समान है जो कि कश्मीर मे बोली जाती है। इसी कारण से पिशाचो को कश्यप कि संतान के रूप मे भी जाना जाता है। कश्मीर मे पुरातन समय मे माँस का सेवन अधिक प्रचलित था इसी कारण से वहां रहने वाले मानवो को पिशाचो कि संज्ञा दि गई। पिशाच आत्मा नही होती है, पिशाच एक मानव जातिय समाज है।

03 भूत - प्रेत - जिस आत्मा कि मुक्ति नही होती है वह आत्मा भूत कहलाती है। मुक्ति ना होने को कारण आत्मा का प्रकृति से मोह के नष्ट नही होने से होता है। यह तभी संभव है जब प्रकृति तथा आत्मा का बंध आस्मिक ही नष्ट हो जाए या फिर आपकी आत्मा कि कुछ ईच्छाएं अधुरी रह जाए। आत्मा अधुरी ईच्छाओं को पुरा करने के लिए इसी लोक पर कुछ समय के लिए रह जाती है। भूत प्रकृति से मोह वाला रूप है तथा प्रेत आत्मा कि अधुरी ईच्छाओं वाला रूप है। इसी कारण से ही प्रेत आत्मा, भूत आत्मा से ज्यादा धातक होती है। भूत आत्मा को हम पितृ के रूप मे भी जानते है जिनकी आश्विन मास कि आमावश्या से पुर्णिमा तक तथा हर मास कि अमावश्या को पुजा करते है।

सुर सूत्र

देवता सूत्र

01 परिभाषा - आप के पुण्य या आपकी आभा ही आपको भगवान तथा देवता बनाती है। आपकी आभा का मान 50 यम से 75 यम तक होने पर आप देवता समझे जाते है। आपकी आभा का मान 75 यम से अधिक होने पर भगवान समझे जाते है। राक्षस वर्ग कि आभा धन तथा ऋण दोनो हो सकती है अतः राक्षस वर्ग भगवान भी हो सकता है तथा देवता भी। राक्षस वर्ग को बिना कारण ही असुर या दैत्य मान लेना मानव कि मुर्खता होती है। मानव कि आभा मानव के जन्म से भी जुड़ी होती है, मानव कि आभा जन्म के समय धन तथा ऋण दोनो हो सकती है। मानव कि आभा का मान मानव के जन्म के समय शुन्य नही होता है परन्तु मानव कि आभा का प्रभाव जन्म के वक्त शुन्य अवश्य होता है समय के साथ मानव कि आभा का प्रभाव बढता जाता है वयस्क अवस्था तक आते - आते मानव कि आभा पूर्ण रूप से विकसित हो जाती है। मानव किस लोक मे जाएंगा यह मानव कि आभा द्वारा निर्धारित किया जाता है। यम देव द्वारा मानव कि आभा के अनुसार ही मानव को मृत्यु के बाद लोक निर्धारित किया जाता है। इसी कारण ही आभा के मान कि मात्रा को यम द्वारा लिखा जाता है।

02 लोक - संसार मे 14 लोक विद्यमान होते है भूलोक के ऊपर 6 लोक विद्यमान होते है तथा भू लोक के नीचे 7 लोक विद्यमान होते है। भू लोक के ऊपर के लोको को धन ऊर्जा लोक तथा भू लोक के नीचे के

लोको को ऋण ऊर्जा लोको के रूप मे जाना जाता है। भू लोक सत्य युग व त्रेतायुग मे धन ऊर्जा युक्त हो जाता है तथा द्वापरयुग व कलियुग मे ऋण ऊर्जा से युक्त हो जाता है। सत्ययुग तथा त्रेतायुग मे धनऊर्जा कि प्रभुसत्ता होती है। द्वापरयुग तथा कलियुग मे ऋण ऊर्जा कि सत्ता रहती है। धन ऊर्जा लोक - भुवर लोक, स्वर्ग लोक, महर लोक, ज्ञान लोक, तप लोक तथा सत्य लोक / ब्रहम लोक। भगवान शिव भू लोक पर निवास करते है तथा भगवान विष्णु बैकुण्ठ लोक मे निवास करते है। ऋण ऊर्जा लोक - अतल लोक, वितल लोक, सुतल लोक, तलातल लोक, महातल लोक, रसातल लोक तथा पाताल लोक / नरक लोक।

आर्य सूत्र

01 परिभाषा - आर्य नस्ल का मुल निवास कम्बोज क्षेत्र था, संस्कृत कि उत्पत्ति भी कम्बोज क्षेत्र मे ही हुई थी। सिन्धु सभ्यता के समय आर्य कम्बोज के क्षेत्र मे ही निवास करते थे तब तक उन्होने अश्वो के महत्व को नही समझा था। सिंध सभ्यता के पतन के कारण कम्बोज कि अर्थव्यवस्था तथा राजनीतिक व्यवस्था अस्थिर हो गई थी जिसके कारण उनके जीवन कि मुख्य आवश्यताओं कि पुर्ति करना भी असंभव हो गया। धीरे - धीरे उन्होने अश्वो का व्यापार मे प्रयोग करना प्रारम्भ किया, फिर समय के साथ वे अपनी सत्ता कि स्थापना के लिए भी अश्वो का प्रयोग करने लगे। उनका भारत मे सबसे पहले प्रवेश गांधार क्षेत्र मे हुआ धीरे - धीरे गांधार तथा कम्बोज सभ्यताओं का संगम प्रारम्भ हो गया जिसने आर्य समाज को स्थायित्व प्रदान किया। गाधार क्षेत्र मे ही वेदो का लेखन प्रारम्भ हुआ। गांधारा क्षेत्र पहाड़ी क्षेत्र होने के कारण आर्य समाज छोटे - छोटे समुहो मे बंट गया जिसने एक बड़े साम्राज्य के निर्माण मे बाधा का कार्य किया। आज का गाधार क्षेत्र भी बहुत सारे कबीलो मे बंटा हुआ है जो इस बात को प्रमाणित करता है। धीरे - धीरे आर्य नस्ल ने दास नस्ल को अपना गुलाम बनाना प्रारम्भ कर दिया इसी कारण से दास शब्द आज गुलामी का सुचक बन चुका है। दास शब्द का

गुलामी अर्थ दास नस्ल का आर्य नस्ल के गुलाम बनने का सुचक होता है। दास नस्ल, द्रविड़ नस्ल तथा ब्रह्म नस्ल भारत कि तीन प्रमुख नस्ल थी वर्तमान मे आर्य नस्ल, द्रविड़ नस्ल तथा ब्रह्म नस्ल भारत कि तीन प्रमुख नस्ल है। दास नस्ल का आर्य नस्ल द्वारा लोप कर दिया गया है। वर्तमान मे शिव तथा शक्ति पुजा दास संस्कृति को ही निरुपित करते है ना कि आर्य संस्कृति को निरुपित करते है। पुजा - पाठ कि परम्परा भी दास संस्कृति को ही निरुपित करती है। आर्य समाज ने पहाड़ी क्षेत्र मे रहने वाले मांसाहारी मानव को पिशाच कि संज्ञा दी तथा पिशाचो का मुल स्थान कश्मीर को बताया। आर्य समाज ने ही द्रविड़ समाज को वानर व रीछ कि संज्ञा दी। आर्य समाज ने ही आदिवासी समाज को राक्षस समाज कि संज्ञा दी तथा वर्तमान मे ब्रह्म समाज को असभ्य बता ब्रह्म समाज को नष्ट करने का प्रयास किया जा रहा है।

पितृ सूत्र

01 परिभाषा - अपने पुर्वजो के किये गए कार्या को याद करने के लिए उनकी आत्मा को पितृ का रूप मानकर पुजा कि जाती है। पुण्यतिथि के दिन पितृ कि पुजा कि जाती है। हर महिने कि अमावस्य को पुण्यतिथि के रूप माना जाता है क्योकि इस दिन अंधकार का प्रभाव अधिक रहता है जो कि हमे धर्म के मार्ग से भटका सकता है अतः मानव अपने पुर्वजो के पथ को याद करके धर्म के मार्ग को पहचान कर उस पर चल सकता है। मानव जब भी अपने पुर्वजो के कर्म को भुला कर अपनी सफलता का श्रेय अपने पुर्वजो को नही देता है तो मानव अहंकार कि माया मे जकड़ जाता है। भारत के वर्तमान शासक वर्ग पुर्वजो की सफलता को अपनी सफलता बताने का हर संभव प्रयास कर रहा है तथा अपनी असफलता को पुर्वजो कि असफलता का रूप देने का हर संभव प्रयास कर रहा है जिसमे भारत का पत्रकार वर्ग पूर्ण रूप से भारत के शासक वर्ग का सहयोग का रहा है। अपनी असफलताओं के लिए पुर्वजो को जिम्मेदार मानना गलत है तथा अपनी सफलता का श्रेय पुर्वजो को ना देना पाप

के समान होता है। विकास तथा सृजन दोनो स्तर दर स्तर प्राप्त किये जाते है इसी प्रकार विनाश भी स्तर दर स्तर ही प्राप्त किया जाता है। कोई मानव एक स्तर से दुसरे स्थर पर सफलता को ले जाने का कार्य करता है परन्तु मानव वर्तमान सफलता को सिर्फ अपनी सफलता बता कर इस स्तर व्यवस्था को नकारता है जो किसी भी मानव कि सबसे बडी मुर्खता होती है।

02 पितृ पक्ष - आश्विन मास कि अमावस्य से आश्विन मास कि पुर्णिमा तक 16 दिन पितृ पक्ष होता है। इन 16 दिनो मे से एक दिन आपके पितृ कि पुण्यतिथि होती है इस पुण्यतिथि का महत्व हर मास कि अमावश्या को आने वाली पुण्यतिथि से अधिक होता है। इस दिन पुर्वजो के कार्या का गुणगान तथा पुर्वजो कि पितृ के रूप मे पुजा कि जाती है। पक्षियो को पितृ का रूप मानकर उनहे भोजन कराया जाता है। पक्षियो को पुर्वजो का रूप इसलिए माना जाता है क्योकि पक्षि मानव के हर कर्म पर नजर रखते है।

सत्पुरुष सूत्र

01 परिभाषा - मानव कि आभा का मान 20यम से 50 यम तक होने पर मानव सत्पुरुष कहलाता है। मानव कि आभा का मान - 20 यम से $20 यम तक होने पर मानव को हम सामान्य मानव कहते है। मानव कि आभा का मान - 20 यम से - 50 यम तक होने पर मानव को हम पापी मानव कि संज्ञा देते है। मानव का मान - सम्मान, मान - अपमान तथा मान - मर्यादा मानव कि आभा पर ही निर्भर करती है। धर्म तथा सत्य कि राह पर चलने वाले मानव का सम्मान होने पर समाज मे धर्म तथा सत्य कि स्थापना होती है। धर्म व सत्य कि राह पर चलने वाले मानव का अपमान होने पर समाज मे अधर्म तथा असत्य कि स्थापना होती है। वर्तमान समय मे अधर्म व असत्य कि मार्ग पर चलने वाले मानव का मानव काम व अर्थ के प्रभाव मे आकर सम्मान करता है। वर्तमान समय मे धर्म तथा सत्य कि राह पर चलने वाले मानव के पास

अर्थ व काम का अभाव होने के कारण मानव उनका अपमान करता है। वर्तमान समाज मे अर्थ तथा काम मानव कि आभा का स्थान ले चुके है। मानव के पास यदि अर्थ तथा काम है चाहे उसकी आभा कितनी ही नकारात्मक क्यों ना हो मानव उसका सम्मान करता ही है।

02 अपराध - वर्तमान भारत मे आलोचना तथा विरोध करना अपराध बन चुका है कोई भी सत्पुरूष यदि शासन कि आलोचना करता है तो शासन द्वारा देशद्रोही दिखाने का हर संभव प्रयास किया जाता है। पापी पुरूष शासन का गुणगान तथा चाटुकारिता करके स्वतः ही शासक वर्ग तथा प्रजा कि नजर मे सत्पुरूष बन जाता है। मानव का आलोचना तथा विरोध करने वालो को अपराधी मानना तथा गुणगान व चाटुकारिता करने वालो को ईनाम देना मानव के भ्रम कि सुचक होती है। जब मानव सत्य व असत्य मे भेद करना भुल जाता है या मानव जब धर्म व अधर्म मे अंतर कि पहचान नही कर पाता है तो मानव भ्रम कि स्थिति मे पहुँच जाता है। युवा पीढि का भ्रम का शिकार होना आसान होता है क्योंकि युवा पीढि के पास अनुभव कि कमी होती है। भारत का वर्तमान शासक वर्ग युवा पीढि को भ्रम मे डालकर ही भारत का राजा बनने का प्रयास करता है।

कल्पना सूत्र

आदित्य सूत्र

01 परिभाषा - अदिति तथा कश्यप कि संतानो को आदित्य कहा जाता है। जिस प्रकार साल मे 12 महीने होते है उसी प्रकार ही आदित्य भी 12 प्रकार के होते है। इन्द्र, सुर्य, वरुण, मित्र, त्वष्टा, विधाता, भग, अंशुमान, अर्यमान, पूषा, पर्जन्य तथा वामन आदि 12 आदित्य होते है। भगवान पूषा को पोषण के देवता के रूप मे भी जाना जाता है, बिना पोषण के संसार का निर्माण नही किया जा सकता है। सुर्य देव का महत्व संसार के निर्माण से सबसे अधिक होता है क्योकि यह संसार को प्रकाश देते है इसी कारण से मकर संक्राति तथा छठ महापर्व पर सुर्य भगवान कि पुजा कि जाती है। सवितृ को सुर्य कि किरण के रूप मे जाना जाता है भगवान सुर्य का प्रकाश एक स्थान से दुसरे स्थान पर सवितृ के रूप मे ही गमन करता है। सुर्य देव को वैवस्वान के नाम से भी जाना जाता है। वरुण देव जल का प्रतिक होते है वरुण देव संसार के निर्माण मे आवश्यक हर प्रदार्थ ब्रह्म देव को उपलब्ध करते है। संसार के सभी प्रदार्थ वरुण देव से ही उत्पन्न माने जाते है। इन्द्र भगवान का सृजन संसार का विनाश करने वाली ताकतो को नष्ट करने के लिए किया गया है तथा संसार मे धर्म कि स्थापना के लिए इन्द्र देव का सृजन किया गया है क्योकि संसार मे शांति होने पर ही विकास कि धारा बह सकती है। मित्र देव संसार के सभी प्राणियों मे साम्य कि स्थापना का प्रयास करते रहते है ताकि विकास के कार्य मे बाधा ना उत्पन्न हो। त्वष्टा देव वरुण देव से

प्राप्त प्रदार्थ को अनेक रूप तथा रंग प्रदान करते है ताकि संस्कार मे विविधता कि स्थापना हो सकते, जिसके कारण संसार को स्थिरता मिल सकें। विधाता संसार के निर्माण कि क्रिया का निरीक्षण करते है। भग देव प्राणियो के विभिन्नो अंगो के निर्माण मे सहायता करते है ताकि प्राणी आगे स्वयं खुद का विकास कर सके। अंशुमान प्राण के सुचक होते है बिना अशुमान के संसार का निर्माण होने पर भी संसार गतिहीन होता है। अर्यमान प्रथा के देवता होते है बिना कानुन के कोई भी संसार विकास नही कर सकता है। पर्जन्य बादलो को कहते है, पर्जन्य विकास के विकार दुर करते है। वामन देव विकास के मुल स्वरूप को दर्शाते है।

रुद्र सूत्र

01 परिभाषा - रुद का जन्म सूरभि तथा ब्रहा कि संतान के रूप मे हुआ था। सूरभि को कामधेनु भी कहा जाता है। कामधेनु समुंद्र मंथन के फलस्वरूप उत्पन्न हुई थी। रुद्र को विनाश का देवता माना जाता है रुद्र का अर्थ समस्या को जड़ सहित समाप्त करने वाला होता है। रुद्र को शिकार का देवता भी माना जाता है। रुद्र 11 प्रकार के होते है यथा कपाली, पिंगला, विलोहित, निऋति, अहिर्बुध्न्य, भीम, चंड, मगृव्याध, विरुपाक्ष, अजैकपाद तथा मन्यु। जिस प्रकार रुद्र के 11 प्रकार होते है उसी प्रकार शक्ति के भी 11 प्रकार होते है। रुद्र तथा पार्वती के संगम से अर्धनारीश्वर का जन्म होता है, अर्धनारीश्वर को ही संसार के विनाश का देवता माना जाता है। संसार के विनाश मे माता पार्वती भी रुद्र कि सहायता करती है।

02 प्रकार - कपाली के रूप मे रुद्र का अन्य नाम भैरव भी होता है जो कि नाश के सुचक होते है, कपाल का अर्थ अस्थि होता है संसार के विनाश के बाद केवल अस्थि ही शेष बचती है। पिंगला को पीले रंग के रूप मे जाना जाता है पीला रंग बीमारी का प्रतिक होता है जो संसार के बिमारीयों से नाश का सुचक होता है। निऋति देवता दक्षिण - पश्चिम दिशा के दिक्पाल होते है तथा निऋत को अव्यवस्था व अराजकता का

देवता माना जाता है, अराजकता ही संसार का विनाश करती है। विलोहित रक्त का प्रतिक होता है जो संसार मे युद्ध का सुचक होता है, युद्धो के द्वारा संसार का अन्त संभव है। अहिर्बुध्न्य का अर्थ स्थिरता का नाश करने वाला देवता होता है, इसे अशांति के देवता भी माना जाता है। भीम का अर्थ विकरालता व विशालता होता है जो रुद्र के भयानक स्वरूप का सुचक है, विकरालता व विशालता संसार के विनाश मे सहायक होती है। चंड का अर्थ क्रोध होता है, क्रोध से संसार का विनाश आसानी से हो सकता है। मगृव्याध का अर्थ सनक होता है मानव अपनी सनक द्वारा आसानी से मानवता का नाश कर सकता है। विरुपाक्ष का अर्थ कुरूप नेत्र होता है या आपके दृष्टिकोण कि संकीर्णता। अजैकपाद मृत्यु हीन मानव होता है। मन्यु का अर्थ मन कि अशांति होती है।

वसु सूत्र

01 परिभाषा - वसु धर्मराज तथा प्रजापति दक्ष कि पुत्री वसु कि संतान होने के कारण ही वसु कहलाएं। 8 वसु संसार मे विधमान होते है यथा घर, ध्रुव, सोम, अप्, प्रत्यूष, प्रभास, अनल तथा अनिल। वसु को भगवान विष्णु के गणो के रूप मे जाना जाता है इसी कारण से भगवान विष्णु को वासुदेव भी कहां जाता है। प्रत्यूष का अर्थ प्रभात होता है सुबह के समय के सुर्य को प्रत्युष कहा जाता है। प्रभास का अर्थ तेज होता है प्रभास सुर्य के तेज का सुचक होता है। प्रत्युष तथा प्रभाष दोनो सुर्य के गुणो को दर्शाते है।

02 गंगा - अष्टवसु को गंगा के पुत्रो के रूप मे भी जाना जाता है, माता गंगा ने शांतनु से विवाह के बाद अष्टवसु को जन्म दिया था तथा हर वसु के जन्म पर उनको अपनी धारा मे प्रवाहित कर दिया था। प्रभास वसु के रूप मे ही भीष्म को जाना जाता है। प्रभास कि पत्नी के अनुरोध पर ही अष्टवसु ने कामधेनु को चुराने का प्रयास किया था। वशिष्ट के श्राप के परिणाम स्वरूप ही वसुओं को मां गंगा के पुत्रो के रूप मे जन्म लेना पड़ा।

03 अष्टवसु - कुल 33 देवता होते है 12 आदित्य, 11 रुद्र, 2 अश्विन तथा 8 वसु। इनमे से वसु को संसार के संचालक के रूप मे जाना जाता है, रुद्र को संसार के विनाशक के रूप मे जाना जाता है। आदित्य को संसार के सृजन करता के रूप मे जाना जाता है। अश्विन कुमारों को संसार कि विकारो को दुर करने वाले देवता के रूप मे जाना जाता है। अष्टवसु या वासुदेव संसार के संचालक का कार्य करते है तथा धर्म कि विजय मे सहायता करते है। अग्नि या अनल को वसुओ के नायक के रूप मे जाना जाता है। घर को विकास का प्रतिक माना जाता है तथा ध्रुव को सतत् विकास का प्रतिक माना जाता है। सोम को सकारात्मकता तथा सत्य का प्रतिक माना जाता है तथा अप् को नकारात्मकता तथा असत्य का प्रतिक माना जाता है। अनल संसार के विकास कि गति का सुचक होता है तथा अनिल संसार के विकास कि बाधाओं को दुर करने का कार्य करता है।

अश्विन कुमार सूत्र

01 परिभाषा - अश्व शब्द से अश्विन शब्द कि रचना होती है, ऐसे अश्व जिनको थकान ना हो जो लम्बे समय तक के सफर मे सहायक हो। लम्बी दुरी के सफर के लिए अश्व सवार अपने साथ दो अश्व अवश्य रखता है उन दोनो अश्वो के संयुक्त रूप को अश्विन कुमार कहा जाता है। आर्य समाज मे अश्वो का बहुत महत्व था इसी कारण से अश्विन कुमारो का महत्व भी बहुत अधिक था। अश्विन कुमार भगवान सुर्य तथा माता संध्या के पुत्र माने जाते है। यमुना, तपती, यम, शनि, रैवन्त, सावर्णिमनु तथा वैवस्वतमनु अश्विन कुमार के भाई - बहन है। वैवस्वत मनु कि पौती सुकन्या जो कि च्यवन ऋषि कि पत्नी थी को अश्विन कुमारो ने अपने वेग तथा सुन्दरता के जाल मे फंसाने का प्रयास किया था परन्तु वे इसमे कामयाब नही हुए थे व सुकन्या के आत्मसंयम से प्रभावित होकर उन्होने च्यवन ऋषि कि च्यवनप्रास के निर्माण मे सहायता कि

थी। अश्विन कुमार को विज्ञान, प्रभात, दवा तथा स्वास्थ्य का देवता भी कहा जाता है।

02 जन्म - माता संध्या सुर्य के तेज को सहन ना कर सकने के कारण घोड़ी का स्वरूप धारण करके धरती को अपना निवास स्थान बना लिया था। सुर्य देव को जब इन सब का कारण पता चला तो वे भी अश्व का स्वरूप धारण करके धरती पर आ गये। दोनो के धरती पर संगम से अश्विन कुमारो का जन्म हुआ।

03 सिन्धु नदी - सिन्धु नदी को अश्विन कुमारो का मुल निवास स्थान माना जाता है। द्षद्वती नदी के सहारे अश्विन कुमारो ने च्यवन ऋषि की मदद कि थी। कपिल मुनि का निवास स्थान सरस्वती नदी के किनारे पर था। उषा को अश्विन कुमारो कि माता कि संज्ञा दी जाती है क्योकि उषा के वक्त अश्विन कुमारो का वेग अधिक रहता है। उषा मानव के स्वास्थ्य के लिए दवा कि तरह कार्य करती है। आर्य समाज कम्बोज क्षेत्र के निवासी थे यहां से उन्होने गांधार, पंजाब तथा सिंधु क्षेत्र मे प्रवेश किया यह प्रवेश बिना अश्वो के सहारे संभव नही था क्योकि यहां पर दुश्मन का सामना गजराज से होता था।

कला सूत्र

सोमदेव सूत्र

01 परिभाषा - चंद्रदेव को सोम देव भी कहते है क्योकि चंद्रदेव कि चांदनी सोमदेव के सोमरस कि जितनी प्रभावशाली होती है। सोमरस का मुल स्थान गांधार क्षेत्र है तथा चंद्र देव का मुल स्थान गुजरात क्षेत्र है। गुजरात के लोग चंद्रदेव के प्रभाव के कारण क्रोध को नियंत्रित करते है। चंद्र देव अत्रि ऋषि तथा अनसूया माता के पुत्र है। दुर्वासा तथा दत्तात्रेय चंद्र देव भाई है। चंद्र देव ने दक्ष कि 27 पुत्रीयों से विवाह किया था तथा चंद्र देव कि प्रिय पत्नी का नाम रोहिणी है। रोहिणी से अधिक लगाव के कारण ही प्रजापति दक्ष ने चंद्र देव को श्राप दिया था। जिसके परिणाम स्वरूप ही चंद्र देव के दो पक्ष होते है एक शुक्ल पक्ष तथा दुसरा कृष्ण पक्ष। चंद्र देव को नवग्रहो का सदस्य माना जाता है। चंद्र देव कि 27 पत्नीयां नक्षस कहलाती है जिनमे से रोहिणी नक्षत्र सबसे अधिक प्रभावशाली तथा तेज वाला होता है। चंद्र देव का वाहन मृग द्वारा चलित रथ तथा चंद्र देव का शस्त्र एक रस्सी होती है। बुध तथा वर्चस्व चंद्र देव के दो पुत्र हैं। चंद्र देव के भद्रा नामक पुत्री है। चंद्र को दक्ष के श्राप के कारण क्षय रोग हो गया था जिसके परिणाम स्वरूप चंद्र ने भगवान शिव कि प्रभास तीर्थ पर पुजा कि थी जिसे आज प्रभास पाटन के रूप मे जाना जाता है। सोमनाथ मंदिर प्रभास पाटन मे ही स्थित है।

02 बुध - बुध भगवान चंद्र देव तथा माता तारा के पुत्र है, माता तारा बृहस्पति कि पत्नी है। भगवान चंद्र तथा देवगुरू बृहस्पति के मध्य युद्ध

का यह मुख्य कारण था। इस युद्ध को तारकामय युद्ध भी जाता है जिसमे बृहस्पति कि जीत हुई थी तथा चंद्र व तारा के प्रेम संबंध की हार हुई थी जो यह दर्शाता है कि कभी भी विवाहित महिला से प्रेम संबंध बनाने का प्रयास नही करना चाहिए। चंद्र के पक्ष मे शुक्र, विरोचन तथा कालनेमि थे तथा बृहस्पति के पक्ष मे इन्द्र, रुद्र तथा विष्णु थे। इस युद्ध का अंत ब्रह्मदेव कि मध्यस्था से हुआ था।

03 भद्रा - भद्रा के पति उतथ्य ऋषि थे वरुण देव ने भद्रा के साथ जबरन संभोग किया था।

गंधर्व सूत्र

01 परिभाषा - गांधार क्षेत्र गंधर्वा का मुल निवास स्थान माना जाता है। मान्यता के अनुसार सोम वृक्ष का का मुल क्षेत्र गांधार ही है। इसी कारण से गंधर्वा को सोमरस का रक्षक भी कहा जाता है। देवताओं के दरबार मे ये संगीतकार बन जाते है तथा यक्षो के दरबार मे जाते ही ये वीर योद्धा बन जाते है। यक्ष आदिवासी समाज का प्रतिनिधित्व करते है तथा देवता आर्य समाज का प्रतिनिधित्व करते है। गांधार क्षेत्र पुरातन काल मे संगीत तथा शिक्षा का मुख्य केंद्र हुआ करता था। गांधार क्षेत्र के लोग सोम रस का सेवन करते थे जिसके कारण गांधार नस्ल काफी बलशाली थी। गांधार नस्ल का वर्तमान नाम पश्तून नस्ल है जो दुनिया भर मे अपने विरोध तथा बल के लिए जानी जाती है। अफगान जाति मे मुख्य रूप से पश्तून नस्ल कि ही प्रधानता है। कम्बोज क्षेत्र मे निवास करने वाले लोग अपनी सुन्दरता के लिए जाने जाते है।

02 अर्द्धमानव - गंधर्व के संगीत के कौशल के कारण ही उनके मुख को पशु - पक्षी के समान दिखाया गया। संगीत का प्रारम्भ कर्ता पशुपति को ही माता जाता है अतः गंधर्व पशुपति कि संतान होती है। तुम्बुरु, विश्वावसु, द्रुमिला, चित्रांगदा, चित्रसेन तथा चंदवेग आदि प्रमुख गंधर्व है। चित्रांगद ने सत्यवती तथा शांतनू के पुत्र कि हत्या कर दी थी। चित्रसेन

ने पांडवो से युद्ध किया था। द्रुमिला को कंस का पिता माना जाता है। चंदवेग ने पुरंजन शहर पर हमला किया था। ये चारो घटनाएं आर्या तथा गंधर्वा के बीच के संघर्ष का प्रतिनिधित्व करती है। आर्या का मुल निवास कम्बोज था इसी कारण से आर्या को सुन्दर वर्ण वाला कहा गया है तथा आर्या ने सदा अपने काम पर नियंत्रण करने का प्रयास किया है। इसी के कारण ही आर्या ने संन्यास तथा वैराग पर अपना ज्यादा ध्यान केंद्रित किया था।

03 गंधर्व विवाह - गृह सुत्र मे 8 विवाहो का वर्णन किया गया है। ब्रहम, दैव, आर्ष, प्रजापत्य विवाह को उत्तम कोटि का माना जाता है। गंधर्व, असुर, राक्षस, पैशाच विवाह को निम्न कोटि का माना जाता है। गंधर्व विवाह को प्रेम विवाह भी कहते है।

अपसरा सूत्र

01 परिभाषा - अपसराएं दो प्रकार कि होती है लौकिक अपसराएं तथा अलौकिक अपसराएं। लौकिक अपराएं प्रदर्शन कला के 26 पहलू का प्रतिनिधित्व करती है। अलौलिक अपराए कामदेव के विभिन्न पहलुओं का प्रतिनिधित्व करती है। मुख्य अपसराओं मे लौकिक तथा अलौकिक दोनो गुण विधमान होते है। अपसराएं जल के गुण वाली होती है जिस प्रकार जल अपनी कोमलता के कारण किसी भी स्वरूप को धारण कर लेता है उसी प्रकार अपसराएं भी किसी भी स्वरूप को धारण कर सकती है। गंधर्वा को अपसराओं के पतियों के रूप मे जाना जाता है। गंधर्व संगीत का प्रतिनिधित्व करते है तथा अपसराएं नृत्य का प्रतिनिधित्व करती है। बिना संगीत के नृत्य नही किया जा सकता है परन्तु बिना नृत्य के संगीत उत्पन्न किया जा सकता है।

02 मेनका - विश्वामित्र तथा मेनका कि पुत्री का नाम शकुंतला था जिसने राजा दुष्यन्त से विवाह किया था। दोनो के भरत नाम का एक पुत्र था जिससे भरत कुल का जन्म हुआ था भरत का पुत्र भूमन्यु था।

03 उर्वशी - उर्वशी तथा राजा पुरूरवा से आयुष नामक पुत्र का जन्म हुआ था। आयुष का पुत्र नहुष था तथा नहुष का पुत्र ययाति था। ययाति के दो पुत्र यदु तथा पुरु थे। यदु से यादव वंश बना तथा पुरु से पौरव वंश बना तथा पौरव वंश आगे चलकर कौरव वंश बना।

04 तिलोत्तमा - विश्वकर्मा के द्वारा सुन्द - उपसुन्द कि हत्या के लिए तिलोत्तमा का सृजन ब्रह्म के आदेश पर किया गया। सुन्द - उपसुन्द निकुम्भ के पुत्र थे। तिलोत्तमा को पाने कि चाहत के कारण वे एक दुसरे के विरोधी हो गये। दोनो ने अपना स्वनाश स्वयं ही कर लिया। स्त्री सुन्दरा दो मित्रो तथा भाईयों मे दरार का मुख्य कारण बन सकती है। अतः कभी भी स्त्री सुन्दरा को स्वयं पर हावी नही होने देना चाहिए।

05 घृताची - विश्वकर्मा से नल - नील नामक दो पुत्र उत्पन्न हुए जिन्होने रामसेतु का निर्माण किया। भारद्वाज से द्रोण नामक संतान का जन्म हुआ। व्यास से शुक नाम ऋषि का जन्म हुआ।

कामदेव सूत्र

01 परिभाषा - कामदेव प्रजापति धर्मराज तथा श्रद्धा के पुत्र थें। रुक्मिणी तथा कृष्ण के पुत्र प्रद्युम्न मे भी काम देव का अंश दिखाई पड़ता था इसी के कारण ही कामदेव को लक्ष्मी पुत्र भी कहा जाता है। काम देव को मानसपुत्र भी कहा जाता है क्योकि काम कि भावना कि जागृति का स्त्रोत मानव का मन ही होता है मानव मे यदि मन विद्यमान ना होतो मानव मे काम कि भावना कभी भी उत्पन्न नही होगी। कामदेव को प्रेम, ईच्छा तथा आनंद का देवता माना जाता है। कामदेव कि पत्नी का नाम रति है। रति को दक्ष कि पुत्री के रूप मे जाना जाता है। रति को उत्साह कि देवी होती है। हर्ष तथा यश कामदेव तथा रति कि संतान है। काम से मानव को खुशी मिलती है तथा काम से मानव को यश तथा अपयश दोनो कि प्राप्ति होती है।

02 प्रतिक - कामदेव का वाहन तोता है तथा काम देव का एक मुख्य मित्र मारा होता है। कोयल, बसंत, समीर आदि कामदेव के अन्य मित्र होते है जो कामदेव के प्रभाव को और अधिक बढ़ा देते है। मारा कामदेव का नकारात्मक मित्र होता है जो समय आने पर आपके अपयश का कारण भी बनता है। कामदेव का धनुष गन्ने का बना होता है तथा कामदेव के बाण पंचफुल वाले होते है। सफेद कमल, नीला कमल, अशोक के फुल, चमेली के फुल तथा आम के फुल कामदेव के पंच तीर के फुल कहलाते है।

03 तारकासुर - तारकासुर का बध सिर्फ शिवपुत्र ही कर सकता था, भगवान गणेश को केवल पार्वती पुत्र ही माना जाता है क्योकि उनकी उत्पत्ति माता पार्वती के मेल से हुई थी। भगवान कार्तिकेय के जन्म से तारकासुर का वध हो सकता था। भगवान शिव को ध्यान कि मुद्रा से जगाने का कार्य इन्द्र देव ने कामदेव को सौपा था। कामदेव ने वसंत कि सहायता से वहां वसंत जैसा वातावरण उत्पन्न किया। कामदेव ने अपने बाणो से शिव के तप को भंग किया परिणाम स्वरूप कामदेव शिव कि शक्ति से भष्म हो गयें। इसके बाद ही भगवान कार्तिकेय का जन्म हुआ जिन्होने तारकासुर का बध कर दिया।

भाग - 5

संसार भगवान सूत्र

01 परिभाषा - संसार का अस्तित्व मानव समाज के अस्तित्व से जुड़ा हुआ है, संसार का अस्तित्व मानव कि अमरता से जुड़ा हुआ है। संसार का अस्तित्व संसार पर मानव समाज कि सर्वसत्ता कि स्थापना से जुड़ा हुआ है। संसार का अस्तित्व जीवन - मरण से जुड़ा हुआ है। संसार का अस्तित्व प्रेम व आनंद के सागर से जुड़ा हुआ है। संसार का अन्त संभव है या नही। संसार का सृजन संभव है या नही। संसार माया का रूप है या सत्य का रूप। संसार दुख का सागर है या सुख का सागर। संसार मे प्राण का क्या प्रमाण है, संसार मे जीवन का क्या स्त्रोत है।

02 ब्रह्म अंड - संसार मे अनंत ब्रह्म अंड है जिनमे से हम एक ब्रह्म अंड मे निवास करते है, सारे ब्रह्म अंड क्षीर सागर पर विद्यमान है तथा जिस क्षीर सागर के भाग मे ब्रह्म अंड विद्यमान नही है उस क्षीर सागर को बैकुंठ कहा जाता है। ब्रह्मांड़ का अधिपति ब्रह्म को माना जाता है तथा क्षीर सागर का अधिपति विष्णु को माना जाता है। क्षीर सागर जागृत सागर होता है तथा ब्रह्मांड़ जागृत सागर मे विद्यमान होते है, क्षीर सागर वह सागर होता है जहां पर जागृत ऊर्जा जल के रूप मे विद्यमान रहती है। मानव का परम् लक्ष्य इसी सागर मे मिलना होता है जिस मानव कि आत्मा का मिलन इस सागर मे हो जाता है उस मानव को मोक्ष कि प्राप्ति हो जाती है तथा मानव को जन्म - मृत्यु के बंधन से मुक्ती मिल जाती है। ब्रह्मांड़ तथा क्षीर सागर का निर्माण जिस ऊर्जा से होता है उस ऊर्जा को भगवान शिव के रूप मे जाना जाता है इसी

कारण से भगवान शिव कि लिंग के रूप मे पुजा करते है क्योकि बिना लिंग - योनि के संतान सुख कि प्राप्ति नही हो सकती है तथा लिंग - योनि मानव को परम् आनंद का आभास आसानी से करा देते है जिस परम् - आनंद कि प्राप्ति के लिए मानव को बहुत तप तथा त्याग करना पड़ता है। शिव ऊर्जा धन तथा ऋण दोनो स्वरूप वाली होती है। धन स्वरूप मे शिव को शंकर कहते है तथा ऋण स्वरूप मे शिव को भैरव कहते है। माहाकाल तथा शुन्यकाल का संबंध क्रमशः भगवान शिव तथा परमात्मा से होता है। शुन्यकाल, शुन्य धरा तथा अनंत धरा का सुचक होता है व शुन्य काल को ही परम् ईश्वर कि संज्ञा दि जा सकती है।

अध्याय 13

प्रकृति सूत्र

01 परिभाषा - संसार का निर्माण प्रकृति से हुआ है तथा प्रकृति से ही आत्मा का निर्माण होता है, एक दिन संसार कि सभी आत्माओं का नाश हो जाएगा तब संसार मे सिर्फ प्रकृति का ही वास होगा, उस स्थिति को ही प्रलय कि संज्ञा दि जाती है। प्रकृति का नाश केवल भगवान शिव ही कर सकते है, माता दुर्गा के पास भी प्रकृति के नाश का अधिकार है परन्तु माता बिना शिव कि आज्ञा के प्रकृति का नाश नही कर सकती है। प्रकृति तथा आत्मा के संगम से ही पुरुष का निर्माण होता है वह पुरुष ही विष्णु कहलाता है। विष्णु का निवास स्थान बैकुंठ होता है तथा ब्रहम अण्ड जिस सागर मे गतिमान रहते है उस सागर को क्षीर सागर कहते है। जिस दिन क्षीर सागर तथा बैकुंठ सागर मिलकर शिव सागर का निर्माण कर लेते है उस समय संसार मे केवल प्रकृति ही विद्यमान रहती है। वैतरणी नदी क्षीर सागर या ब्रहम अंड को बैकुंठ से जोड़ती है मानव का लक्ष्य बैकुंठ कि प्राप्ति करना होता है क्योकि बैकुंठ से ही संसार के सभी क्षीर सागरों का रास्ता जाता है। धन ऊर्जा तथा ऋण ऊर्जा के मध्य सतत् संघर्ष चलता रहता है यह संघर्ष कभी खत्म नही होने वाला है जब यह संघर्ष खत्म हो जाएगा उस अवस्था को शुन्य ऊर्जा कहा जा सकता है जो कि संसार मे कभी भी स्थापित नही हो सकती है। जब एक ऊर्जा कि पुर्ण रूप से विजय हो जाएगी उस ऊर्जा को अनंत ऊर्जा कहा जा सकता है जो संसार मे कभी भी स्थापित नही हो सकती है। धन ऊर्जा को धर्म तथा ऋण ऊर्जा को अधर्म के रूप मे जाना जाता है तथा अधर्म से माया कि उत्पत्ति होती है तथा धर्म से सत्य कि उत्पत्ति होती

है। माया से ही असत्य का सृजन होता है। सत्ययुग तथा त्रेतायुग मे धर्म कि प्रधानता होती है तथा द्वापर युग तथा कलियुग मे अधर्म कि प्रधानता होती है। जब कलियुग मे अधर्म कि प्रधानता चरम सीमा पर पहुँच जाती है तो भगवान शिव संसार का अंत करके कलियुग का नाश कर देते है। प्रकृति के सार को समझने के लिए प्रकृति को चार भागों मे विभाजन किया जाता है। प्रकृति के अंग, प्रकृति के अंश, प्रकृति के गण तथा प्रकृति के स्वरूप। प्रकृति सदाशिव तथा पराशक्ति का प्रतिनिधित्व करती है जो संसार के सृजन करता कहलाते है।

रूप सूत्र

शिव सूत्र

01 परिभाषा - शिव को शांति, समय, योग, वैराग्य, ध्यान, नृत्य, प्रलय तथा विनाश के देवता माना जाता है। शिव को जगतपिता माना जाता है, शिव को सृष्टि के संहारकर्ता माना जाता है। शिव कि पुजा आरण्यक संस्कृति का प्रतिनिधित्व करती है। शिव के निम्न नाम है - भोलेनाथ, शंकर, महेश, रुद्र, नीलकंठ, गंगाधर, महादेव, पशुपति, नटराज, सिद्धेश्वर, अर्धनारेश्वर, बैद्यनाथ, मृत्युंजय, चंद्रशेखर, महाकाल, किरात, जटाधारी, नागनाथ, त्रयम्बक, विश्वेश्वर, विषधर, उमापति, भूतनाथ, त्रिलोचन तथा शशिभूषण। रुद्र का अर्थ होता है दुख को दुर करने वाला। शिव का अर्थ शुभ, स्वाभीमानिक, अनुग्रहशील, सौम्य, दयालु, उदार तथा मैत्रीपूर्ण होता है।। लिंगम पूरे ब्रह्माण्ड को सुचित करता है। शिव कि पुजा पंचामृत से कि जाती है तथा बिलपत्र व चंदन शिव कि प्रिय वस्तुएं है। सदाशिव से शिव, ब्रह्म तथा विष्णु कि उत्पत्ति हुई है व दुर्गा से पार्वती, लक्ष्मी तथा सरस्वती कि उत्पत्ति हुई है। त्रिशुल, पिनाक धनुष, डमरु, परशु तथा पशुपतास्त्र भगवान शिव के प्रमुख अस्त्र है।

02 शिवगण - शिव के गणो के अध्यक्ष नंदी देव है, शिव के निम्न मुख्य गण है - नंदी, भृंगी, रिटी, टुंडी, श्रृंगी, बेताल, पिशाच, भूत, प्रेत, तोतला।

03 12 ज्योतिर्लिंग - शिव के निम्न 12 ज्योतिर्लिंग है - भीमांशकर, पुणे; त्रयम्बकेश्वर, नासिक; घृष्णेश्वर, औरंगाबाद; नागेश्वर, द्वारका; सोमनाथ, सौराष्ट्र; महाकालेश्वर, उज्जयिनी; ॐमकारेश्वर, खंडवा;

बैद्यनाथ, देवघर; विश्वनाथ, वाराणसी; केदारनाथ, रुद्रप्रयाग; पशुपतिनाथ, काठमांडू; मल्लिकार्जुन, श्री सैलम; रामेश्वरम, रामनाथपुरम्।

04 शिवरात्रि - कृष्णपक्ष कि चर्तुदशी शिवरात्रि कहलाती है तथा फाल्गुन मास कि शिवरात्रि को महाशिवरात्रि कहते है। इस दिन भगवान शिव तथा माता पार्वती का विवाह हुआ था। इसी दिन भगवान ब्रह्म तथा विष्णु ने सर्वप्रथम शिवलिंग कि पुजा कि थी।

पार्वती सूत्र

01 परिभाषा - माता पार्वती कि पुजा सद्भाव कि देवी, पोषण कि देवी, मातृत्व कि देवी, भक्ति कि देवी, जननक्षमता कि देवी, प्रेम कि देवी तथा सुन्दरता कि देवी के रूप मे कि जाती है। माता पार्वती को उमा तथा गौरी के रूप मे भी जाना जाता है। माता पार्वती को हिमालय तथा मैनावती कि पुत्री माना जाता है। गंगा को माता पार्वती कि बहन माना जाता है। मैनाक पर्वत को माता पार्वती का भाई माना जाता है। पार्वती का जन्म मानतलाई, जम्मू मे हुआ था तथा शिव - पार्वती का विवाह भी मानतलाई मे हुआ था। शैलजा, गिरिजा, उमा, अर्पणा, अम्बिका, भैरवी, भवानी, उर्वी, कामाक्षी, अनपूर्णा तथा महाकाली आदि नामो से भी माता पार्वती को जाना जाता है। तांडव तथा लास्य नृत्य शिव तथा पार्वती के नृत्य होते है तांडव नृत्य कि अग्नि को शांत करने के लिए लास्य नृत्य किया जाता है।

02 अवस्था - भगवान गणेश तथा भगवान कार्तिकेय बाल्यावस्था को निरुपित करते है माता पार्वती ग्रहस्थ, वानप्रस्थ तथा संयास अवस्था के साम्य को निरुपित करती है। माता पार्वती का जीवन क्षण - क्षण मे अपनी अवस्था बदलता रहता है कभी माता ग्रहस्थ अवस्था को धारण करके आर्दश माता तथा पत्नी बन जाती है। कभी माता वानप्रस्थ अवस्था को धारण करके शिव साधना मे लीन हो जाती है। कभी माता संयास अवस्था को धारण करके योगिनी बन जाती है।

03 अर्धनारीश्वर - अर्धनारीश्वर भगवान माता पार्वती तथा भगवान शिव के संगम को सुचित करते है। वैवाहिक संबंधो मे स्त्री तथा पुरूष का समान महत्व होता है। दोनो का विश्वास, त्याग तथा आत्मसम्मान हि दोनो के संबंध मे प्रेम का संचार करता है। संबंध मे विश्वास, त्याग तथा आत्मसम्मान ना होना संबंध मे दरार उत्पन्न करता है।

04 लिंगयोनि - शिव तथा पार्वती के संगम से ही संसार का सृजन होता है बिना योनि के लिंग का कोई महत्व नही होता है तथा बिना रति के काम देव का कोई महत्व नही होता है।

भैरव सूत्र

01 परिभाषा - भय से रक्षा करने वाले भगवान को भैरव कहते है, भैरव का अर्थ भीषण व भयानक होता है। भैरव भगवान को शिव का पांचवा अवतार माना जाता है। भैरव भगवान दुष्टों को दण्ड देते है तथा अपने भक्तो कि रक्षा के लिए सदा तत्पर रहते है। भैरव ने भगवान ब्रह्म का पांचवा शीश काटा था। भैरव भगवान के अस्त्र निम्न है - डंडा, त्रिशूल, डमरू, चंवर, खप्पर तथा तलवार। भैरव भगवान का वाहन काला कुत्ता होता है। दण्डपाणि तथा स्वस्वा भैरव के अन्य नाम है, दण्डपाणि का अर्थ हाथ मे डंडा धारण करने वाला तथा स्वस्वा का अर्थ कुत्ते कि स्वारी करने वाला होता है। भैरव भगवान को कापालिक सम्प्रदाय का देवता माना जाता है तथा तंत्र साधन में भैरव भगवान कि पुजा कि जाती है। हिन्दुस्तानी शास्त्रीय संगीत मे एक राग का नाम भी भगवान भैरव के नाम पर ही रखा गया है। भूत, प्रेत, पिशाच, पूतना, कोटरा तथा रेवती भगवान भैरव के गण माने जाते है। महाराष्ट्र मे खंडोबा के रूप मे तथा दक्षिण भारत मे शास्ता के रूप मे भगवान भैरव कि पुजा कि जाती है। भगवान भैरव कि बीमारी, विपत्ति तथा विनाश के देवता के रूप मे भी पुजा कि जाती है ताकि इन तीन तत्वो से बचा जा सके।

02 प्रकार - भैरव भगवान कि दो स्वरूपो मे पुजा कि जाती है बटुक भैरव तथा काल भैरव के रूप में। बटुक भैरव अपने भक्तो को अभय देते है, बटुक भैरव का स्वरूप सौम्य है, बटुक भैरव भैरवनाथ का बाल स्वरूप होता है। काल भैरव अपने भक्तो के भक्षक को दण्ड देने वाले रूप मे होते है, काल भैरव का स्वरूप भयानक होता है, काल भैरव भैरवनाथ का युवा स्वरूप होते है। भैरव को शिव के गण के रूप मे भी जाना जाता है शिव के अन्य गण निम्न है - महाकाल, वेताल, नंदी तथा भृंगी। भैरव भगवान के अष्टरूप होते है जो भगवान के आठ लक्षणों का प्रतिनिधित्व करते है। भैरव के अष्टरूप - असितांग भैरव, क्रोध भैरव, कपाली भैरव, संहार भैरव, भीषण भैरव, चाम्रचूडं भैरव, चंद्रचूडं भैरव तथा उन्मत्त भैरव। भैरव को काशी का नगरपाल माना जाता है, भैरव का जन्म शिव के रक्त से कार्तिक मास कि कृष्णपक्ष कि अष्टमी को हुआ था

सती सूत्र

01 परिभाषा - सती माता को शक्ति कि देवी, वैवाहिक सुख कि देवी तथा दीर्घायु कि देवी के रूप मे पुजा जाता है। सती माता दुर्गा माता का ही रूप होती है। दुर्गा माता ने सती के रूप मे दक्ष प्रजापति कि पुत्री के रूप मे जन्म लिया था। सती कि माता का नाम प्रसूति है। भारत मे 51 शक्ति पीठ है जो माता शक्ति के 51 अंगो को प्रदर्शित करते है, भगवान शिव ने माता सती कि मृत्यु पर माता सती के शरीर को लेकर पुरे संसार का भ्रमण किया था। जहां पर माता सती के अंग गीरे वही पर शक्ति पीठों कि स्थापना हो गई। इन शक्ति पीठों का तंत्र साधन मे बहुत महत्व होता है। मानव शक्ति पीठों के स्थान पर जाकर एक निश्चित काल अवधी मे आसानी से तंत्र साधना करके सिद्धि कि प्राप्ति कर सकता है। सती शब्द का अर्थ सत्य तथा पवित्रता होता है, माता सती को सत्य तथा पवित्रता कि देवी माना जाता है। माता सती ने अपनी भक्ति तथा तप से भगवान शिव को प्रसन्न करके शिव से विवाह किया था। स्वयं ब्रह्म ने माता सती तथा शिव का विवाह सम्पन्न कराया था।

प्रजापति दक्ष सती तथा शिव विवाह के विरोधी थे तथा सती के विवाह के लिए दक्ष ने एक स्वयंवर का आयोजन किया था जिसमे भगवान शिव को आमंत्रित नही किया था। भगवान शिव ने स्वयंवर मे पहुँचकर सती कि वरमाला को ग्रहण किया था।

02 स्वदाह तथा सती प्रथा - दक्ष ने शिव का अपमान करने के लिए एक यज्ञ का आयोजन किया था। सती तथा शिव को यज्ञ मे आंमत्रित नही किया था। माता सती ने यज्ञ मे जाने कि भगवान शिव को ईच्छा बताई तो शिव ने सती को यज्ञ मे जाने से मना कर दिया जिसके परिणाम स्वरूप माता ने दस विद्याओं का रूप धारण किया तथा भगवान शिव को अपनी शक्ति का अहसास कराने का प्रयास किया। दक्ष ने सती के यज्ञ सभा मे पहुँचने पर सती तथा शिव का अपमान करना प्रारम्भ कर दिया जिसके परिणाम स्वरूप सती ने अपने मान - मर्यादा कि रक्षा के लिए आत्मदाह कर लिया। उसी समय से स्त्री का अपने मान सम्मान कि रक्षा के लिए आत्मदाह कि परम्परा प्रारम्भ हो गई।

अंश सूत्र

गणेश सूत्र

01 परिभाषा - भगवान गणेश कि प्रारम्भ के देवता, समृद्धि के देवता, बुद्धि के देवता तथा सफलता के देवता के रूप मे पुजा कि जाती है। माता पार्वती तथा शिव कि 6 संतानो मे भगवान गणेश सबसे छोटे है। शिव तथा पार्वती कि निम्न 6 संतान है - कार्तिकेय, अय्यपा, अशोकसुन्दरी, माता ज्योति तथा मनसा माता। भगवान गणेश ने विश्वकर्मा कि दो पुत्रीयो से विवाह किया था जिनका नाम रिद्धि तथा सिद्धि था। भगवान गणेश के शुभ तथा लाभ नाम दो पुत्र है तथा संतोषी माता नाम कि एक पुत्री है। भगवान गणेश के मुख्य अस्त्र त्रिशुल, पाश, अंकुश, तलवार तथा परशु है। कौंच नामक गंधर्व भगवान गणेश का वाहन है जिसे हम मूषक राज के रूप मे भी जानते है। सौभरि ऋषि के श्राप के कारण कौंच गंधर्व का स्वरूप मूषक के समान हो गया।

02 केतु - केतु ग्रह राहु ग्रह के विरोध का ग्रह होता है, केतु को गणेश के रूप मे जाना जाता है। विरोध का प्रारम्भ आसान नही होता है क्योकि विरोध के प्रारम्भ मे आपके विरोध को दबाने का सत्ता द्वारा हर संभव प्रयास किया जाता है। विरोध करने से ही मानव सफलता को प्राप्त कर सकता है वह मानव जो विरोध नही करता है वह घुटन का शिकार हो जाता है। मानव कि घुटन ही मानव कि असफलता का कारण भी बनती है। मानव को ज्ञान कि प्राप्ति के लिए विरोध करना चाहिए, मानव विरोध के फलस्वरूप ही आत्मज्ञान कि प्राप्ति कर सकता है।

03 प्रतिक व आवश्यकता - भगवान गणेश कि चार भुजाएं संसार कि चार दिशाओ कि सुचक होती है। भगवान गणेश का उदर संसार के समस्त ब्रह्म अण्डों को निरुपित करता है। भगवान गणेश के कान मानव समाज के धैर्य के प्रतिक होते है। भगवान गणेश कि आँखे मानव समाज के दृष्टिकोण का प्रतिनिधित्व करती है। भगवान गणेश कि सुंड संसार के समस्त ज्ञान का स्त्रोत होती है। मानव कि हर आवश्यकता को गणेश से जोड़कर देखा जा सकता है। मानव अपनी हर आवश्यता का विश्लेषण करके अपनी आवश्यकताओं को कम कर सकता है तथा मानव आवश्यकता कि माया को नष्ट करके मोक्ष कि प्राप्ति कर सकता है।

कार्तिकेय सूत्र

01 परिभाषा - स्कंद भगवान माता पार्वती तथा भगवान शिव के ज्येष्ठ पुत्र है। भगवान मुरुगन के दो पत्नियां देवसेना तथा वल्ली है। देवसेना इन्द्र देव कि पुत्री है जिसे छठी माता के नाम से भी जाना जाता है। वल्ली एक आदिवासी राजा कि पुत्री है। मुरुगन को युद्ध तथा विजय का देवता माना जाता है। मुरुगन को देवताओं के सेनापति के रूप मे भी जाना जाता है। भगवान अय्यपा भगवान मुरुगन के भाई है जिनकी भक्ति केरल राज्य मे कि जाती है, अय्यपा भगवान अविवाहित है इसी कारण से प्रजनन आयु वर्ग कि महिलाएं अय्यपा भगवान के दर्शन नही कर सकती है। किसी भगवान का अविवाहित होना तथा किसी आयु विशेष महिला वर्ग को भगवान कि भक्ति से वंचित करना पाप के समान होता है जो सिर्फ महिलाओं कि गुलामी का प्रतिक होता है। जो भी अविवाहित पुरुष इस बात का समर्थन करता है उसे अपनी आँखो पर पट्टी बांध लेनी चाहिए ताकि वह प्रजनन आयु वर्ग कि महिलाओं का दर्शन ना कर सके जो नियम भगवान पर लागु होते है वही नियम ईसान पर भी लागु होने चाहिए। भगवान को किसी प्रकार का विशेष अधिकार नही दिया जा सकता है ना ही अय्यपा भगवान ने अपने लिए विशेष

अधिकार कि कभी मांग कि। प्रजनन आयु वर्ग कि महिलाओं को प्रवेश ना देना तुच्छ मानसिकता वाले मनुष्यो का षड़यंत्र है।

02 जन्म - तारकासुर के वध के लिए कार्तिकेय का जन्म हुआ था, तारकासुर को केवल शिव पुत्र ही मार सकता था। कार्तिकेय का जन्म देवदारु वन तथा शरवण वन मे हुआ था। अग्नि देव ने शिव के वीर्य को कबूतर बन कर धारण किया तथा मां गंगा ने उस वीर्य को छः भागों मे विभाजित कर दिया। शरवण वन मे छ कार्तिकेयों का जन्म हुआ तथा छः मरुगनों का लालन - पालन छ कृतिकाओं ने किया। माता पार्वती ने ममता भाव से छः मरुगनो को गले लगाया जिसके परिणाम स्वरूप भगवान मरुगन का एक रूप नजर आया। भगवान मुरुगन का लालन - पालन छः कृतिकाओं ने किया इसी कारण भगवान मुरुगन को कार्तिकेय के नाम से भी जाना जाता है। धनुष - बाण तथा भाला मुरुगन के अस्त्र - शस्त्र है।

दुर्गा सूत्र

01 परिभाषा - माँ दुर्गा भगवान शिव, ब्रह्म तथा विष्णु कि शक्तियों के संगम के फलस्वरूप उत्पन्न हुई है। इन तीनो महादेवो कि शक्तियों के संगम से उत्पन्न होने के कारण ही मां दुर्गा को आदि शक्ति भी कहां जाता है। मां दुर्गा का वाहन शेर होता है तथा मां दुर्गा का आसन कमल का फुल होता है। मां दुर्गा के पास विभिन्न देवताओ के द्वारा दिए गये अस्त्र - शस्त्र विद्यमान है जो निम्न है - भगवान शिव का त्रिशुल, ब्रह्म देव का कमंडल व शंख, भगवान विष्णु का चक्र, भगवान इन्द्र का वज्र, ऐरावत हाथी का घंटा, यम देव का कालदण्ड, खड़ग, गदा, वायु देव का धनुष - बाण, वरुण देव का पाश, प्रजापति कि सूर्यकांतमणि, अग्नि देव कि शक्ति, विश्वकर्मा का फरसा व कमल के फुलो कि माला, कुबेर का शहदपात्र, काल देव कि ढाल, सुर्य देव कि आभा तथा समुंद्र देव के वस्त्र व आभुषण। दुर्गा मां के विभिन्न अंग विभिन्न देवताओं के द्वारा सृजित है जैसे - चेहरा - शिव, बाल - यम, विष्णु - भुजा, वक्षस्थल - चंद्र, भू

देवी नितम्ब, धड़ - इन्द्र, जांघ - वरुण, प्रतापति - दांत, त्रिनेत्र - अग्नि, नाक - कुबेर, हाथ - पांव - ब्रह्म, हस्त अंगुल - सुर्य, पाद् अंगुल - वसु।

02 नवदुर्गा - दुर्गा मां के नौ रूप होते है जिनकी पुजा चैत्र व आशिवन मास कि शुक्ल पक्ष कि प्रतिपदा से नवमी तक पुजा कि जाती है। आशिवन पक्ष कि अष्टमी को दुर्गाष्टमी का त्योहार मनाया जाता है तथा आशिवन पक्ष कि दस तारीक को विजयदशमी बनायी जाती है। चैत्र पक्ष कि नवमी को रामनवमी बनाई जाती है। दुर्गा मा के नवस्वरूप निम्न है - शैलपुत्री, ब्रह्मचारिणी, चंद्रघंटा, कुष्मांडा, स्कंदमाता, कात्यायनी, कालरात्रि, महागौरी तथा सिद्धिदात्री। शैलपुत्री माता पहाड़ों कि देवी होती है, माता का वाहन बैल होता है। ब्रह्मचारिणी माता भक्ति तथा तप कि देवी होती है। चंद्रघंटा माता धर्म के प्रकाश कि स्थापना करने वाली देवी है। कुष्मांडा माता संसार के सभी ब्रह्मअंड कि रक्षक देवी है। स्कंदमाता माता ममता कि देवी है। कात्यायनी माता शक्ति कि देवी है। कालरात्रि माता पवित्रता तथा साहस कि देवी होती है। महागौरी माता सुन्दरता कि देवी होती है। सिद्धिदात्री माता सिद्धि कि देवी होती है।

महाकाली सूत्र

01 परिभाषा - महाकाली तथा कालरात्री दोनो ही मां दुर्गा के स्वरूप है महाकाली संसार कि शक्ति का स्वरूप है तथा कालरात्री स्त्री कि शक्ति का स्वरूप है। महाकाली ने ही शुंभ - निशुंभ, चण्ड - मुंड, तथा रक्तबीज का वध किया था। महाकाली को मृत्यु, काल तथा परिवर्तन कि देवी कहा जाता है। महाकाली को कुण्डलिनी कि देवी के रूप मे भी जाना जाता है। महाकाली के अन्य नाम चामुंडा माता, श्यामा माता तथा भद्रकाली भी होते है। चंड - मुंड कि वध के कारण माता को चामुंडा माता भी कहा जाता है। श्याम या नीला वर्ण होने के कारण माता को श्यामा माता भी कहा जाता है। वीरभद्र कि पत्नी के रूप मे मां काली को भद्रकाली भी कहां जाता है। वीरभद्र ने ही प्रजापति दक्ष का वध किया था। वीरभद्र का जन्म भगवान शिव कि जटा से हुआ था तथा वीरभद्र को भगवान शिव

का प्रमुख गण माना जाता है। जांट जाति का संबंध भी वीरभद्र से ही है। माता काली के चार अस्त्र निम्न है - खप्पर, खडग, मुण्ड तथा वर मुद्रा है। माता काली का निवास स्थान शमशान घाट तथा मानिद्वीप है।

02 शुंभ तथा निशुंभ - कश्यप ऋषि तथा दनु के पुत्रो को दानव के रूप मे जाना जाता है जो निम्न है - रम्भ - करम्भ, नमुचि, हयग्रीव, दैत्यराज, कालकेतु, वप्रिचिती तथा शुम्भ - निशुम्भ। इन्द्र देव ने नमुचि का वध कर दिया जिसका बदला लेने के लिए दोनो भाईयो ने इन्द्र लोक पर हमला करके कब्जा कर लिया। मां दुर्गा ने महिषासुर का वध कर दिया, मां दुर्गा कि वीरता से प्रभावित होकर दोनो ने मां दुर्गा को विवाह करने का प्रस्ताव दिया। मां दुर्गा ने शर्त रखी जो भी मुझे हरा देगा वही मुझसे विवाह करेगा। मां दुर्गा को हराने के लिए दोनो ने चंड व मुंड को भेजा मां दुर्गा ने काली का रूप धारण करके दोनो का वध कर दिया। फिर दोनो ने रक्तबीज को भेजा मां दुर्गा ने रक्तबीज का वध कर दिया परन्तु रक्तबीज कि रक्त धारा से अनेको रक्तबीज उत्पन्न हो गये। मां काली ने सभी रक्तबीजों को मारकर उनके खुन को खप्पर मे डालकर ग्रहण किया। अन्त मे मां काली ने शुंभ - निशुंभ का वध भी कर दिया।

अंग सूत्र

शिवलिंग सूत्र

01 परिभाषा - भगवान शिव का लिंग स्वरूप प्रतिक है संसार के साकार रूप का जो संसार कि उत्पत्ति का आधार प्रकृति को मानता है तथा आत्मा से संसार कि उत्पत्ति के विचार को निराधार मानता है। शिव लिंग प्रतिक है ऊर्जा के मुलाधार चक्र से सहस्त्रार चक्र मे प्रवाह का है। शिव लिंग प्रतिक है मानव के संयम तथा स्थिरता का। शिव लिंग प्रतिक है मानव के तप का जो कि मानव के धैर्य का सुचक होता है। शिव लिंग प्रतिक है संभोग से उत्पन्न संतान का जो कि संसार के विकास के लिए बहुत आवश्यक क्रिया होती है। शिवलिंग योनि का भी प्रतिक होता है। शिव लिंग प्रतिक है काम से उत्पन्न परम् आनंद का। शिव लिंग प्रतिक है नग्नता का जो कि संसार कि सभी पहचानो को नष्ट करने का प्रथम मार्ग होता है। शिवलिंग प्रतिक है नग्नता से उत्पन्न काम पर संयम का।

02 मुख लिंग - लिंग संसार कि परम् शक्ति का प्रतिक होता है तथा मुख लिंग उस संसार कि परम् शक्ति के विभिन्न रूपो के साकार स्वरूप को प्रदर्शित करता है। मुख लिंग गुणो को अपने मे विद्यमान करता है जहां पर गुणो का निवास होता है वहां पर दोसो का निवास भी अवश्य ही होता है। शिव लिंग प्रतिक होता है गुण - दोष रहित संसार का, ऐसा संसार जिसमे गुण - दोष मे साम्य विद्यमान रहता हों। मुखलिंग मे तीन गुण विद्यमान होते है सत्व, रजस् तथा तमस्। सत्व प्रतिक होता है बुद्धि का, रजस् प्रतिक होता हैं अहंकार का तथा तमस् प्रतिक होता है

मन का। इन तीन गुणो के संगम से पांच अन्य गुणो का सृजन होता है जैसे - सुनना, देखना, सुगंध, स्वाद तथा आभास। इन पांच गुणो को तन्मात्र कहा जाता है तथा तन्मात्र से पांच भूतो का निर्माण होता है प्रभाष, वायु, अग्नि, जल, धरती।

03 ईष्टलिंग - ईष्टलिंग मे लिंग को साकार रूप मानकर उसकी भक्ति कि जाती है ईष्टलिंग कि भक्ति से मानव का मिलन आत्मलिंग मे हो जाता है। आत्मलिंग को ही परम् प्रकृति कि संज्ञा दी जाती है। ज्योर्ति लिंग, लिंग कि अलौकिक शक्ति का प्रतिनिधित्व करते है। संसार मे 12 ज्योर्तिलिंग है जो तंत्र विद्या कि साधना के मुख्य स्थान है।

कामाख्या सूत्र

01 परिभाषा - योनि - कुण्ड के रूप मे कामाख्या माता कि पुजा कि जाती है। कामाख्या माता को सती माता का ही अंग माना जाता है। कामाख्या माता कि उत्पत्ति सती माता कि योनि से होने के कारण ही माता को कामाख्या माता कहा जाता है। कामाख्या माता को हम काम देव कि माता के रूप मे भी जानते है, शिव द्वारा कामदेव को भष्म किये जाने के बाद कामाख्या माता के वरदान स्वरूप ही काम देव का पुर्नजन्म हुआ था इसी कारण से प्रागज्योतिषपुर को कामरूप के नाम से भी जाना जाता है। प्रागज्योतिषपुर के राजा नरकासुर का वध भी कामाख्या माता ने ही किया था। भगदत्त, नरकासुर का ही पुत्र था जिसने महाभारत के युद्ध मे कौरव सेना कि तरफ से युद्ध लड़ा था। संसार के सभी सजीवो कि उत्पत्ति का स्त्रोत यह योनिकुण्ड ही होता है। कामाख्या माता काम पर संयम का प्रतिक भी है इसी कारण सिद्धि प्राप्त करने के लिए अघोरि माता का दर्शन करके अपनी काम भावनाओ पर संयम स्थापित करने का प्रयास करते हैं। सिद्धि प्राप्ति के लिए अपनी काम भावनाओं पर नियंत्रण स्थापित करना बहुत आवश्यक होता है।

02 अम्बुवाची पर्व - अम्बुवाची पर्व का आयोजन आषाड मास मे किया जाता है, इस पर्व का आयोजन तीन दिनो तक किया जाता है। इस दौरान

माता के दर्शन करना असभ्य तथा अहितकर माना जाता है। अम्बुवाची पर्व माता के मासिकधर्म चक्र का सुचक होता है। इस पर्व के दौरान तंत्र साधन का प्रचलन होता है क्योकि इस पर्व के दौरान मानव कि भावनाएं शुन्य हो जाती है जिससे मानव को आसानी से सामान्य तंत्र विद्या के द्वारा ही सिद्धि कि प्राप्ति हो सकती है।

03 ब्रह्म खण्ड - कामाख्य माता का जन्म ब्रह्म खण्ड मे होना यह सुचित करता है कि कामाख्या माता ही सृजन कि देवी होती है भगवान ब्रह्म ने माता के संयोग से ही प्रजापतियों कि रचना कि थी। माता ने कामदेव का भी सृजन किया था। बिना कामदेव के सृजन के संसार के सृजन कि परिकल्पना करना भी असत्य होता है। कामदेव तथा कामाख्या माता को हम ब्रह्म नस्ल के देवता व देवी के रूप मे मान सकते है।

योगिनी सूत्र

01 परिभाषा - योग कि साधना करने वाली महिला को योगिनी कहा जाता है तथा योग कि साधना करने वाले पुरूष को योगी कहां जाता है। योगिनी का जन्म मातृकाओं से होता है हर मातृका से आठ योगिनी का जन्म होता है। आठ प्रकार कि मातृकाएं होती है इसी कारण से योगिनीयों कि कुल संख्या 64 होती है। योगिनी का संबंध सिद्धि से होता है जिस प्रकार मानव के शरीर मे सातचक्र तथा एक कुंडलिनी विद्यमान होती है उसी प्रकार योगनियां भी आठ प्रकार कि होती है। हर चक्र मे आठ योगिनीयो का निवास होता है मानव को सिद्धि कि प्राप्ति के लिए इन योगिनीयो कि माया के जाल से बाहर आना होता है। मानव यदि किसी भी योगिनी कि माया के जाल मे फँस जाता है तो वह योगिनी उसका विनाश कर देती है। इसी लिए मानव को अपने चक्रो कि जागृती का प्रयास नही करना चाहिए या स्वयं को योगिनी कि माया के प्रभाव मे आने से बचने के लिए हर संभव प्रयास करना चाहिए। कुण्डलिनी को जागृत करना सबसे मुस्किल होता है क्योकि कुण्डलिनी पर माता काली का निवास होता है माता काली का वास्तविक तथा मायावी स्वरूप दोनो

ही मानव के लिए घातक हो सकते है। योगिनीयां योग साधना से सिद्धि कि प्राप्ति मे एक प्रकार से बाधा का कार्य करती है।

02 पंचमकार - योगिनी को शांत करने के लिए या योगिनीयो कि माया को नष्ट करने के लिए पांच अस्त्रो का प्रयोग किया जाता है इन पांच अस्त्रो को ही पंचमकार कहते है। ये पांच मकार निम्न होते है - मदिरा, माँस, मछली, मुद्रा तथा मैथुन। मदिरा से मानव अपनी चेतना को खो देता है जिसके कारण योगिनीयां मानव को अपनी माया के जाल मे नही फंसा पाती है। माँस का सेवन मानव मे तमस् गुण का प्रसार कर देता है जिसके कारण मानव योगिनीयों के तमस् प्रभाव से बच जाता है। मछली का सेवन मानव के शरीर के विभिन्न विकारो को दुर कर देता है विकार के न होने के कारण मानव योगिनीयो कि माया से बच जाता है। मुद्रा से मानव धैर्य कि प्राप्ति करता है तथा मैथुन से मानव अपनी चेतना को परम् शिखर पर ले जाता है।

महाविद्या सूत्र

01 परिभाषा - महाविद्याएं तथा नवदुर्गा मां दुर्गा के ही स्वरूप है। महाविद्याएं संसार कि ऊर्जा के विभिन्न स्वरूपो के रूप मे जानी जाती है तथा नवदुर्गा स्त्री कि ऊर्जा के विभिन्न स्वरूपो के रूप मे जानी जाती है। महाविद्याएं कि पुजा तंत्र साधना मे कि जाती है तथा नवदुर्गा कि पुजा भक्ति साधना मे कि जाती है। दुर्गा माता का एक अन्य नाम जगदम्बा भी है यानि दुर्गा माता को संसार कि सृजन करता भी माना जाता है। दस महाविद्याएं दस दिशाओं का प्रतिनिधित्व करती है। महा विद्याओ के दो कुल होते है श्री कुल तथा काली कुल तथा महाविद्याएं सौम्य, उग्र तथा सौम्य - उग्र स्वभाव वाली होती है। त्रिपुरसुन्दरी, कमला, मातंगी तथा भुवनेश्वरी का स्वभाव सौम्य होता है। काली, छिन्नमस्ता, धूमावती तथा बंगलामुखी का स्वभाव उग्र होता है। तारा तथा भैरवी का स्वभाव सौम्य व उग्र दोनो प्रकार का होता है।

02 प्रकार - महाकाली, तारा, छिन्नमस्ता, धूमावती, त्रिपुरसुन्दरी, भुवनेश्वरी, भैरवी, बगलामुखी, मातंगी तथा कमला दस महाविद्याएं है। महाकाली - काल का अर्थ यहां रंग से नही है काल का अर्थ समय से है, शक्ति से ही समय कि उत्पत्ति हुई है तथा समय के द्वारा ही शक्ति का अंत होता है। इसी कारण से माता काली को प्रलय, विनाश तथा निर्माण कि देवी कहा जाता है। माता काली के तीन हाथो मे खड़ग, खप्पर तथा मुण्ड है तथा एक हाथ वर मुद्रा मे है। तारा - तारा का अर्थ होता है तारण करने वाली, इसी कारण से माता तारा का निवास स्थान श्मशान होता है। माता तारा के तीन स्वरूप होते है एकजटा, उग्रतारा तथा नीलसरस्वती। त्रिपुरसुन्दरी - माता धन, ऐश्वर्य, भोग तथा मोक्ष देने वाली होती है। माता के तीन रूप होते है - त्रिपुर सुन्दरी, षोडषी तथा ललिता। 16 कलाओ का सृजन माता षोडषी ने ही किया है। पाश, अंकुश, धनुष तथा बाण माता के अस्त्र होते है। भुवनेश्वरी माता को शाकम्भरी माता के नाम से भी जाना जाता है। भुवनेश्वरी माता को ऐश्वर्य कि देवी कहते है। भैरवी माता के अस्त्र जपमाला, पुस्तक, वर तथा अभय मुद्रा होते है। बगलामुखी भोग तथा मोक्ष दोनो को देती है।

गण सूत्र

रुद्र सूत्र

01 परिभाषा - रुद्र को कश्यप ऋषि तथा सुरभि कि संतान माना जाता है। प्राणी स्वरूप मे रुद्रो कि संख्या अनंत होती है क्योकि अनंत प्राणीयों के अनंत गुण विद्यमान होते है। मानव स्वरूप मे रुद्रो कि संख्या 11 होती है जो मानव के 11 गुणो का प्रतिनिधित्व करते है। रुद्र प्राणी के स्वभाव को, प्राणी के गुणो तथा अवगणों को सुचित करते है। सभी गुणो का सृजन एक ही गुण से होता है या सभी गुणो के संगम से एक गुण का निर्माण होता है तथा उस गुण को ही रुद्र कहा जाता है तथा वह रुद्र ही परमात्मा तथा परम् सत्ता कहलाता है। रुद्र को अग्नि देव का पिता माना जाता है, रुद्र को मरुतों का पिता माना जाता है, रुद्र को संसार का निर्माता माना जाता है, रुद्र को परम् ज्ञानी माना जाता है, रुद्र को उत्तम मन वाला माना जाता है, रुद्र को सर्वशक्तिमान, उग्रवीर माना जाता है, रुद्र को सब लोगो के मन मे निवास करने वाला तथा सब लोगो का राजा माना जाता है। मानव को रुद्र को अपने तन तथा मन मे खोजने का प्रयास करना चाहिए।

02 एकादश रुद्र - एकादश रुद्र मानव के एकादश गुणो को सुचित करते है। निऋति, स्थाणु, भव, हर, शम्भु, रैवत, कपाली, अपराजित, सावित्र, जयंत, बहुरूप आदि 11 रुद्र होते है। निऋति को दिकपाल के रूप मे भी जाना जाता है निऋति दक्षिण - पश्चिम दिशा को सुचित करता है, निऋति मानव के पथ का प्रतिक है। स्थाणु का अर्थ स्तंभ होता है जो

मानव के धैर्य को सुचित करता है। भव संसार के संचालन का प्रतिक होता है। हर रुद्र कि सर्वव्यापकता को सुचित करता है। शम्भु मानव सभ्यता के प्रारम्भ को सुचित करता है। रैवत शब्द माता लक्ष्मी को सुचित करता है जिसके बिना संसार का संचालन नही हो सकता है। कपाली भैरव भगवान को सुचित करता है जो विनाश को निरुपित करता है। सावित्र सुर्य कि किरण को सुचित करता है जिससे संसार मे ऊर्जा का संचार होता है। जयंत विजय को सुचित करता है, विजय तथा सफलता के बिना मानव निराश तथा उदास हो जाता है। बहुरूप मानव के विभिन्न विचारो को निरुपित करता है। अपराजित ही संकल्प है।

डाकिनी सूत्र

01 परिभाषा - डाकिनीयों को माता काली कि गणिकाओं के रूप मे जाना जाता है। वीरभद्र ने दक्ष का वध डाकिनीयों के सहयोग से ही किया था। डाकिनीयो का मुख्य भोजन माँसाहार होता है। पवित्र स्त्री कि आत्मा को डाकिनी कहते है तथा पवित्र पुरुष कि आत्मा को डाक कहते है। डाक तथा डाकिनी का अर्थ संदेश वाहक होता है। डाकनीयों को योगिनी भी कहां जाता है परन्तु हर योगिनी डाकिनी नही होती है। व्रजयोगिनी एक डाकिनी ही है। मनुष्य के 6 चक्र 6 योगिनीयों को सुचित करते है। मुलाधार चक्र - डाकिनी, स्वाधिष्ठान चक्र - राकिनी, मणिपूर चक्र - लाकिनी, अनाहत चक्र - काकिनी, विशुद्धि चक्र - शाकिनी, आज्ञा चक्र - हाकिनी।

02 सप्तधातु - डाकिनीयों का संबंध सप्तधातु सें होता है जो निम्न प्रकार है - रस, रक्त, मांस, मेदा, अस्थि, मज्जा तथा शुक्र। सप्त धातुएं स्थायी तथा अस्थायी दोनो प्रकार कि होती है। अस्थायी धातुओं का नवीकरण होता रहता है। सप्तधातुओं कि तरह ही 6 उपधातुएं भी होती है जो निम्न है - स्तन्यम; स्तनो से निकलने वाले दुध को कहते है, रज; मासिक धर्म मे निकलने वाले रक्त को कहते है, शिराएँ - रक्त वाहिनियाँ व नाड़िया को कहते है, स्नायु; नाड़ी ऊतक को कहते है, वसा;

चर्बी को कहते है तथा षड्त्वक - त्वचा कि 6 परतो को कहते है। ओजस को अष्ठ धातु के रूप मे जाना जाता है जो कि सप्तधातुओं का सार होता है। सप्त धातुओं का योग ही ओजस कहलाता है। पौष्टिक तत्व का सार रस धातु तथा मल मे बदल जाता है, मल का हम परित्याग करते है तथा रस धातु अन्य धातुओं को पौष्टिकता प्रदान करता है। रस धातु तथा पित्त के सम्मिश्रण से रक्त धातु का निर्माण होता है। रक्त धातु शरीर को रंग तथा चमक प्रदान करती है। रक्त धातु तथा रस धातु से मांस धातु का निर्माण होता है जो कि शरीर को सुंदरता प्रदान करती है। वसा ऊतक को मेद धातु कहते है जो कि शरीर कि कमजोरी तथा मोटापे का प्रतिक होती है। अस्थि धातु शरीर का ढांचा तैयार करती है। मज्जा धातु अस्थि सार होती है जो शुक्र धातु को पुष्ट करती है।

नन्दी सूत्र

01 परिभाषा - नन्दी भगवान का तन नर का है तथा मुख ऋषभ का है। नन्दी देव कि हम बैल के रूप मे पुजा करते है। पुरातन काल के समाज मे गाय कि तुलना मे बैल का महत्व अधिक हुआ करता था जिस प्रकार वर्तमान समाज मे गाय कि तुलना मे भैस का महत्व अधिक है। गाय निरोग कि पहचान है तो भैस बल कि पहचान होती है वर्तमान समय मे मानव अपने बल का वर्धन करना चाहता है इसी कारण से मानव भैस के दुध का सेवन करता है। मानव के बल के वर्धन कि ईच्छा ही मानव को कसरत के मार्ग पर ले जाती है। मानव गाय के दुध तथा योग का त्याग करके बहुत सारे रोगो का शिकार हो रहा है। नन्दी देव कि मवेशियो के देवता तथा वाहनो के देवता के रूप मे पुजा होती है। नन्दी देव को जानवरो के रक्षक देवता के रूप मे भी पुजा जाता है। नन्दी देव आनंद, शक्ति तथा कर्मठता के प्रतिक होते है। बैल कि सहायता से खेती कि जाती है जो किसानो को आनंद प्रदान करती है। बैल का आलस शब्द से कोई वास्ता नही होता है जो कर्मठता का प्रतिक होता है।

02 जीवन - सुयशा को नंदी कि जीवनसाथी के रूप मे जाना जाता है तथा शिलाद मुनि को नंदी के पिता के रूप मे जाना जाता है। नंदी को शिव गणो के अध्यक्ष के रूप मे भी जाना जाता है। नंदी को शिव के परम् मित्र के रूप मे भी जाना जाता है। नंदी के अस्त्र त्रिशुल तथा शंख है। सनकादि मुनि जो कि भगवान विष्णु के अवतार माना जाता है सनकादि मुनि के गुरू के रूप मे नंदी देव को जाना जाता है। सनक, सनातन, सनन्दन तथा सनत्कुमार को सनकादि मुनि कहा जाता है। ये चारो ब्रह्म के मानसपुत्र माने जाते है।

03 रावण व नंदी - रावण ने भगवान शिव को प्रसन्न करने के लिए कैलाश पर्वत को अपने हाथो से उठा लिया। नंदी देव यह देखकर क्रुद्ध हो गये तथा अपने पांव से कैलाश पर्वत पर प्रहार किया जिसके कारण रावण का हाथ कैलाश पर्वत के नीचे दब गया। रावण के क्षमा मांगने पर ही नंदीदेव के द्वारा रावण को इस दर्द से मुक्त किया गया।

मातृकाएं सूत्र

01 परिभाषा - मातृकाएं बच्चो को बिमारियों से दुर रखती है, मातृकाओं कि पुजा करने से संतान को बिमारियो से मुक्ति मिल जाती है। मातृकाएं स्कंद देव के स्वास्थ्य कि रक्षक देवीयों के रूप मे जाना जाता है। तारकासुर से स्कंद देव कि रक्षा के लिए मातृकाओं का जन्म हुआ था। विष्णु भगवान से वैष्णवी, ब्रह्म देव से ब्रह्माणी, भगवान महेश से माहेश्वरी, भगवान इन्द्र से इन्द्राणी, भगवान वरुण से वारुणी, काम देव से कामी, यम भगवान से यमी तथा माता दुर्गा से चामुण्डा का जन्म हुआ था। मातृकाओं को संयुक्त रूप से अष्टमातृकाएं भी कहां जाता है। मातृकाओं को माता पार्वती के अंग के रूप मे भी जाना जाता है माता पार्वती को पता था कि उसके पुत्र स्कंद देव का लालन - पालन कृतिकाओं के द्वारा किया जा रहा है। माता पार्वती ने अष्टमातृकाओं का सृजन अपने पुत्र स्कंद देव के स्वास्थ्य कि सुरक्षा तथा तारकासुर से जान कि रक्षा के लिए किया था।

02 द्रविड़ संबंध - द्रविड समाज मे माताओं को देवी का रूप मानकर पुजा कि जाती है। माता ही बच्चे कि रक्षक होती है तथा माता ही बच्चे को हर विकार तथा बिमारी से दुर रखने का कार्य करती है। आर्य समाज ने नारी का महत्व द्रविड समाज से ग्रहण किया है आर्य समाज को पुरुष प्रधान समाज माना जा सकता है तथा द्रविड समाज प्रारम्भ से ही एक महिला प्रधान समाज था। आदिवासी समाज भी महिला प्रधान समाज होता है। आर्य समाज मे पुरुष देवताओं का अधिक शक्तिशाली होना आर्य समाज को पुरूष प्रधान समाज के रूप मे निरुपित करता है।

03 अष्टमातृका - वैष्णवी को विकास कि देवी कहा जाता है जो विकारो तथा बिमारियों का उपचार करती है। ब्रह्माणी को प्राणो कि रक्षक कहा जाता है जो समय पहले मृत्यु से संतान कि रक्षा करती है। माहेश्वरी बुरी ताकतों से बच्चे कि रक्षा करती है। इन्द्राणी बच्चे कि कमजोरी को दुर करने का कार्य करती है। वारुणी बच्चे पर पड़ने वाले नकारात्मक प्रभाव को नष्ट करती है। यमी बच्चे के मौत के भय को नष्ट करती है। चामुण्डा बच्चे के शत्रुओं का नाश करती है।

अध्याय 14

पुरुष सूत्र

01 परिभाषा - संसार कि ऐसी स्थिती जहां पर हर वस्तु मे प्राण हो, संसार कि उस स्थिती को ही परम् पुरुष के रूप मे जाना जाता है। संसार मे एक भी ब्रहम अंड़ ना विद्यमान होने कि अवस्था को ही परम् पुरुष कि संज्ञा दी जा सकती है। परन्तु परम् विष्णु का सृजन भी सदाशिव से ही किया जाता है बिना ऊर्जा के क्षीर सागर का सृजन करना असंभव होता है। प्रकृति, पुरुष तथा आत्मा तीनो कि रचना ऊर्जा से ही हुई है अतः सदा शिव ने ही शिव, विष्णु तथा ब्रहम कि रचना कि है। काल तथा कर्म दोनो ही शुन्य तथा अनंत के सुचक होते है, काल भी शुन्य हो सकता है तथा कर्म भी शुन्य हो सकता है, काल अनंत हो सकता है कर्म भी अनंत हो सकता है। काल तथा कर्म कभी भी एक साथ शुन्य नही हो सकते है क्योकिं काल से कर्म का सृजन होता है तथा कर्म से काल का सृजन होता है दोनो के एक साथ शुन्य होने पर संसार सदा के लिए शुन्य हो जाता है, जो कि असंभव है, संसार मानव कि परिकल्पनाओं मे ही शुन्य हो सकता है। काल सदाशिव का सुचक होता है तथा कर्म परम् विष्णु का सुचक होता है तथा कर्म से ही धर्म तथा अधर्म कि रचना होती है जब तक मानव समाज मे कर्म है तब तक समाज मे धर्म तथा अधर्म दोनो विद्यमान रहेगे। परम् विष्णु से ही सदाशिव का सृजन होता है तथा सदा शिव से ही परम् विष्णु का सृजन होता है। काल तथा कर्म के संयुक्त रूप को आत्मा कहा जाता है या हम कह सकते है परमात्मा के विभाजन से ही सदाशिव तथा परम् विष्णु का सृजन होता है। परमात्मा के विभाजन से सदाशिव ऊर्जा के रूप मे बाहर आते है तथा विष्णु धर्म

- अधर्म के रूप मे बाहर आते है। पुरुष का विभाजन भी अंग, अंश, गण तथा रूप के आधार पर किया जाता है। भगवान विष्णु धर्म तथा मोक्ष का प्रतिनिधित्व करते है तथा माता लक्ष्मी अर्थ तथा काम का प्रतिनिधित्व करती है। बिना माता लक्ष्मी के पुरुष कि परिकल्पना करना भी मुर्खता है। स्त्री वर्ग सदा अर्थ तथा काम से आकर्षित होता है तथा पुरुष वर्ग धर्म व मोक्ष से अधिक आर्कषित होता है। वर्तमान समाज मे स्त्री वर्ग मोक्ष तथा धर्म से आकर्षित हो रही है जो स्त्री वर्ग कि आजादी का प्रतिक है, अर्थ व काम मानव को गुलाम बनाते है।

रूप सूत्र

विष्णु सूत्र

01 परिभाषा - विष्णु भगवान सृष्टि के पालनकर्ता के रूप मे जाने जाते है, विष्णु भगवान को संरक्षण के देवता, कर्म के देवता तथा धर्म के रक्षक देवता के रूप मे जाना जाता है। धर्म कि रक्षा के लिए विष्णु भगवान छल या अधर्म का सहारा लेते है। धर्म कि सफलता के लिए अधर्म का सहारा लिया जा सकता है क्योकि धर्म कि असफलता से अच्छा तो अधर्म का सहारा लेकर धर्म कि सफलता का आनंद लेने मे है। विष्णु भगवान के निम्न अस्त्र है - पांचजन्य; शंख, कौमोदकी; गदा, सारंग; धनुष, सुदर्शन चक्र, नंदक; तलवार। शालीग्राम पत्थर तथा कमल के रूप मे भी विष्णु भगवान कि पुजा कि जाती है। तुलसी माता को विष्णुप्रिया कहा जाता है। जिस प्रकार भगवान शिव के तीन नेत्र तथा भगवान ब्रह्म के पांच मुख माने जाते है उसी प्रकार भगवान विष्णु के तीन पग माने जाते है जिनमे से दो पग दिखाई देते है तथा एक पग गुप्त होता है, विष्णु के गुप्त पग को परम् पग कहा जाता है तथा दिखाई देने वाले पगो को उरुगाय तथा उरुक्रम कहा जाता है। भगवान के तीन पग तीन लोको का प्रतिनिधित्व करते है, भगवान के तीन पग सत्, रज तथा तम का प्रतिनिधित्व करते है। भगवान विष्णु को इन्द्र देव के मित्र के रूप मे जाना जाता है। विष्णु शब्द का अर्थ बल, व्यापक, गतिशील, क्रियाशील तथा उद्यमशील होता है। भगवान विष्णु जन्म, वृद्धि, परिणाम, क्षय, नाश के विकारो से रहित होते है। भगवान विष्णु कि नाभि से कलम मे

विराजमान ब्रह्मदेव का जन्म हुआ जो कि क्षीर सागर मे ब्रह्मांड कि उपस्थिति का प्रमाण है। कौस्तुभ मणि तथा वैजयन्ती माला विष्णु के प्रमुख आभूषण है। दुर्वासा के श्राप से माता लक्ष्मी समुंद्र मे समा गई तथा माता लक्ष्मी व अमृत को प्राप्त करने के लिए देवताओ व असुरो ने समुंद्र मंथन किया। लक्ष्मी का विवाह विष्णु से शरद पुर्णिमा के दिन हुआ। धन्वन्तरी अमृत लेकर अन्तः मे समुंद्र से निकले, धन्वन्तरी को विष्णु का अवतार तथा आर्युवेद का जनक माना जाता है। मोहिनी का वेश धारण करके विष्णु ने असुरो से छल किया। मत्स्य, कूर्म, वराह, नरसिंह, वामन, परशुराम, राम, कृष्ण, बुद्ध तथा कल्कि भगवान के दस अवतार माने जाते है। भगवान विष्णु के 14 अन्य अवतार भी है।

लक्ष्मी सूत्र

01 परिभाषा - माता लक्ष्मी को धन, सम्पदा, शांति, समृद्धि, स्वास्थ्य, सुख, वैभव, धैर्य, मोक्ष, प्रेम, करुणा, सौभाग्य, ऐश्वर्य, सौंदर्य तथा संतान कि देवी माना जाता है। लक्ष्मी कि बहन को अलक्ष्मी के नाम से भी जाता है। सिंधुसूता, महालक्ष्मी, अष्टलक्ष्मी आदि लक्ष्मी माता के अन्य नाम है। लक्ष्मी माता का आसन कमल है तथा लक्ष्मी माता का वाहन उल्लू है। लक्ष्मी माता का निवास स्थान बैकुंठ तथा मणिद्वीप है। लक्ष्मी माता श्री के नाम से भी जानी जाती है। धन कि प्राप्ति भ्रष्टाचार से करना गलत है, धन कि प्राप्ति का मार्ग सदाचार वाला होना चाहिए, जो मानव इस मार्ग पर चलता है उसे धनवान कहा जाता है। जो मानव धन का सदोपयोग करता है तथा धन के दुरोपयोग को रोकने का प्रयास करता है उसे श्रीमान कहा जाता है। धन कि प्राप्ति तथा धन का उपयोग मानव समाज को आदर्श बनाने मे अपना विशेष योगदान देते है। गायत्री माता कि एक किरण को लक्ष्मी भी कहां जाता है, स्वच्छता व सुव्यवस्था के स्वभाव को ही श्री कहते है। लक्ष्मी उस क्षमता को कहां जाता है जो अनउपयोग कि वस्तु को भी उपयोग कि वस्तु मे बदल दे। माता लक्ष्मी को भु देवी के रूप मे भी जाना जाता है, सीता माता ने भु देवी मे ही

अपने प्राणों का त्याग किया था। सौभाग्यशाली वह मान होता है जिस मानव के पास धन तथा सद्बुद्धि दोनो विद्यमान होती है, सद्बुद्धि के अभाव मे मानव अहंकारी, उद्धत, विलासी तथा दुर्व्यसनी बन जाता है। मानव द्वारा धन का अपव्यय करना मानव कि मुर्खता का सुचक होता है। मानव मे संस्कार हीनता मानव के पास धन होते हुए भी मानव को दुख ही देती है। लक्ष्मी माता के चार हाथ दूरदर्शिता, दृढ़ संकल्प, श्रमशीलता तथा व्यवस्था शक्ति का प्रतिनिधित्व करते है। लक्ष्मी माता का वाहन उल्लू निर्भय का प्रतिनिधित्व करता है। माता लक्ष्मी के आसन कमल को कला के रूप मे जाना जाता है। लक्ष्मी का जलाभिषेक दो गजराजो द्वारा किया जाता है जिनहे परिश्रम तथा मनोयोग का सुचक मानते है। आपकी प्रतिभा ही आपके वैभव, श्रेय तथा सहयोग का कारण बनती है, प्रतिभा के कारण ही मानव पर प्रसन्नता तथा सफलता कि वर्षा होती है। आपकी कुशलता तथा क्षमता ही आपकी प्रतिभा कहलाती है।

विश्वरूप सूत्र

01 परिभाषा - विश्वरूप का अर्थ स्वयं चैतन्य, दिव्य ज्ञान तथा संसार का हर रूप होता है। ऐसा स्वरूप जिसकी चैतना का जागरण स्वतः होता है, ऐसा स्वरूप जिसको दिव्य ज्ञान प्राप्त होता है, ऐसा स्वरूप जिसमे संसार के हर तत्व का रूप नजर आए विश्वरूप होता है। विश्वरूप क्षीर सागर का प्रतिनिधित्व करते है तथा क्षीर सागर से ही ब्रह्मांड़ का निर्माण किया जाता है। क्षीर सागर के कुछ अंशो से ही ब्रह्मांड का निर्माण होता है तथा क्षीर सागर के बाकी अंश क्षीर सागर मे ही लुप्त रहते है। भगवान विष्णु का विश्वरूप उन अंशो का भी जो कि ब्रह्मांड़ मे विद्यमान नही होते है, प्रतिनिधित्व करते है। क्षीर सागर अनंत होता है तथा क्षीर सागर मे अनंत ब्रह्मांड विद्यमान होते है। पृथ्वी भगवान के विश्वरूप से सामने मिट्टी के दाने के समान होती है तथा मानव के शरीर को तो नगण्य माना जा सकता है। क्षीर सागर वैतरणी नदी का भी सुचक होता है जो मानव को कर्म के आधार पर मानव को स्वर्ग तथा नरक मे ले जाती है। स्वर्ग

मे जाने के लिए यम देव आपको एक नाव प्रदान करते है जो आपको वैतरणी नदी के प्रभाव से बचाती है तथा नरक मे जाने के लिए वैतरणी को तैरकर ही पार करना पड़ता है। वैतरणी नदी कि पीड़ा नरक कि पीड़ा से भी अधिक होती है। विश्वरूप मे कैलाश निवासी शिव का दर्शन होता है, ब्रह्मलोक मे ब्रह्म का दर्शन होता है। 14 भुवनो का दर्शन होता है। 33 देवताओ का दर्शन होता है जो निम्न है 12 आदित्य, 11 रुद्र, 8 वसु तथा 2 आस्विन कुमार।

02 दर्शन - भृगु कन्या लक्ष्मी को दर्शन दिया था, लक्ष्मी को समुद्र कन्या भी माना जाता है। भगवान कृष्ण ने बाल रूप मे माता यशोदा को अपने मुख मे विश्वरूप का दर्शन कराया था, कुरुक्षेत्र युद्ध को रोकने के लिए कृष्ण ने दुर्याधन को विश्वरूप का दर्शन कराया था, कुरुक्षेत्र युद्ध मे अर्जुन के मोह वाली माया को दुर करने के लिए कृष्ण ने अर्जुन को अपना विश्वरूप दिखाया था। राजा बलि के अश्वमेध यज्ञ मे वामन देवता के रूप मे पहुँच कर तीन पांव धरा का दान ग्रहण किया, बलि कि दानता से प्रभावित होकर भगवान ने विश्वरूप धारण किया था।

माया सूत्र

01 परिभाषा - माया को माता लक्ष्मी तथा भगवान विष्णु दोनो का रूप माना जाता है। माता लक्ष्मी अर्थ व काम कि माया कि सुचक होती है, मानव अपने स्वार्थ के कारण सत्य को भी नही देख पाता है, मानव को झुठ सत्य को रूप मे नजर आने लग जाता है। मानव का स्वार्थ व डर मानव मे भ्रम कि स्थिती उत्पन्न कर देता है, माया एक परदा होती है जो पुर्ण रूप से अपारदर्शी नही होता है, मानव को झुठ माया के परदे के कारण सत्य नजर आने लगता है परन्तु कुछ झुठ, झुठ के रूप मे ही नजर आते है जो मानव के मन मे भ्रम कि स्थिती उत्पन्न करते है। माया के तीन रूप होते है जो निम्न है - भ्रम, अज्ञान तथा कल्पना। कल्पना नकि माया का आभाष हमे स्वपन मे होता है, कल्पना कि माया के रचनाकार आप स्वयं होते है, कल्पना के माया मे आप वास्तविकता

के कुछ प्रदार्थ डाल देते हो जिसके कारण आपको कल्पना कि माया सत्य लगने लग जाती है। कल्पना कि माया आविष्कार का कारण भी बन सकती है, मानव कल्पना कि माया को वास्तविक रूप दे सकता है यदि उसके पास प्रर्याप्त साधन होतो क्योकि कल्पना कि माया स्वरचित है अतः इस माया से प्रभावित होकर कुछ नया आविष्कार किया जा सकता है, मानव स्वप्न मे यातो नया आविष्कार करता है या मानव स्वप्न मे कुछ नया खोजने का प्रयास करता है। अज्ञान कि माया को सबसे घातक माया माना जाता है, मानव अज्ञान के कारण जो इस संसार मे कही भी विद्यमान नही है उसे भी सत्य मान लेता है। अज्ञान कि माया मे सत्य का प्रतिशत शुन्य होता हैं। अज्ञान कि माया मानव को सिर्फ झुठ के संसार मे ले जाती है, अज्ञान कि माया के कारण ही मानव संसार के बंधनो को सत्य मानने लग जाता है, अज्ञान कि माया के कारण ही मानव भूत - प्रेत मे विश्वास करता है। अज्ञान कि माया ही भगवान कि अंध भक्ति का प्रमाण भी होती है। अज्ञान कि माया को ज्ञान कि ज्योति से दुर किया जा सकता है। वर्तमान समय मे संचार के माध्यम से शासक वर्ग द्वारा भ्रम कि माया को हर घर तक पहुँचाने का प्रयास किया जा रहा, मानव को पता ही नही है जो उसकी इन्द्रीयो को आभाष होता है वह काल्पनिक है या वास्तविक।

अंश सूत्र

त्रिलोक सूत्र

01 परिभाषा - भूलोक या पृथ्वी लोक, स्वर्ग लोक या आकाश लोक, पाताल लोक या नरक लोक तीन लोको के भाव है। मुख्य रूप से लोक 14 प्रकार के होते है जो निम्न है - सत्य लोक, तप लोक, ज्ञान लोक, महर लोक, स्वर्ग लोक, भुवर लोक, भूलोक, अतल लोक, वितल लोक, सुतल लोक, तलातल लोक, महातल लोक, रसातल लोक तथा पाताल लोक। स्वर्ग लोक को पितृ लोक भी कहा जाता है, मानव के पुण्य के अनुसार ही मानव को स्वर्ग तथा नरक लोक मे स्थान प्राप्त होता है मानव के पुण्य खत्म होते ही वर्षा तथा लावा के रूप मे मानव का मृत्यु लोक मे पुनः आगमन हो जाता है। स्वर्ग लोक के राजा इन्द्र देव को माना जाता है तथा स्वर्ग कि राजधानी अमरावती है। इन्द्र देव को आदर्श राजा के रूप मे दर्शाया जाता है तथा हर राजा को इन्द्र के समान ही पृथ्वी लोक पर शासन करना चाहिए ताकि पृथ्वी लोक पर ही स्वर्ग कि स्थापना कि जा सके। महर लोक, ज्ञान लोक, तप लोक तथा सत्य लोक को स्वर्ग से भी अच्छा माना जाता है, स्वर्ग लोक मानव कि ईच्छाओ का प्रतिनिधित्व करता है। स्वर्ग लोग मे परिजात वृक्ष है, नंदना उघान मे कल्पवृक्ष है तथा स्वर्ग लोक मे ही कामधेनु गाय भी निवास करती है।

02 सप्तधरा लोक - धरा के नीचे सात लोक होते है जो निम्न है अतल, वितल, सुतल, तलातल, महातल, रसातल तथा पाताल। पाताल के नीचे शेषनाग विद्यमान होते है। पांताल को नरक भी कहा जाता है, नरक

मे जाने के लिए मानव को 6 धरा लोको से गुजरना पड़ता है। अतल मे माया का पुत्र बल निवास करता है जो कि कामबल का प्रतिनिधित्व करता है। वितल मे भगवान भव निवास करते है, सुतल मे महाराज बलि निवास करते है, तलातल मे माया निवास करती है, महातल मे क्रोधवाश नाग का राज है, रसातल मे असुर, दैत्य तथा दानव निवास करते है तथा पाताल मे वासुकि नाग का राज है। धरा लोको को स्वर्ग लोक से भी सम्पन्न बताया गया है। स्वर्ग कि समृद्धि धर्म से है तथा पाताल कि समृद्धि अर्थ से होती है।

यमलोक सूत्र

01 परिभाषा - यम का अर्थ धर्म भी होता है, यम लोक मे मानव के धर्म तथा अधर्म को परिभाषित किया जाता है। पृथ्वी पर कानुनो के अनुसार सजा दी जाती जो भी मानव कानुनो को तोड़ता उसे अधर्मी माना जाता है परन्तु यमलोक मे वही अधर्मी मानव धर्मी मानव बन जाता है। भारत के कानुन तथा संविधान अधर्म पर आधारित है क्योकि भारत मे कानुन का शासन होते हुए भी धर्म नही दिखाई देता है। भारत मे कानुन सत्ता कि सुरक्षा के लिए बनाये जाते है ना कि जनता कि सुरक्षा के लिए। भारत का संविधान, कानुन तथा सरकार द्वारा बनाये गये नियम सब अधर्म से युक्त है। यदि भारत मे पुर्ण रूप से भी कानुन का शासन हो जाए तो भी भारत मे धर्म कि स्थापना नही कि जा सकती है। अन्याय, अत्याचार तथा शोषण से युक्त सरकारे केवल सत्ता के मद मे चुर रहती है वो जनता को सिर्फ मुर्ख मानती है। झुठ बोलकर सत्ता कि प्राप्ति के सपने देखती रहती है। परन्तु यम लोक मे आपके धर्म ही आपको स्वर्ग मे ले जा सकते है, मानव के पाप मानव को केवल नरक मे ही लेकर जाते है।

02 चित्रगुप्त - चित्रगुप्त का कार्य मानव के पुण्य तथा पाप के आंकड़े रखने का होता है। चित्रगुप्त पुरी ईमानदारी से अपना कार्य करते है, चित्रगुप्त को वर्तमान पुलिस बल कि संज्ञा दि जा सकती है तथा न्यायाधिशों को यमराज कि संज्ञा दि जा सकती है। भारत कि ना तो

वर्तमान पुलिस चित्रगुप्त है ना ही जज यमराज बन पाप रहे है। भारत के जज यमराज ना होकर लोभराज, भयराज तथा मुख्रराज बन चुके है। जजो को सरकार से डर लगता है वो सरकार से उसी प्रकार भयभीत होते है जिस प्रकार यमराज से पापी भयभीत होते है इसी कारण भारत के जजो को भयराज कहा जाता है। भारत के वर्तमान जज लोभी हो चुके है वो सिर्फ अपना स्वार्थ देखते है। भारत के जज मुख्रराज तो है ही क्योंकि सरकार के विरोध को भारत के जज गलत मानते है तथा सरकार कि चाटुकारिता को सही मानते है। भारत कि पुलिस चित्रगुप्त के स्थान पर मुत्रगुप्त बन चुकी है जिसमे सिर्फ दोष ही दोष है।

अवतार सूत्र

01 परिभाषा - भगवान विष्णु का कार्य संसार मे धर्म - अधर्म के संतुलन को बनाएं रखना है। अधर्म का प्रभाव धर्म से अधिक होता है जिसके कारण मानव अधर्म कि तरफ आसानी से आकर्षित हो जाता है। मानव का अधर्म के प्रति आकर्षित होना अधर्म को और अधिक प्रभावशाली बना देता है जिसके कारण धर्म का प्रभाव क्षीण होने लग जाता है, धर्म के रास्ते पर चलने वाले मानव निराशा के शिकार हो जाते है तथा धर्म के रास्ते पर चलना उनकी असफलता का कारण बनने लग जाता है, मानव सफलता प्राप्ति के लिए अधर्म के मार्ग को अपना लेता है जिससे धर्म का प्रकाश धीरे - धीरे लुप्त होने लग जाता है। भगवान विष्णु धर्म कि निराशा को दुर करने के लिए ही अवतार लेते है, भगवान विष्णु के अवतार लेने पर धर्म को सफलता कि प्राप्ति प्रारम्भ हो जाती है, अधर्म के रास्ते से मानव पुनः धर्म के रास्ते पर लोटने लगता है। भगवान विष्णु का अवतार ना लेना धर्म के प्रभाव को कमजोर ही करता है, भगवान विष्णु धर्म के साथी कहलाते है।

02 मुख्य अवतार - भगवान विष्णु के 10 मुख्य अवतार माने जाते है जो निम्न है - मत्स्य, कूर्म, वराह, नरसिंह, वामन, परशुराम, राम, कृष्ण, बुद्ध, कल्कि। मत्स्य, कूर्म, वराह, नरसिंह को कृत युग का अवतार माना

जाता है। वामन, परशुराम, राम को त्रेतायुग का अवतार माना जाता है। कृष्ण तथा बुद्ध को द्वापर युग का अवतार माना जाता है। कल्कि को कलियुग का अवतार माना जाता है। युग समय पर निर्भर नही करते है, युग समाज पर निर्भर करते है, युग विकास पर निर्भर करते है। 10 अवतार मानव के विकास कि अवस्थाओं के भी सुचक होते है।

02 सभी अवतार - मुख्य तथा अन्य अवतारो को मिलाकर 24 अवतार होते है तथा बुद्ध का स्थान वेंकटेश्वर ले लेते है - सनकादि ऋषि, वराह, नारद मुनि, हंस, नर - नारायण, कपिल, दत्तात्रेय, यज्ञ, ऋषभदेव, पृथु, मत्स्य, कूर्म, धन्वन्तरि, मोहिनी, हयग्रीव, नरसिंह, वामन, गजेंद्र, परशुराम, वेदव्यास, राम, कृष्ण, वेंकटेश्वर तथा कल्कि।

कल्प सूत्र

01 परिभाषा - कल्प काल का सुचक होता है, कल्प पुरुष काल होता है, तथा पुरुष काल को विष्णु माना जाता है तथा प्रकृति काल को शिव माना जाता है तथा आत्मा काल को ब्रहम माना जाता है। कल्प विकास का सुचक होता है कल्प का विलोम प्रलय होता है तथा प्रलय विनाश का सुचक होती है। कल्प पुरुष का सुचक होता है तथा प्रलय महिला का सुचक होती है। कल्प तथा प्रलय के संगम से 1 ब्रहम दिन का निर्माण होता है 12 घंटे का कल्प होता है तथा 12 घंटे कि ही प्रलय होती है। प्रलय तथा कल्प समाज मे महिला तथा पुरुष कि समानता के सुचक होते है। कल्प तथा प्रलय समाज मे विकास के बाद विनाश होता है तथा विनाश के बाद विकास होता है के सुचक होते है। एक कल्प 4.32 अरब वर्ष का होता है तथा प्रलय भी 4.32 अरब वर्ष कि होती है तथा एक ब्रहम दिन 8.64 अरब वर्ष का होता है। एक ब्रहम मास 30 दिन का होता है तथा एक ब्रहम वर्ष 360 दिन का होता है। 1 ब्रहम वर्ष 31.104 खरब वर्ष तथा ब्रहम अंड कि समय अवधि 31.104 नील होती है।

02 मन्वन्तर तथा युग - एक कल्प मे 14 मन्वन्तर होते है तथा 15 संध्या काल होते है व एक संध्या काल एक कृत युग के बराबर समय

का होता है। सत्य युग 17.280 लाख वर्ष का होता है, त्रेता युग 12.96 लाख वर्ष का होता है, द्वापर युग 8.64 लाख वर्ष का होता है तथा कलियुग 4.32 लाख वर्ष का होता है। एक मन्वन्तर मे 71 चारयुग होते है तथा एक कल्प मे 1000 चारयुग होते है। वर्तमान संसार ब्रह्म के 51 वे वर्ष के प्रथम कल्प मे है तथा इस कल्प को स्वेता कल्प कहा जाता है जिसके बाद का कल्प नीललोहित होगा। 14 मन्वन्तर निम्न प्रकार है - स्वयंभु, स्वरोचिष, औत्तमी, तामस, रैवत, चाक्षुष, वैवस्वत, सावर्णि, दक्ष सावर्णि, ब्रह्म सावर्णि, धर्म सावर्णि, रुद्र सावर्णि, देव सावर्णि, इन्द्र सावर्णि। हर मन्वन्तर का इन्द्र भी अलग माना जाता है। कलियुग से सत्ययुग मे परिवर्तन होता है ना कि कलियुग के बाद प्रलय आती है तथा हर मन्वन्तर के बाद संध्या काल होता है।

अंग सूत्र

काम सूत्र

01 परिभाषा - काम का अर्थ पहचान तथा आनंद होता है, मानव कि पहचान मानव को अर्थ कि प्राप्ति मे मदद करती है तथा मानव कि पहचान मानव को मोक्ष तथा धर्म के मार्ग से दुर ले जाती है। मानव कि पहचान मानव के अहंकार का मुख्य कारण होती हैं। मानव कि पहचान मानव के क्रोध तथा प्रतिरोध का कारण होती है। मानव कि पहचान मानव मे उत्पन्न जलन का मुख्य कारण होती है। मानव कि पहचान मानव के भय तथा झुठ का मुख्य कारण बनती है। मानव कि पहचान मानव के स्वार्थ का मुख्य कारण होती है। मानव कि पहचान मानव कि चापलूस प्रवृति का मुख्य कारण बनती है। मानव कि पहचान मानव के जीवन के दुखो का मुख्य कारण होती है। मानव कि पहचान मानव के अपराधी बनने का मुख्य कारण होती हैं। मानव कि पहचान समाज के विभाजन तथा समाज मे भेदभाव का मुख्य कारण होती है। मानव कि पहचान मानव कि पीड़ा तथा मन कि अशांति का मुख्य कारण होती है। मानव कि पहचान हिंसा तथा नफरत का मुख्य कारण बनती है। मानव कि पहचान शोषण, अत्याचार तथा अन्याय का मुख्य कारण बनती है। मानव कि पहचान मानव के असुर, दैत्य व पापी बनने का मुख्य कारण होती है। मानव कि पहचान ही सभ्य - असभ्य तथा पवित्र - अपवित्र को परिभाषित करती है।

02 आनंद - पीड़ा मे भी आनंद होता है, दुख मे भी आनंद होता है, नशे मे भी आनंद होता है, दैनिक क्रिया मे भी आनंद होता है, योग मे भी आनंद होता है, भोग मे भी आनंद होता है, उपवास मे भी आनंद होता है, स्वाद मे भी आनंद होता है, आवाज मे भी आनंद होता है, अहसास मे भी आनंद होता है, विश्वास मे भी आनंद होता है, विश्वासघात मे भी आनंद होता है, स्वार्थ मे भी आनंद होता है, त्याग व बलिदान मे भी आनंद होता है, प्रेम मे भी आनंद होता है, नफरत मे भी आनंद होता है, कल्पना मे भी आनंद होता है, वास्तविकता मे भी आनंद होता है, झुठ मे भी आनंद होता है, सत्य मे भी आनंद होता है, अपराध मे भी आनंद होता है, सजा मे भी आनंद होता है।

मोक्ष सूत्र

01 परिभाषा - धर्म ही मोक्ष है, भक्ति भी मोक्ष है, आनंद भी मोक्ष है, मृत्यु भी मोक्ष है, कर्म भी मोक्ष है, कला भी मोक्ष है, भावना भी मोक्ष है, काया भी मोक्ष है, संयम भी मोक्ष है, संतोष भी मोक्ष है, अनंत भी मोक्ष है, शुन्य भी मोक्ष है, योग भी मोक्ष है, ज्ञान भी मोक्ष है, भगवान का नाम भी मोक्ष है, क्षमा भी मोक्ष है, मन कि दिशा भी मोक्ष है, मन कि ईच्छा भी मोक्ष है, समय भी मोक्ष है, ऊर्जा भी मोक्ष है, विनाश भी मोक्ष है, विकास भी मोक्ष है, शांति भी मोक्ष है, अशांति भी मोक्ष है। मानव का मध्यमार्ग पर चलना ही मोक्ष कहलाता है, मानव का मध्यमार्ग पर चलना आसान नही होता है, मानव कि आवश्यकताएं मानव को मध्यमार्ग पर चलने से रोकती है। मानव अपनी आवश्यकताओं मे संतोष का भाव उत्पन्न करके मानव मध्य मार्ग पर चल सकता है। मानव का मन अनावश्यक आवश्यकताओ का सृजन करता है मानव मन के संयम द्वारा इन अनावश्यक आवश्यकताओं का नाश कर सकता है। मानव कि आवश्यकताएं ही मानव के मोक्ष के रास्ते में बाधा का कार्य करती है।

02 मांग व आवश्यकता - मानव का मन विभिन्न प्रकार कि वस्तुओं कि मांग करता है जो मानव चाहकर भी पुरी नही कर सकता है। मानव का

मन मांग पुरा नही होने पर समान प्रकार कि अन्य वस्तु कि मांग करता है। मानव मन कि मांग को पुरा कर सके तो मानव को वह मांग पुरी करने का प्रयास करना चाहिए ताकि मानव का मन शांत हो सके यदि मानव के मन कि मांग पुरी नही होती है तो मानव का मन अशांत हो जाता है जो कि अन्य नई वस्तुओं कि मांग कर सकता है तथा जिनको पुरा करना आपके हाथ मे भी ना हो। मानव को मन कि मांग को पुरा करके मन को तृप्त रखना चाहिए ताकि मानव का मन अन्य मांग ना कर सकते है इस विधि को मन के संयम कि विधि कहते है, मानव को स्वयं के मन को कभी भी नियंत्रित करने का प्रयास नही करना चाहिए। मानव का मन मानव द्वारा कभी भी नियंत्रित नही किया जा सकता है। समय के साथ मानव के मन कि आवश्यकताएं स्वतः ही कम हो जाती है।

धर्म सूत्र

01 परिभाषा - धर्म से सत्य का सृजन होता है तथा सत्य से विकास का सृजन होता है। विकास एक सतत् प्रक्रिया है जिसमे पुर्वजो का बहुत बड़ा योगदान होता है। विकास को सतत् प्रक्रिया ना मानकर पुर्वजो का अपमान करना भारत के वर्तमान शासक वर्ग कि मुख्य पहचान बन चुकी है। भारत का वर्तमान शासक वर्ग अहंकार के मद मे आकर स्वयं को ही भारत के विकास का कर्ता - धरता मानने लग गया है। भारत के शासक वर्ग द्वारा पुर्वजो द्वारा किए गये विकास को प्रचार - प्रसार पर अकुत धन का प्रयोग अपना विकास कार्य बनाने के लिए हर संभव प्रयास किया जा रहा है। जो भारत के वर्तमान शासक वर्ग के ढोंगी होने का मुख्य प्रमाण है। विकास कि तरह ही विनाश भी एक सतत् प्रक्रिया है, एक बार विनाश का चक्र सुरु हो जाने के बाद इसे रोकना लगभग असंभव हो जाता है इस चक्र कि रफतार समय के साथ बढती ही जाती है। भारत मे भ्रष्टाचार विनाश का वही चक्र बन चुका है जिसकी रफतार समय के साथ बढती ही चली जाएगी। जो नेता भी भ्रष्टाचार को खत्म

करने कि बात करता है वह नेता सबसे बडा भ्रष्टाचारी होता है। भ्रष्टाचार का अंत प्रलय से ही हो सकता है मानव समाज नई सुरुआत करके ही भ्रष्टाचार का अंत कर सकता है।

02 अंग - धर्म सेवा है, धर्म सुरक्षा है, धर्म प्रेम है, धर्म विश्वास है, धर्म त्याग है, धर्म बलिदान है, धर्म सम्मान है, धर्म मर्यादा है, धर्म सदाचार है, धर्म ईमान है, धर्म सत्य है, धर्म भक्ति है, धर्म शक्ति है, धर्म पहचान है, धर्म मानव कि शान है, धर्म ज्योति है, धर्म प्रकृति है, धर्म आशा है, धर्म शांति है, धर्म आनंद है, धर्म सुख है, धर्म महिमा है, धर्म नैतिकता है, धर्म एकता है, धर्म विविधता है, धर्म सहनशीलता है, धर्म सहअस्तित्व है, धर्म सहिष्णुता है, धर्म स्वीकारयता है, धर्म सदभाव है, धर्म परोपकार है, धर्म सहायता है, धर्म योग है, धर्म भगवान है, धर्म कल्याण है, धर्म संस्कार है, धर्म पुण्य है, धर्म तप है, धर्म ज्ञान है, धर्म विज्ञान है, धर्म अनंत है, धर्म शुन्य है, धर्म आत्मा है, धर्म परमात्मा है, धर्म मान है तथा धर्म ही अभिमान है।

अर्थ सूत्र

01 परिभाषा - अर्थ कि परिभाषा विकास तथा विनाश पर निर्भर करती है तथा संसार का विकाश तथा विनास धर्म - अधर्म पर निर्भर करता है। धर्म के रास्ते पर चलकर मानव समाज विकास को प्राप्त कर सकता है, मानव का विकास तथा समाज का विकास दोनो अलग है, मानव का विकास मानव समाज का विनाश भी कर सकता है, मानव के विकास मे अवरोध भी मानव समाज का विकास कर सकता है। मानव का धर्म मानव समाज के लिए अधर्म बन सकता है तथा मानव का अधर्म मानव समाज का धर्म बन सकता है। समाज का विकास, प्रकृति के विनाश को सुचित करता है यदि समाज के विकास या मानव के विकास के लिए प्रकृति का एक सीमा से अधिक शोषण किया जाता है तो। प्रकृति का विनाश मानव के विकास मे सहयोग करता है तथा समाज के विनाश को गति प्रदान करता है। विज्ञान तथा तकनीकि से भी प्रकृति तथा समाज

का विनाश होता है। विज्ञान तथा तकनीकि से धनतंत्र का भी नाश हो सकता है। विज्ञान तथा तकनीकि समाज के विकास मे भी सहायक होती है। विज्ञान तथा तकनीकि शासन - प्रशासन पर सकारात्मक तथा नकारात्मक दोनो प्रभाव डालती है।

02 धनसुत्र तथा राजसुत्र - धनसुत्र धन कि मानव कि क्षमता अनुसार समानता को दर्शाता। मानव कि क्षमता मे बहुत अधिक अंतर नही होता है अतः धन कि असमानता का एक सीमा से अधिक होना अधर्म के धनतंत्र का सुचक होता है। अर्ध का धनतंत्र, अधर्म के राजतंत्र का निर्माण करता है तथा दोनो के संगम से अधर्म के अर्थतंत्र का निर्माण होता है। भारत के वर्तमान शासक वर्ग ने भारत मे अधर्म के अर्थतंत्र का निर्माण कर दिया है जिसके कारण भारत मे धन कि असमानता कि खाई ने विकराल रूप धारण कर लिया। 15 से 35 वर्ष के बेरोजगारो कि संख्या ने इस असमानता कि विकरालता को और अधिक विकराल किया है। भारत के वर्तमान शासक वर्ग का हर कथन झुठ से भरा हुआ होता है तथा सत्य का डर वर्तमान शासक वर्ग को सत्य को स्वीकार करने से रोकता है जो कि भारत मे युवा बेरोजगारी का प्रमुख कारण है।

गण सूत्र

नारद सूत्र

01 परिभाषा - नारद को कलहप्रिय, पत्रकार, देवर्षि, ज्योतिष आचार्य, वास्तुकार, संगीतकार, ब्रह्मर्षि, वीणा के अविष्कार कर्ता, विष्णु के परम् भक्त, स्मृति के रचनाकार, इतिहासकार, चतुरता का देवता, सात्वत तंत्र के रचनाकार, सिद्धि स्वामी, सत्यभाषी, तर्क के देवता, प्रभावशाली वक्ता, नीतिज्ञ, सांख्य तथा योग दर्शन के ज्ञाता, भेदभाव रहित देवता आदि नामो के रूप मे जाना जाता है। नारद के गुणो के आधार पर नारद को कलाकार, विद्वान, चतुर, बुद्धिमान, सत्यवाची, पत्रकार, इतिहासकार आदि रूप से मुख्यता जाना जाता है। भारत के पत्रकार वर्ग को नारद मुनि से शिक्षा ग्रहण करनी चाहिए, नारद मुनि ने कभी भी देवता और दानवो मे भेदभाव नही किया। परन्तु भारत का पत्रकार वर्ग सत्ता पक्ष तथा विपक्ष मे सदा भेद भाव करता है। ना तो भारत के पत्रकार वर्ग के पास तर्क शक्ति है ना ही भारत के पत्रकार वर्ग के पास चतुरता है। भारत के पत्रकार वर्ग का इतिहास सत्य पर आधारित ना होकर झुठ पर आधारित है। भारत का पत्रकार वर्ग ना तो भुतकाल का जानकार है ना ही भविष्य का जानकार है तथा भारत का पत्रकार वर्ग सरकार विरोधी हर सुचना को दबाने का हर संभव प्रयास करता है, भारत का पत्रकार वर्ग गलत तथा अनावश्यक सुचनाएं दिखाकर जनता को भ्रम मे डालने का हर संभव प्रयास करता है। भारत का पत्रकार वर्ग ना मधुर भाषी है और ना ही सभ्य भाषी है। भारत के पत्रकार वर्ग का ज्ञान तो पांव के

तलवो के नीचे है इसी के कारण ही तो भारत का पत्रकार वर्ग सरकार के तलवो को चाटने का हर संभव प्रयास करता है। नारद को ब्रहम कि संतान माना जाता है, नारद कि उत्पत्ति ब्रहम कि जांघ से मानी जाती है। नारद पंचरात्र या सात्तव तंत्र मे नारद मुनि ने नारायण कि भक्ति तथा सत् कर्मा को कर्म चक्र से मुक्ति का मार्ग बताया है। नारद पुराण कि गणना महापुराणों के रूप मे कि जाती है। नारदस्मृति के रूप मे नारद कानुन के रचनाकार माने जाते है, नारद स्मृति वेदो के अनुसार ना होकर धर्म के अनुसार है तथा भारत के कानुन संविधान के अधीन होते है जो संविधान व कानुनो के अधर्म से युक्त होने का प्रमाण होता है। धर्म समय के अनुसार बदलता रहता है।

गरुड़ सूत्र

01 परिभाषा - गरुड़ को पक्षिराज के रूप मे भी जाना जाता है, गरुड़ के पिता का नाम कश्यप ऋषि तथा माता का नाम विनता था। गरुड़ को सामान्य भाषा मे गिद्ध प्रजाती का पक्षी माना जाता है। गिद्ध पक्षी आकाश मे अधिक ऊंचाई तक उड़ने के लिए जाना जाता है तथा गिद्ध पक्षी का बल भी अधिक होता है। इन दो गुणो के कारण ही गिद्ध पक्षी को पक्षीराज कि संज्ञा दी जाती है। भुशुंड़ि नामक कौएं का वर्णन महाभारत मे हुआ है, भुशुंड़ि कौआ भगवान विष्णु का परम् भक्त था इसी कारण से भुशुंड़ि कौए को चिरंजीवि भी कहा जाता है। कौएं को मोक्ष देने वाला पक्षी भी कहा जाता है, तथा पितृ को भौजन पहुँचाने का मार्ग भी कौआ पक्षी ही होता है। मौर तथा हंस को सुन्दरता का पक्षी माना जाता है। गरुड़ का बड़ा भाई अरुण देव है जो बिना पांव व पंख के कारण अपंग कहलाते है उनकी अपंगता का कारण उनकी माता विनता है जिन्होने समय से पहले ही अरुण देव को जन्म दे दिया था। माता को संतान के जन्म के समय धैर्यवान होना चाहिए, माता कि अधीरता संतान कि अपंगता का कारण बन सकती है। गरुड़ कि पत्नी का नाम उन्नति है तथा गरुड़ के एक सुमुख नाम का एक पुत्र है। अरुण कि पत्नी का नाम

श्येनी है तथा अरुण के पुत्रों के नाम जटायु तथा संपाती है। जटायु तथा संपाती ने भगवान राम कि सहायता कि थी, संपाती जटायु के बड़े भाई है। अरुण देव को सुर्य देव के रथ का सार्थी माना जाता है। बाली तथा सुग्रीव को अरुण देव कि संतान माना जाता है बालि का जन्म इन्द्र देव से तथा सुग्रीव का जन्म सुर्य देव से हुआ था। राम के भाई भरत को गरुड़ देव का अवतार माना जाता है। राम के भाई शत्रुघन को सुदर्शन चक्र का अवतार माना जाता है। विनता तथा कद्रू ने उच्चैःश्रवा घोडे को देखकर उसकी पुछ के सफेद तथा काली होने कि शर्त लगाई थी। कद्रू ने छल से अपने 1000 सांप पुत्रो को उच्चैःश्राव घोडे कि पुछ से चिपक जाने का आदेशा दिया ताकि घोडे कि पुछ काली लगे तथा विनता उसकी दास बन जाए। गरुड़ देव ने अपनी माता को दासता से मुक्त कराने के लिए स्वर्ग से अमृत लाकर नागों को दे दिया था तथा छल से इन्द्र देव ने नागो से अमृत छीन लिया था।

सुदर्शन चक्र

01 परिभाषा - भगवान विष्णु के चार हाथो मे एक हाथ मे सुदर्शन चक्र विद्यमान होता है तथा अन्य तीन हाथो मे पांचजन्य शंख, कौमोदकी गदा तथा पदम् विद्यमान रहते है। सुदर्शन चक्र का निर्माण विश्वकर्मा के द्वारा किया गया था। भगवान विश्वकर्मा ने सुर्य के तेज से सुदर्शन चक्र, त्रिशुल तथा पुष्पक विमान का निर्माण किया था। भगवान कृष्ण ने शिशुपाल का वध भी सुदर्शन चक्र से ही किया था। माता सति के शरीर का 51 भागों मे विभाजन भी सुदर्शन चक्र से ही किया गया था। सुदर्शन चक्र काल का प्रतिक होता है, सुदर्शन चक्र का प्रहार किसी भी मनुष्य कि मृत्यु का कारण बन सकता है। सुदर्शन चक्र शक्ति का भी प्रतिक होता है शक्ति के प्रतिक के रूप मे सुदर्शन चक्र मानव मे सात चक्रो के रूप मे विद्यमान होता है। शत्रुघन व कार्तवीर्य अर्जुन को सुदर्शन चक्र का अवतार माना जाता है। मानव शरीर मे निम्न सात चक्र विद्यमान होते है - मूलाधार, स्वाधिष्ठान, मणिपुर, अनाहत, विशुद्धि, आज्ञा तथा

सहस्त्रार। ईड़ा तथा पिंगला नाड़ी का प्रभाव सहस्त्रार चक्र पर नही पड़ता है।

02 मोक्ष - चक्र मोक्ष का भी सुचक होता है, मानव को धर्म तथा अधर्म कि माया के चक्र से मुक्ति ही मोक्ष कहलाती है। संसार का सत्य भी चक्र मे ही विद्यमान है। धन ऊर्जा तथा ऋण ऊर्जा चक्र कि घुर्णन दिशा को निरुपित करती है। चक्र कि गति विकास तथा विनाश कि गति कि सुचक होता है। चक्र काम के प्रभाव मे आकार कामचक्र बन जाता है। चक्र अर्थ के प्रभाव मे आकार अर्थ चक्र बन जाता है। चक्र धर्म के प्रभाव मे आकर धर्मचक्र बन जाता है। चक्र मोक्ष के प्रभाव मे आकार स्वतः ही नष्ट हो जाता है तथा चक्र मोक्ष के प्रभाव मे आकर ऐसी सुर्य ऊर्जा उत्पन्न करता है जिससे कामचक्र, अर्थचक्र तथा धर्मचक्र का स्वतः ही नाश हो जाता है। मोक्ष कभी भी चक्र रूप धारण नही करता है। मोक्ष को चक्र रूप धारण ना करना ही मोक्ष को परमात्मा कि प्राप्ति का मार्ग बनाता है। चक्र परम्परा के अनुसार धर्म परमात्मा कि प्राप्ति का मार्ग नही होता है क्योंकि धर्म चक्र रूप मे होता है।

शेषनाग सूत्र

01 परिभाषा - शेषनाग को कद्रू तथा कश्यप का पुत्र माना जाता है शेषानाग के निम्न भाई है - वासुकी, तक्षक, कालिया, कर्कोटक, शंख, पद्म, महापद्म तथा धनंजय। शेषनाग को नागराज भी कहां जाता है। शेषनाग कद्रू कि सबसे बड़ी संतान है। गन्धमादन पर्वत पर तप के बाद तथा ब्रह्म देव का आर्शिवाद प्राप्त करके शेषनाग ने ब्रह्मांड को स्थिर करने के लिए क्षीरसागर मे जाकर ब्रह्मांड को अपने फणों पर धारण कर लिया। ब्रह्मांड को अपने फणों पर धारण करते ही ब्रह्मांड स्थिर हो गया जिससे सभी प्राणियों को विकास का अवसर प्राप्त हुआ। भगवान विष्णु क्षीर सागर मे शेषनाग कि शैया पर ही विराजमान है। शेषनाग को 1000 मुख वाला माना जाता है। शेषनाग कि पत्नी का नाम महालक्ष्मी है। शेषनाग को संकर्षण के नाम से भी जाना जाता है।

02 कद्रू का श्राप - छल से विनता को दासी बनाने के लिए कद्रू ने अपने पुत्रो को उच्चैःश्रवा घोडे कि पुछ पर चिपने का आदेश दिया। शेषनाग तथा वासुकी ने माता के आदेश का पालन करने से इनकार कर दिया। कद्रू माता ने क्रोध मे आकार जनमेजय के यज्ञ मे शेषनाग तथा वासुकी को भस्म होने का श्राप दे दिया।

03 अवतार - बलराम कि पत्नी रेवती को नागलक्ष्मी का अवतार माना जाता है। राम के भाई तथा सुमित्रा के पुत्र लक्ष्मण को शेषनाग का अवतार माना जाता है। लक्ष्मण ने इन्द्रजीत तथा अतिकाय का बध किया था। लक्ष्मण मल्लयुद्ध तथा धनुर्विद्या मे निर्पुण थे। इन्द्रजीत कि पत्नी का नाम सुलोचना था जिसे शेषनाग कि पुत्री के रूप मे भी जाना जाता है। सुनयना जो कि सीता तथा उर्मिला कि माता के रूप मे जानी जाती है को भी शेषनाग कि पुत्री के रूप मे जाना जाता है। शेषनाग के महाबलवान नामक एक पुत्र भी था। कृष्ण के बडे भाई तथा रोहिणी के पुत्र बलराम को भी शेषनाग का अवतार माना जाता है। वासुदेव कि पहली पत्नी का नाम रोहिणी था तथा शुभद्रा रोहिणी कि पुत्री थी। पंतजलि तथा रामानुजाचार्य को भी शेषनाग का अवतार माना जाता है। इन दोनो का जन्म कलियुग मे हुआ था।

अध्याय 15

आत्मा सूत्र

01 परिभाषा - आत्मा के एक शरीर का त्याग कर दुसरे शरीर को ग्रहण करने के सिद्धांत ने ही भूत, प्रेत, पितृ, वेताल, यक्ष आदि आत्मा स्वरूपो को जन्म दिया है। यदि आत्मा के स्थानांतरण के सिद्धांत को नकार दिया जाए तो आत्मा के ये स्वरूप स्वतः ही नष्ट हो जाएंगे तथा साथ ही इन के साथ जुड़ा अंधविश्वास भी स्वतः ही नष्ट हो जाएगा। स्वर्ग तथा नरक कि परिकल्पना भी आत्मा के कारण ही कि गई है। पाप तथा पुण्य कि परिकल्पना भी आत्मा के कारण ही कि गई है। दुख तथा सुख कि परिकल्पना भी आत्मा के कारण ही कि गई है। तंत्र शास्त्र कि परिकल्पना भी आत्मा के कारण ही कि गई है। तंत्र शास्त्र आत्मा से ही उत्पन्न होता है बिना आत्मा के तंत्र शास्त्र भी लुप्त हो सकता है। मंत्र विद्या मन से जुड़ी हुई विद्या होती है तथा तंत्र विद्या आत्मा से जुड़ी हुई विद्या होती है। आत्मा को हम दिमाग के रूप मे पहचान सकते है जिस प्रकार मन को तन के रूप मे पहचाना जाता है। आत्मा प्रकृति से निर्मित होती है तथा प्रकृति मे ही विलिन हो जाती है, आत्मा को पुरुष से निर्मित मानना तथा पुरुष मे ही विलिन होने का सिद्धांत ही गीता का सिद्धांत है जो केवल झुठ पर आधारित है। यहां पुरुष का अर्थ क्षीर सागर से होता है तथा प्रकृति का अर्थ ऊर्जा से होता है वह ऊर्जा जो धन या ऋण रूप वाली होता है। आत्मा कि ऊर्जा का मान शुन्य होता है जब तक आत्मा शुन्य ऊर्जा के रूप मे विद्यमान रहती है तब तक ही आत्मा जीवित रहती है। आत्मा कि ऊर्जा का मान धन तथा ऋण होना आत्मा को प्रेम, भूत, पिृत, वेताल, यक्ष आदि के रूप मे बदल देता है।

कुछ रूप धन ऊर्जा का प्रतिनिधित्व करते है तथा कुछ रूप ऋण ऊर्जा का प्रतिनिधित्व करते है। आत्मा सिर्फ शुन्य ऊर्जा के रूप मे विद्यमान होती है आत्मा के धन तथा ऋण रूप आत्म ऊर्जा ना होकर शिव ऊर्जा का रूप होते है, शिव ऊर्जा कहलाने के कारण ही इनके शिव गणो के रूप मे जाना जाता है। आत्मा का स्थानांतरण केवल शिव ऊर्जा के रूप मे होता है अतः आत्मा का क्षीर सागर मे मिलना कोई महत्व नही रखता है। शरीर का अंत ही आत्मा के अंत का प्रमाण होता है, बिना शरीर के आत्मा का अस्तित्व नही है।

रूप सूत्र

ब्रह्म सूत्र

01 परिभाषा - ब्रह्मांड कि रचना का श्रेय भगवान ब्रह्म को जाता है, भगवान ब्रह्म ने विष्णु कि नाभि से जन्म लिया, जन्म के वक्त ब्रह्म निंद्रा कि अवस्था मे थे तथा ब्रह्मा को अपने ज्ञान का आभास नही था, ब्रह्म देव ने भगवान विष्णु के तप से अपने ज्ञान को फिर से जाना। ब्रह्म ने ही माया कि रचना कि व माया के द्वारा ही प्रदार्थ, आध्यात्म, अच्छाई, बुराई, आरंभ, अंत कि रचना कि गई। ब्रह्म को रजस के देवता माना जाता है रजस का अर्थ उत्साह, सक्रियता, धर्म, अधर्म, कर्मप्रधानता, व्यक्तिवाद, प्रेरित तथा गतिशीलता होता है। सरस्वती को सत्त्व गुण वाली बताया गया है सत्त्व का अर्थ संतुलन, सामंजस्य, अच्छाई, पवित्रता, समग्रता, रचनात्मकता, सकारात्मकता, शांतिपूर्णता, नेकता होता है। ब्रह्मांड का निर्माण तमस (अंधकार) से प्रारम्भ होता है तमस से रजस (आवेग) का निर्माण होता है तथा रजस से सत्त्व (पवित्रता व अच्छाई) का निर्माण होता है। सत्त्व, रजस तथा तमस त्रिदेवो के तीन गुणो का प्रतिनिधित्व करते है जिसे गुण सिद्धांत कहा जाता है। ब्रह्मन् तथा ब्रह्मा दोनो अलग - अलग है, ब्रह्मन् आत्मा का रूप होता है तथा आत्मा कि रचना काल तथा कर्म के सहयोग से होती है। काल व कर्म को संयुक्त रूप से ब्रह्मन् कि संज्ञा दी जा सकती है। ब्रह्मा ने अपने दस अंगो से दस पुत्रो को जन्म दिया जिन्हे प्रजापति भी कहा जाता है जो निम्न है - नारद, दक्ष, भृगु, अत्रि, अंगिरा, पुलाहा,

कृतु, पुलत्स्य, वशिष्ठ तथा मरीचि। ब्रहम का एक दिन का कल्प कहा जाता है तथा एक रात को प्रलय कहते है। एक दिन तथा एक रात के संगम से महाकल्प का निर्माण होता है। एक कल्प मे 14 मन्वतंर होते है तथा 15 संध्या होती है। 1 मन्वंतर मे 71 चतुर्युग होते है। ब्रहमन् को लिंगहीन माना है तथा ब्रहमा को पुलिंग माना है। ब्रहमा से ही मनु तथा शतरूपा कि उत्पत्ति हुई थी। ब्रहमा को विधाता, चतुरानन तथा स्वयंभू नाम से जाना जाता है। भैरव ने ब्रहमा के पांचवे मुख को असत्य बोलने के कारण काट दिया था। देवेया धनुष, ब्रहमास्त्र, वेदो को ब्रहमा के मुख्य अस्त्र माना जाता है। हंसकुमार ब्रहमा का वाहन है। महर्षि वाल्मीकि, महर्षि कश्यप, महर्षि बछेस, महर्षि खट, चंद्रदेव, कालिदास, बृहस्पति तथा जामवंत ब्रहम अवतार है।

सरस्वती सूत्र

01 परिभाषा - सरस्वती को संगीत, कला, वाणी, मातृत्व, आध्यात्मिकता, विद्या, ज्ञान, ग्रंथ, मंत्र(दक्षिण मार्ग), तंत्र(वाम मार्ग) तथा नदियो कि अधिष्ठात्री देवी के रूप मे पुजा जाता है। गायत्री, ब्राहमणी, वागेश्वरी, बुद्धिदात्री, सिद्धिदात्री, भारती, शारदा, हंसवाहिनी, सावित्री, श्वेतांबरी, श्वेता, शिवभगिनी आदि के नामो से जाना जाता है। वसंत पंचमी के दिन माता सरस्वती कि विशेष पुजा कि जाती है। सरस्वती माता के अस्त्र निम्न है वीणा, स्फटीक, पुस्तक। सरस्वती माता का आसन स्वेत कमल है तथा सरस्वती माता का वाहन राजहंस होता है। साधना तथा श्रद्धा से मानव अपनी बुद्धि का विकास कर सकता है। बुद्धि तथा कला के विकास मे सरस्वती साधना का विशेष महत्व होता है। प्रातः को सावित्री, मध्यान्ह का गायत्री तथा सायं को सरस्वती माना जाता है। हंस को ज्ञान तथा अद्भुत का देवता माना जाता है। सरस्वती को साहित्य, कला तथा संगीत कि देवी माना जाता है, साहित्य को विचार कहां जाता है जो पुस्तक का रूप होता है, कला को भावना कहां जाता है हंस कला का रूप होता है, संगीत को संवेदना कहा जाता है जो वीणा का रूप होता है। सरस्वती के

अभाव मे सारा संसार ही मौन धारण कर लेता है, सरस्वती प्राणी को प्राणी होने का आभाष कराती है। सरस्वती माता का जन्म दुर्गा मां से ज्योति पुंज के रूप मे हुआ माना जाता है। दुर्गा मां ने ब्रह्मा कि जीभ से ज्योति पुंज के रूप मे जन्म लिया था। जो सरस्वती मां क्षीर सागर को आवाज प्रदान करती है यह सरस्वती उसी का एक रूप मानी जाती है। विष्णु के आदेश के फलस्वरूप दुर्गा माता ने सरस्वती के रूप मे जन्म लिया था। माता सरस्वती को ब्रह्म पत्नी के रूप मे जाना जाता है। भगवान शिव को सरस्वती के बडे भाई के रूप मे जाना जाता है। पुष्कर स्थान को ब्रह्मा तथा सरस्वती के तप तथा संगम का स्थान माना जाता है। पुष्कर को ब्रह्मांड तथा ज्ञान का केंद्र माना जाता है। पुष्कर का महत्व वाराणसी, हरिद्वार, उज्जैन तथा नासिक के समान ही है। पुष्कर को मोक्ष को देने वाला स्थान माना जाता है। गायंत्री मंत्र भी सरस्वती माता को ही समर्पित है, गायत्री तथा सरस्वती एक ही है।

ब्रह्मांड सूत्र

01 परिभाषा - संसार तथा ब्रह्मांड मे क्या अंतर होता है क्या ब्रह्मांड ही संसार होता है, क्या ब्रह्मांड कि सीमा होती है, क्या एक से अधिक ब्रह्मांड संसार मे पाये जाते है। ब्रह्मांड किस पर विराजमान है, शुन्य तथा अनंत का ब्रह्मांड से क्या संबंध होता है, क्या एक दिन यह ब्रह्मांड नष्ट हो जाएगा। क्या अन्य ब्रह्मांड हमारे ब्रह्मांड के समानांतर है, समय भ्रमण का संबंध अन्य ब्रह्मांड से तो नही है, क्या अन्य ब्रह्मांड मे शायद हमारा जन्म ना हुआ हो या अन्य ब्रह्मांड मे अंग्रेजो का ही अब भी शासन हो या अन्य ब्रह्मांड का इस ब्रह्मांड से कोई भी संबंध ना हो। ब्रह्मांड क्या नष्ट होकर क्षीर सागर मे समा जाता है। ब्रह्मांड को हम ब्रह्म अंड के रूप मे पहचानते है जो कि क्षीर सागर मे शेषनाग पर विराजमान है तथा इसका निर्माण क्षीर सागर मे निवास करने वाले हिरण के गर्भ से हुआ है। क्षीर सागर मे अनंत हिरण निवास करते है वो भी विभिन्न प्रजाति के उनसे विभिन्न प्रकार के ब्रह्मांडो का निमार्ण

होता है हर ब्रहमांड मे समानता अधिक तथा विभिन्नता कम होती है जिस प्रकार मानव समाज मे समानता अधिक होती है तथा विभिन्नता कम होती है। क्षीर सागर का निर्माण ऊर्जा से होता है इसी कारण से विष्णु को माता दुर्गा का पुत्र भी माना जाता है। काल व कर्म से ही पुरे संसार का निर्माण होता है, काल तथा कर्म शुन्य व अनंत दोनो होते है, एक समय मे एक ही शुन्य हो सकता है ताकि समय आने पर दुसरा उसकी रचना कर सके। काल को हम शिव के रूप मे जानते है तथा कर्म को हम विष्णु के रूप मे जानते है। काल तथा कर्म के घृषण से ही ऊर्जा उत्पन्न होती है जिसे हम माता दुर्गा के रूप मे जानते है। माता दुर्गा को विष्णु कि माता तथा पुत्री दोनो के रूप मे जाना जाता है। ब्रहमांड का निर्माण क्षीर सागर से होता है इसी कारण से ही ब्रहमदेव को विष्णु कि नाभि से उत्पन्न माना गया है। ब्रहमदेव कि रचना ना दुर्गा से होती है ना ही शिव से होती है। ब्रहमदेव द्वारा रचित संसार के निर्माण मे काल तथा ऊर्जा का बहुत महत्व होता है। एक ब्रहमांड से दुसरे ब्रहमांड का रास्ता क्षीर सागर से होकर जाता है तथा क्षीर सागर को हम जीवंत सागर के रूप मे जानते है जिसके हर कण मे प्राण होते है।

विश्वकर्मा सूत्र

01 परिभाषा - महर्षि अंगिरा कि पुत्री भुवना का विवाह प्रभाष वसु से हुआ था। विश्वकर्मा को प्रभाष पुत्र या भुवना पुत्र के रूप मे जाना जाता है। विश्वकर्मा का जन्म माघ शुक्ल त्रयोदशी के दिन होने के कारण इस दिन को विश्वकर्मा जयंती बनाई जाती है। कन्या संक्राति तथा अन्नकुट के दिन भगवान विश्वकर्मा कि विशेष पुजा कि जाती है। विवाह, यज्ञ तथा गृह प्रवेश के अवसर पर विश्वकर्मा कि विशेष पुजा कि जाती है। विश्वकर्मा को विज्ञान, तकनीक तथा श्रम के देवता के रूप मे पुजा जाता है। विश्वकर्मा को औजार, हथियार, वास्तुकला, शिल्पकला, मूर्तिकला तथा लौकिक वस्तओं का निर्माता माना जाता है। प्रजापति को सृजन का देवता माना जाता है जहां विश्वकर्मा तथा ब्रहमा को एक रूपी ही

माना जाता है। विश्वकर्मा के अस्त्र कमंडल तथा पाश है। नल - निल को रामसेतु के निर्माता होने के कारण विश्वकर्मा के पुत्रों के रूप मे जाना जाता है। विश्वकर्मा ने अपनी पुत्री संध्या का विवाह सुर्य देव से कराया था। विश्वकर्मा ने रिद्धि व सिद्धि का विवाह जो कि विश्वकर्मा कि पुत्रीयां थी का विवाह भगवान गणेश से कराया था। विश्वकर्मा ने लंका का निर्माण किया था, विश्वकर्मा ने स्वर्ग का निर्माण किया था, विश्वकर्मा ने द्वारका का निर्माण किया था, विश्वकर्मा ने हस्तिनापुर व इन्द्रप्रस्थ का निर्माण किया था, विश्वकर्मा ने पुष्पक विमान, सुदर्शन चक्र तथा त्रिशुल का निर्माण किया था। विश्वकर्मा को अंगिरा ऋषि के दोहितृ के रूप मे जाना जाता है तथा बृहस्पति के भांजे के रूप मे भी जाना जाता है। त्वष्टा, विश्वकर्मा का अन्य नाम है। विश्वकर्मा ने अपनी पुत्री संध्या को सुर्य देव के तेज से बचाने के लिए सुर्य के तेज को थोड़ा कम कर दिया था तथा विश्वकर्मा ने उस तेज से भगवान शिव के त्रिशुल तथा भगवान विष्णु के सुदर्शन का निर्माण किया था। त्वष्टा को विश्वकर्मा का अवतार माना जाता हे जो कि एक आदित्य है। इन्द्र देव के वज्र का निर्माण त्वष्टा ने ही किया था। त्वष्टा के निम्न 11 भाई है - इन्द्र, वरुण, सुर्य, मित्र, अंशुमान(प्राण), अर्यमान(प्रथा), विधाता(सजृन), पर्जन्य(बादल), भग(शरीर अंग), पूषा(पोषण) तथा वामन। अर्यमान कि स्तुति विवाह प्रण के समय कि जाती है।

अंश सूत्र

धरा सूत्र

01 परिभाषा - धरा का अर्थ सिर्फ पृथ्वी ही नही होती है धरा का अर्थ ऊर्जा का विकास स्वरूप होता है बिना धरा के विकास कि परिकल्पना करना भी गलत है, मानव ना आग, ना जल, ना आकाश तथा ना ही वायु मे विकास कर सकता है मानव का विकास तो सिर्फ धरा पर ही संभव है इसी कारण से धरा को स्त्री स्वरूप माना जाता है, इसी कारण से धरा को माता तथा देवी कि संज्ञा दी गई है। धरा का अन्य नाम भु देवी भी होता है या हम कह सकते है भु देवी ब्रह्म कि संतान है हम भु देवी को अग्नि देव, वरुण देव, आकाश देव तथा वायु देव कि बहन भी मान सकते है। भु देवी को इन चारो देवताओं कि छोटी बहन के रुप मे जाना जाता है। भु देवी कि पुत्री आराण्यक देवी के रूप मे जानी जाती है, पर्वत व पढार भु देवी के पुत्र के रूप मे जाने जाते है। जो मानव धरा पर रहता है वह अहंकार हीन होता है जो मानव 55 लाख का सुट धारण करता है तथा लगभग समय विलासिता वाले विमान मे बिताता है तथा एक देश से दुसरे देश अकारण ही भटकता रहता है वह मानव अहंकार वाला होता है। जो मानव अपनी मां को भी राजनीतिक टूल बना देता है तथा अपने पिता के रोजगार को अपना रोजगार बता कर सत्ता प्राप्त करता है तथा अपनी पत्नी का बिना कारण ही परित्याग कर पतिधर्म को भुल जाता है तथा मां कि सेवा करने के बजाय अपने समय का प्रयोग कुत्ते कि तरह भोकने मे करता है वह मानव महान स्वार्थी होता है ऐसे

महान स्वार्थी ही धरती पर बोझ होते है जिनको भगवान भी अपने पास बुलाने से डरता है कही झुठ बोलकर तथा षडयंत्र रचकर भगवान कि सत्ता पर कब्जा ना कर ले। व्यापारी के सामने झुकने वाला तथा अमीरो तथा विदेशी सरकारो के तलवे चाटने वाला ही देश को बेच कर देश के विकास कि बात करता है वह मानव ही धरा से उत्पन्न असुर रूपी मानव होता है जो मानव देश को बेचकर विदेशी सरकारो से पुरस्कार लेकर चाटुकार पत्रकार द्वारा स्वयं का गुणगान कराता है वही मानव तुगलक भी है, हिटलर भी है तथा औरंगजेब भी है। दिन मे 10 बार वस्त्र बदलने वाला तथा कोरोना मे भी अपनी दाढी कि सुन्दरता का ध्यान रखने वाला, केमराजीवि ही भारत कि धरा के भाग फोड़ने वाला है

आकाश सूत्र

01 परिवार - ब्रह्मांड के आवरण को ही आकाश कहां जाता है, हिरण्यगर्भ का विस्तार ही आकाश का विस्तार होता है, आकाश अनंत नही है आकाश कि सीमा होती है मानव का आकाश को अनंत समझना मानव कि मुर्खता का प्रतिक होता है। क्षीर सागर अनंत होता है ना कि आकाश, आकाश कि सीमा कि समाप्ति पर क्षीर सागर प्रारम्भ होता है। आकाश विशालता, विकरालता तथा उलझन का प्रतिक होता है जो प्रदार्थ जितना अधिक विशाल तथा विकराल होगा वह प्रदार्थ उतना ही उलझन वाला प्रतिक होता है। परन्तु आकाश मे द्रव्य के घनत्व, आकार को समझना आसान बना देता है। आकाश विविधता का प्रतिनिधित्व भी करता है तथा आकाश कि स्थिरता का कारण भी आकाश कि विविधता ही होती है, बिना विविधता के कोई भी पदार्थ या शासन ज्यादा समय तक स्थिर नही रह सकता है। 2014 के बाद से सत्ता के मद मे चुर शासक वर्ग एकता के नाम पे भारत कि विविधता को नष्ट करने मे लगा हुआ है, वर्तमान शासक वर्ग अखंडता कि बात करता है परन्तु कार्य भारत को खंड - खंड करने के करता है। एक देश एक चुनाव, डबल ईंजन कि सरकार, स्वार्थ तथा डर के प्रभाव द्वारा सांसदो तथा विधायको को चुनाव बाद खरीद

कर सरकार बनाने का प्रयास करना, विपक्ष को नष्ट करने के सपने देखना या कांग्रेस मुक्त भारत कि बात करना, मुस्लिम समुदाय को असभ्य, अपवित्र, अपराधी तथा विकासरोधक दिखाने का प्रयास करना, एक देश एक कर, एक देश एक झंडा, एक देश एक संविधान, एक देश एक पार्टी, एक देश एक भाषा, एक देश एक नस्ल, एक देश एक विचार आदि के द्वारा भारत कि अखंडता को नष्ट करने का प्रयास करना होता है। 2014 के बाद से पुर्वजो के अपमान कि परम्परा कि भारत मे सुरुआत हो चुकी है जो पुर्वजो को जितना अपमानित करेगा वह उतना ही बड़ा मंत्रिपद प्राप्त करेगा, 70 साल बनाम 5 साल के विचार से व्यक्ति आसानी से चुनाव जीत कर मंत्री बन सकता है जबकि वास्तविकता मे 5साल मे सिर्फ तमाशे तथा नौटंकी के अलावा सारा विकाश काल्पनिक है जो पत्रकार वर्ग कुत्ते कि तरह भोंक कर हर पल दिखाने का प्रयास करता रहता है। जौकर व पत्रकार एकरूप हो गये है।

वायु सूत्र

01 परिभाषा - वायु शीतलता देती है, वायु से ही प्राण है वायु ही आवाज के वितरण कि कारक होती है, वायु ही अग्नि के जलने का कारण होती है, वायु आपका बल भी होती है, आपको धरातल से जोड़ने का कार्य करती है। वायु गति होती है, वायु परिवर्तन होती है, वायु उड़ान होती है। बिन वायु धरा है रूखी, बिन वायु जल का कोई मोल नही, बिन वायु अग्नि का प्रमाण नही। आकाश है वायु का शत्रु जहां आकाश वहां वायु का कोई प्रमाण नही। हवा बदले सो दिशा बदले तथा दिशा बदले सो दशा बदले। वायु अहंकार कि मौत है, वायु झुठ का प्रकोप है, वायु मानव के पाप कि सजा है व वायु मानव के पुण्य का पुरस्कार है। वायु क्रोध है, वायु मोक्ष है, वायु प्रतिशोध है, वायु क्षमा है, वायु स्वभाव है, वायु संस्कार है, वायु भगवान है, वायु आध्यात्म है, वायु मन कि पुकार है, वायु ही जीवन का सार है। जितना असभ्य शासक वर्ग के सांसदो द्वारा संसद के अंदर तथा बाहर बोला जाता है उनको कोई भी संसद

से ना निलंबित करता है और ना हि बर्खास्त करता है तथा जो सरकार कि आलोचना व विरोध करता है उस मानव कि भाषा सभ्य होकर भी असभ्य हो जाती है वह मानव निलंबित तथा बर्खास्त कर दिया जाता है। यह संसद है या कोई मय खाना जहां बोलो तो पड़ते है चाटे तथा गुणगान करो तो मिलता है ईनाम। बोलने का होश नही, मणिपुर का दोष नही, शासक कि शान है, कश्मिर मे मौत कि दुकान है। केरल तथा पंजाब मे आपकी सरकार नही फिर भी हर शरीर पर आपकी आग के ही निशान है। नक्सल आपका समाज सेवको को नष्ट करने का हथियार है। किसान तथा विधार्थी आपको आंतकवादी दिखते है। पहले थाने के बाहर गुंडे हुआ करते थे आज थाने वाले ही गुंडे बन चुके है वो भी ऐसे गुंडे जो सरकार से पैसे लेते है। आंदोलन करने वालो को आंदोलन जीवि बोलो तथा समाज कि सेवा करने वालो को रेवडी वाले बोलो। खुद के हलवे वाले मित्रो का ध्यान करो, जनता कि रेवडी भी छिनकर व हलवा बनाकर अपने मित्रो को देने का ना प्रयास करो।

अग्नि सूत्र

01 परिभाषा - अग्नि को ब्रह्म का रूप माना जाता है तथा ऊर्जा को माता दुर्गा का रूप माना जाता है। अग्नि ऊर्जा का छोटा का अंश होती है। मानव समाज के विकास तथा संसार के विकास मे अग्नि का बहुत महत्व होता है। पदार्थ को एक रूप से दुसरे मे बदलने के लिए अग्नि का प्रयोग किया जाता है। अग्नि विनाश तथा विकास का प्रतिक होती है, अग्नि जन्म तथा मृत्यु का प्रतिक होती है, अग्नि विवाह का प्रतिक होती है जो संगम का सुचक होती है उस संगम के द्वारा ही विकास होता है। बिना स्त्री तथा पुरुष के संगम के संसार का विकास संभव नही है। अग्नि मार्ग है आपके दान तथा सेवा के वितरण का, अग्नि मार्ग है आपके पुण्य के वितरण का, अग्नि मार्ग है आपके पाप के वितरण का। अग्नि के दो रूप होते है नियंत्रित रूप तथा विनाश रूप, अग्नि का विनाश रूप मानव समाज के लिए घातक होता है तथा अग्नि का

नियंत्रित रूप मानव समाज के विकास मे सहायता करता है। अग्नि तप का प्रतिक भी होती है जो मानव तपता है वही स्वाद से युक्त फल समाज को देता है तथा बिना तप कि सफलता समाज के लिए घातक होती है यदि मानव को बिना तप के ही सफलता मिल जाए तो समझ लेना वह सफलता समाज के लिए घातक है तथा आपका कम तप आपको अधिक सफलता दिला दे तो भी आपकी सफलता समाज के लिए घातक होती है। वर्तमान भारत के लोग बिना तप के ही सफलता के स्वप्न देखते है तथा उन्हें आसानी से सफलता मिल भी जाती है जो कि समाज मे बेरोजगारी तथा भ्रष्टाचार का मुख्य कारक बनते है। वर्तमान भारत मे तप के मार्ग पर चलने वाले व्यक्ति को लगभग असफलता ही मिलती है या तप के अनुसार सफलता नही मिलती है जो कि भारत मे कुशासन का वास्तविक सबुत है। 2014 के बाद तप करने वाले तो भिक्षुक तथा गुलाम बन चुके है तथा छल करने वाला दानी तथा राजा बन चुके है। तप सत्य का प्रतिक होता है तथा छल झुठ का प्रतिक होता है, तप ज्ञान का प्रतिक होता है तथा छल अज्ञान का प्रतिक होता है, तप संस्कार का प्रतिक होता है तथा छल अहंकार का प्रतिक होता है, तप श्रम का पतिक होता है तथा छल विलासिता का प्रतिक होता है।

अंग सूत्र

वर्ण सूत्र

01 परिभाषा - वर्ण विभाजन कि सुरआत वैदिक काल से मानी जाती है जो मानव के गुण - दोषो तथा प्रतिभा पर आधारित थी। श्रम के आधार पर वैदिक वर्ण व्यवस्था विभाजित नही थी। वैदिक काल मे चारो वर्ण समान रूप से श्रम किया करते थे। वैदिक काल मे चार मुख्य वर्ण हुआ करते थे जो निम्न थे ब्रह्माण, क्षत्रिय, वेश्य तथा शुद्र। पुजारी, पुरोहित, शिक्षक, विद्वान, वैद्य, वास्तुकार, यंत्रकार तथा तंत्रकार को ब्रह्माण कहा जाता था। प्रशासको, शासको तथा योद्धाओं को क्षत्रिय कहा जाता था। जर्मींदार, साहूकार तथा व्यापारी को वैश्य कहा जाता था। कृषक, पशुपालक, कलाकार, कारीगर, कास्तकार, दस्तकार, चर्मकार, शिकारी, कर्मकार या मजदुर, दास आदि का शुद्र कहा जाता था। धीरे - धीरे समाज मे कायस्थ, दलित तथा आदिवासी या म्लेच्छ आदि वर्णा का भी सृजन हुआ। जैसे - जैसे समाज मे यज्ञो का महत्व बढने लगा वैसे - वैसे समाज मे जातिव्यवस्था ओर मजबुज होती गई। यज्ञ का अर्थ महानता माना जाने लगा। ब्राह्मण जो कि 17 पुरोहितों मे से एक हुआ करते थे स्वयं को ही एक मात्र पुरोहित के रूप मे स्थापित कर दिया। वैश्य तथा शुद्र जो शारीरिक श्रम किया करते थे वे अपवित्र बन गये तथा ब्राह्मण तथा क्षत्रिय जो मानसिक श्रम करते थे वे पवित्र बन गये। शारीरिक श्रम को आज भी असभ्य माना जाता है तथा मानसिक श्रम को आज भी सभ्य माना जाता है। भारत के समाज का सभ्य तथा असभ्य मे अधिक

विश्वास ही जातिवाद का कारण भी है। जातिवाद का एक कारण रोटी तथा बेटी भी है, रोटी का अर्थ होता है रोजगार तथा बेटी का अर्थ होता है विवाह। रोजगार श्रम विभाजन का प्रतिक होता है तथा विवाह संस्कार विभाजन का प्रतिक होता है। मानसिक श्रम को पवित्र तथा सभ्य मानना तथा शारीरिक श्रम को अपवित्र व असभ्य मानना जातिवाद का कारण है। शारीरिक श्रम के कष्ट से बचना भी जातिवाद के विकास का मुख्य कारण है।

प्रतिलोम विवाह - उच्च वर्ग कि स्त्री तथा निम्न वर्ग के पुरुष के मध्य विवाह होता है इस विवाह से उत्पन्न संतान को चांडाल कहते है। अनुलोम विवाह - उच्च वर्ग का पुरुष तथा निम्न वर्ग कि महिला का विवाह, इससे उत्पन्न संतान को निषाद कहते है।

प्रजापति सूत्र

01 परिभाषा - प्रजा कि रक्षा तथा रचना करने वाले महापुरुषों को प्रजापति कहा जाता है। प्रजापति राजाओं को धर्म का ज्ञान देकर प्रजा कि रक्षा करते है, चाणक्य को कलियुग का प्रजापति माना जाता है क्योकि चाणक्य ने अपने ज्ञान द्वारा भारतवर्ष कि जनता कि रक्षा कि थी। संसार के सभी प्राणीयों कि रचना प्रजापतियों के द्वारा ही कि गई है। प्रजापति को ब्रहम कि संतान भी माना जाता है। प्रजापतियों कि संख्या 10 होती है जो निम्न प्रकार है - मरिचि, अंगिरा, अत्रि, पुलत्स्य, पुलह, क्रतु, विशिष्ठ, दक्ष, भृगु तथा नारद। विवाह के अवसर पर प्रजापतियों के आर्शिवाद कि परम्परा होती है तथा संतान प्राप्ति के सुख को प्राप्त किया जा सके। वरुण देव को प्रजापतियों का संरक्षक माना जाता है, प्रजापतियो ने संसार के निर्माण मे वरुण देव कि सहायता प्राप्त कि थी।

02 हिरण्यगर्भ - हिरण्यगर्भ जो कि क्षीरसागर मे विद्यमान था या क्षीर सागर मे निवास करने वाली हिरण के गर्भ से एक अंड कि उत्पत्ति हुई जिसे ब्रहमांड कहा गया। उस ब्रहमांड के टुटने पर धरा के रूप मे

एक विशाल संसार का निर्माण हुआ जो सुरुआत मे क्षीर सागर के जल से मग्न था तथा वरुण देव ने उस क्षीर सागर के जल को ग्रहण करके ब्रह्मांड के द्रव्य का निर्माण किया तथा उसी द्रव्य कि सहायता से सबसे पहले ब्रह्मा ने 10 प्रजापतियों का निर्माण किया। द्रव्य से उत्पन्न आवाज के कारण वाक देवी का जन्म हुआ। वाक देवी तथा प्रजापतियों ने मिलकर उस द्रव्य से संसार के अनेक रूपो का निर्माण किया। अतः संसार का निर्माण करता वाकदेवी, वरुण देव तथा प्रजापति को माना जाता है। प्रजापति के संसार मे सबसे बड़ी बाधा स्वतः निर्माण न होने कि थी जिसका समाधान रुद्र देव ने मृत्यु कि रचना करके निकाला। रुद्र देव के अनुसार संसार उस दिन अर्थ विहिन हो जाएगी जब मृत्यु का संसार से लोप हो जाएगा। संसार के निर्माण मे रुद्र शिव का प्रतिनिधत्व करते है, वरुण देव भगवान विष्णु का प्रतिनिधित्व करते है, प्रजापति भगवान ब्रह्म का प्रतिनिधित्व करते है तथा वाक देवी माता दुर्गा का प्रतिनिधित्व करती है।

चित्रगुप्त सूत्र

01 परिभाषा - चित्रगुप्त को न्यायब्रह्म के रूप मे भी जाना जाता है, चित्र गुप्त न्याय ब्रह्म के समान सत्य से युक्त होते है, स्वयं यमराज चित्रगुप्त के न्याय पर ही विश्वास करते है। चित्रगुप्त को वर्तमान पुलिस व्यवस्था से भी समझा जा सकता है। जिस प्रकार न्यायालय तथा पुलिस मे गहरा संबंध होता है उसी प्रकार चित्रगुप्त तथा यमराज मे गहरा संबंध होता है। बिना चित्रगुप्त के यमराज कभी भी सही न्याय नही कर सकते है। चित्रगुप्त को कोई भी भगवान आदेश नही दे सकता है, यमराज चित्रगुप्त से केवल विनती कर सकते है। सरकार द्वारा पुलिस पर नियंत्रण करना न्याय व्यवस्था के ऊपर मारा गया तमाचा होता है, सरकार के नियंत्रण मे पुलिस का होना न्याय नही अन्याय होता है, जब तक पुलिस सरकार कि गुलाम रहेगी तब तक उस देश मे न्याय कि स्थापना नही हो सकती है। चित्र गुप्त का निवास स्थान संयमपुरी

होता है जो पुलिस व्यवस्था मे संयम के महत्व के सुचक को दर्शाता है। चित्रगुप्त को कायस्थों का ईष्ठ देव माना जाता है, कायस्थ शब्द का अर्थ काया तथा अस्थि होता है। काया तथा अस्थि मानव के शरीर के महत्वपूर्ण दो अंग होते है। चित्रगुप्त को ब्रह्मपुत्र कहा जाता है। चित्रगुप्त के अस्त्र लेखनी तथा तलवार है, लेखनी से चित्रगुप्त पाप - पुण्य का लेखा - जोखा लिखते है। मानव के विचार सदा चित्र के रूप मे होते है तथा मानव के विचार ही मानव के कर्म का निधारण करते है, चित्रगुप्त मानव के विचारो का अध्ययन करके ही मानव के पाप - पुण्य का निर्धारण करता है। यमराज का कार्य मानव के कर्म तथा विचारो मे संगतता को खोजना होता है इसी कारण से यमराज सदा मानव के कर्म पर नजर रखता है ना कि विचारो पर। कायस्थ को ब्राह्मण तथा क्षत्रिय दोनो कहां जा सकता है। कायस्थ प्रशासन से जुड़े कर्मचारीयों का वर्ग होता है तथा शासन से जुड़े वर्ग को क्षत्रिय कहां जाता है तथा कायस्थ ब्रह्माणों कि तरह विद्वान भी होते है। चित्रगुप्त के दो पत्नीयां थी दक्षिणा तथा ऐरावती, दक्षिणा का अन्य नाम नंदनी है जिसके चार पुत्र है भानू, विभानू, विश्वभानू तथा वीर्यभानू। ऐरावती का अन्य नाम शोभावती है जिसके आठ पुत्र है चारु चितचारु, मतिभान, सुचारु, चारुण, हिमवान, चित्र तथा अतिन्द्रिय।

ब्रह्मर्षि सूत्र

01 परिभाषा - वह ऋषि जिसको ब्रह्म ज्ञान कि प्राप्ति हो जाती है तथा जिनके कर्म भी पुर्ण रूप से धर्म से युक्त होते है वह ब्रह्म ऋषि कहलाते है। ब्रह्म ज्ञान ही आपको ब्रह्म ऋषि नही बनाता है आपको उस ज्ञान का उपयोग कर संसार मे धर्म कि स्थापना करने का प्रयास करना भी आपको ब्रह्म ऋषि बनाता है। विश्वामित्र एकमात्र ब्रह्मऋषि जो क्षत्रिय कुल से संबंध रखते है, विश्वामित्र के पिता का नाम गाधि था जो कि एक राजा थे। राजा गाधि कुशनाभ के पुत्र थे तथा कुशनाभ कुश के पुत्र थे व कुश प्रजापति के पुत्र थे। विश्वामित्र ने वशिष्ठ से अपनी हार का

बदला लेने के लिए तप का मार्ग चुका तथा अंत मे वशिष्ठ के द्वारा ही ब्रह्मऋषि का दर्जा विश्वामित्र को दिया गया। विश्वामित्र ने ही इक्ष्वाकु राजा त्रिशंकु के लिए समानान्तर स्वर्ग का निर्माण किया तथा विश्वामित्र ने ही गायत्री मंत्र कि रचना कि। सप्तऋषि को भी ब्रह्मऋषि कि संज्ञा दी जाती है। ब्रह्मर्षि, देवर्षि, महर्षि तथा राजर्षि ऋषि वर्ग के विभिन्न प्रकार होते है। ब्रह्मर्षि को ब्रह्मपुत्र भी कहा जाता है।

02 ब्रह्मावर्त - जहां पर सत्पुरुष तथा ज्ञानी पुरुष निवास करते है उस स्थान को ब्रह्मावर्त कहा जाता है। जिस स्थान पर तप तथा ज्ञान कि प्रधानता होती है वही स्थान ब्रह्मावर्त कहलाता है। आर्यवर्त कि पवित्र भुमि को ब्रह्मावर्त कहा जाता है, ऋषि, मुनि, साधु तथा संतो कि कर्म भुमि को ब्रह्मावर्त कहा जाता है। सरस्वती तथा दृषद्वती नदीयों के दोआब को ब्रह्मावर्त कि संज्ञा दि जाती है। गणेश्वर सभ्यता के संबंध को ब्रह्मावर्त से जोड़कर देखा जा सकता है तथा गणेश्वर के आसपास का क्षेत्र ब्रह्मावर्त कहलाता है जो कि वर्तमान मे नीमकाथाना के रूप मे जाना जाता है। नीमकाथाना को तपोभुमि तथा ज्ञानोभुमि के रूप मे भी जाता है। ब्रह्मावर्त के लोगो का कार्य आर्यवर्त मे आये विकारो को दुर करना होता है। वर्तमान मे आर्यवर्त विकारो से ग्रस्थ हो चुका है जिसके विकारो को दुर करना बहुत जरूरी हो गया है। 2014 के बाद भारत ने अपने आपको हरे रंग से ढक लिया है, हर जगह हरे रंग कि प्रधानता दिखाई देती है वो भी भगवा रंग का मायावी चोगा धारण करके।

गण सूत्र

मनु सूत्र

01 परिभाषा - एक कल्प मे 14 मनु होते है तथा एक मनु के काल को मन्वंतर कहा जाता है, हर मनु का अपना इन्द्र तथा अपने सप्तर्षि होते है स्वयंभू मनु के सप्तर्षि निम्न है - मरीचि, अत्रि, अंगिरा, पुलस्त्य, पुलाहा, कृतु तथा वशिष्ठ तथा वैवस्वत मनु के सप्तर्षि निम्न है - जमदग्नि, भारद्वाज, गौतम, अत्रि, वशिष्ठ, पुलस्त्य तथा कश्यप। आठवे मनु का नाम सुर्य सावर्णी मनु है जिसके सप्तर्षि निम्न है - दिप्तिमत, गालव, परशुराम, कृपा, अश्वत्थामा, व्यास तथा शृंग। वर्तमान मे श्वेतवराह कल्प के 7 वे मनु का समय चल रहा है। श्वेतवराह कल्प ब्रहम के 51 वे वर्ष का प्रथम दिन है। 14 मनु निम्न प्रकार है - स्वयंभू, स्वरोचिष, उत्तम, तामस, चाक्षुषी, श्रद्धादेव या वैवस्वत, सुर्य सावर्णि, दक्ष सावर्णि, ब्रहम सावर्णि, धर्म सावर्णि, रुद्र सावर्णि, देव सावर्णि तथा इन्द्र सावर्णि।

02 स्वयंभू मनु - स्वयंभू मनु का विवाह शतरूपा से हुआ था, मनु कि संतान होने के कारण ही मनुष्य को मानव कहा जाता है। स्वयंभू मनु तथा शतरूपा के तीन पुत्री तथा दो पुत्र थे। प्रियव्रत, उत्तानपाद, आकृति, देवहूति तथा प्रसूति दोनो कि पांच संतान थी। आकृति का विवाह रुचि प्रजापति से हुआ था, प्रसूति का विवाह दक्ष प्रजापति से हुआ था तथा देवहूति का विवाह कर्दम प्रजापति से हुआ था। उत्तानपाद के सुनीति व सुरुचि नामक दो पत्नीयां थी तथा ध्रुव व उत्तम नाम के दो पुत्र थे। प्रियव्रत ने विश्वकर्मा कि पुत्री बहिष्मती से विवाह किया था तथा दोनो

के दस पुत्र थे। मनु अपनी पत्नी के साथ नैमिषारण्य मे चले गये तथा उत्तानपाद को राजा बना दिया।

03 वैवस्वत मनु - वैवस्वत मनु को श्रद्धादेव भी कहा जाता है क्योकि इन्होने माता श्रद्धा के साथ मिलकर मानव समाज कि रचना कि थी। श्रद्धा तथा आशा से ही मानव विकास के रास्ते पर आगे चल सकता है। इस मनु मे ही भगवान ने मत्स्य अवतार लेकर हयग्रीव को मारकर वेदो कि रक्षा कि थी। इस मनु के इन्द्र को पुरेन्द्र कहां जाता है। मनु के 9 पुत्र थे तथा इला पुत्र व पुत्री दोनो थी।

वेद सूत्र

01 परिभाषा - वेद का अर्थ ज्ञान होता है तथा विद् धातु से ही विदित, विद्या तथा विद्ववान शब्दो कि उत्पत्ति हुई है। वेद चार प्रकार के होते है वेदो का चार भाग मे विभाजन वेदव्यास द्वारा किया गया था। वेद के चार प्रकार निम्न है - ऋग्वेद, यजुर्वेद, सामवेद तथा अथर्ववेद। वेदो के मुलस्वरूप को संहिता कहा जाता है तथा वेदो कि व्याख्या तीन प्रकार से होने के कारण वेदो कि व्याख्या को तीन भागो मे बांटा गया है जो निम्न है - ब्राह्मण, आरण्यक तथा उपनिषद्। ब्राह्मण कि रचना ब्राह्मण समुदाय द्वारा कि गई थी, आरण्यक ग्रंथो कि रचना जंगल मे कि गई थी तथा अपनिषद् कि रचना गुरू - शिष्य परम्परा के कारण हुई थी। वेदो को समझने के लिए 6 वेदांगो को समझना आवश्यक होता है साथ ही 6 दर्शनो के ज्ञान कि भी आवश्यकता होती है। 6 वेदांग निम्न है - शिक्षा, निरुक्त, छंद, व्याकरण, कल्प तथा ज्योतिष। कल्प को तीन भागो मे विभाजित किया जाता है - धर्म सुत्र, ग्रह सुत्र तथा श्रौतसुत्र। धर्म सुत्र माया तथा धर्म पर लिखा जाता है, ग्रह सुत्र स्मृति का प्रतिनिधित्व करता है तथा श्रौतसुत्र श्रुति परम्परा का प्रतिनिधित्व करता है। 6 दर्शन निम्न है - सांख्य, योग, न्याय, वैशेषिक, मीमांसा तथा वेदांत। वेदो को चार उपवेदो मे विभाजन किया जाता है जो निम्न है - स्थापत्यवेद, धनुर्वेद, गन्धर्वेद तथा आयुर्वेद। वेदो को श्रुति कहां जाता है। हिन्दु विचारधारा

को हम वेदो, इतिहास; रामायण, महाभारत, पुराणो के आधार पर समझ सकते है। वेदाव्यास के चार शिष्य चार वेदो के जानकार थे जो क्रमशः निम्न है - पिप्लाद, वैशम्पायन, जैमिनि तथा सुमन्त। ऋग्वेद को पद्य माना जाता है, यजर्वेद को गद्य माना जाता है तथा सामवेद को गान माना जाता है तथा अथर्ववेद को ब्रह्म माना जाता है। अथर्ववेद कि रचना अथर्वन् तथा अंगिरा ऋषि ने कि थी। ऋग्वेद कि 21 शाखा है वर्तमान मे शाकल शाखा उपलब्ध है, यजर्वेद कि 101 शाखाएं है वर्तमान मे काठल, कपिष्ठल, मैत्रायणी, तैत्तिरीय तथा वाजसनेयी उपलब्ध है। सामवेद कि 1001 शाखाएं है वर्तमान मे कोथुमीय, जैमिनीय तथा राणायनीय उपलब्ध है। अथर्ववेद कि 9 शाखाएं है वर्तमान मे शौणिक व पिप्पलाद ही उपलाब्ध है।

मंत्र सूत्र

01 परिभाषा - मंत्र का संबंध मन से होता है, मंत्र को मन के विचार माना जाता है जो अपने कुछ शब्दो मे बहुत सारे ज्ञान को संग्रहित रखते है। मंत्र मन कि भाषा है जिसका प्रयोग तंत्र विद्या मे भी किया जाता है। मंत्र को सुत्र रूप मे लिखा जाता है जिन्हें सुक्त भी कहते है। मंत्र के विज्ञान को ही मनोविज्ञान कहा जाता है जब मंत्र का ज्ञान तथा तंत्र का ज्ञान मिल जाता है तो उसे मनोचिकित्सा कहा जाता है। मनोरोग को मंत्र का रोग भी माना जाता है। मंत्र भाषा को प्रभावशाली बनाते है। मंत्र, कमंडल तथा जपमाला के मिल से ही पुजा परम्परा कि सुरुआत मानी जाती है, पुजा परम्परा भक्ति परम्परा का एक भाग होती है। मंत्र, कमंडल तथा जपमाला को ब्रह्म अस्त्र के रूप मे जाना जाता है। ओंमकार भी मंत्र है जो कि प्रथन ध्वनि का सुचक होता है, ओंमकार का अर्थ चिंतन होता है। मंत्र को बंधनो से मुक्त करने वाली वाणी के रूप मे जाना जाता है। मंत्रणा तथा मंत्री शब्द मंत्र शब्द से ही उत्पन्न हुए है। श्रुति का अर्थ भी मंत्र ही होता है क्योकि मंत्र को याद रखना आसान होता है तथा मंत्र सालो तक बिना लिखे ही जीवित रह सकते है। मंत्र

निष्कर्ष को भी कहते है। मंत्र तरंग के रूप मे होते है तरंग से शब्द तथा प्रकाश उत्पन्न होते है, प्रकाश तरंग के क्षरण का प्रतिक होता है। मंत्र ही आत्मा है, मंत्र ही परमात्मा, मंत्र सुख दाता है, मंत्र दुख हरता है, देवता का सत्कार मंत्र द्वारा ही किया जाता है, साधना मे साधन, साधक व साध्य का विवेक ही मंत्र है, सभी बीजात्मक वर्ण मंत्र है तथा मंत्र ही गुप्त विज्ञान है। विश्वास तथा डर का परिणाम ही मंत्र है तथा प्रार्थना भी मंत्र है। जब तक संसार मे अलौकिक शक्ति तथा डर पर विश्वास रहेगा तब तक मानव मंत्रो को विज्ञान के रूप मे प्रयोग करता रहेगा। भारत मे वशीकरण मंत्र, शमन मंत्र तथा मारण मंत्र कि प्रधानता हुआ करती थी जो कि नकारात्मक मंत्रो कि श्रेणी मे आते है। गायत्री मंत्र, पवमान मंत्र तथा शांति मंत्र को सकारात्मक मंत्र माना जाता है। गायत्री मंत्र - दिव्य प्रकाश कि उत्कर्ष महिमा पर ध्यान केंद्रित कर ज्ञान, तर्क व सत्य को ग्रहण करना। पवमान मंत्र - अवास्तविक से वास्तविक, अंधकार से उजाला तथा मृत्यु से अमरता।

हंस व कमल

01 परिभाषा - हंस पानी के तालाब से अपना भोजन आसानी से प्राप्त कर लेता है क्योकि हंस कि नजर अपने भोजन पर सदा रहती है। उसी प्रकार हंस को माया के समुंद्र से धर्म कि प्राप्ति आसानी से हो जाती है इसी के कारण से हंस को माया का नाश करने वाले देवता के रूप मे जाना जाता है। इसी कारण से ब्रह्मदेव ने हंस को अपना वाहन भी बनाया है। हंस आपके अवगुणो मे भी गुण ढुंढ लेता है इसी कारण से नल तथा दयमंती ने अपने संदेश वाहक के रूप मे हंस का सहारा लिया था। हंस ने ही नारद तथ सनकादि मुनि को धर्म का ज्ञान दिया था। हंस को विष्णु का अवतार माना जाता है भगवान विष्णु हंस के द्वारा ही संसार कि माया का नाश करते है। विद्ववानो को परम्हंस कि उपाधी भी इसी कारण दी जाती है। हंसगीता माया को नष्ट करने के मुख्य स्त्रोत के रूप मे जानी जाती है।

02 कमल - कमल सुन्दरता तथा कोमलता का प्रतिक होता है, कमल हंस तथा हाथी का मुख्य भोजन होता है। कमल योग परम्परा मे चक्रो का प्रतिनिधित्व करता है। माता लक्ष्मी को पद्मा के रूप मे जाना जाता है। भगवान अपने आभुषण के रूप मे कमल को धारण करते है तथा भारत का राष्ट्रिय पुष्प भी कमल ही है। अशोक स्तंभ मे भी कमल का प्रयोग किया गया है। कवि आँखो को नीलकमल कि उपमा देते है, मुख, हाथ व पांव को लाल कमल कि उपमा देते है। कामशास्त्र मे सर्वश्रेष्ठ स्त्री को पद्मिनी कि उपमा दि गई है। पदम् पुराण मे संसार कि रचना के बारे मे जानकारी मिलती है क्योकि पद्म ब्रह्मदेव का आसन होते है तथा कमल माता लक्ष्मी का भी आसन होता है। कमल तख्त आपके सुशासन का प्रतिक होता है। कमल कोमलता, सुशासन, सुन्दरता तथा संयम का प्रतिक होता है। कमल साधु परम्परा मे संयम का प्रतिक होता है, कमल शासन परम्परा मे सुशासन का प्रतिक होता है, कमल साहित्य परम्परा मे सुन्दरता का प्रतिक होता है, कमल समाजिक परम्परा मे स्त्री कि कोमलता का प्रतिक होता है। कमल कला परम्परा मे आकर्षण का प्रतिक होता है, कमल काम परम्परा मे आनंद का प्रतिक होता है।